역기능 가정의 비밀
성인아이

Adult Children
The Secrets of Dysfunctional Families

Originally published by Health Communications, Inc.
Copyright © 1988 by John and Linda Friel
published by arrangement with Health Communications, Inc.
3021 S.W. 15th Street, Deerfield Beach, FL 33442-8124, U.S.A.
All Rights Reserved.

Korean Translation Copyright © 2008 by Geulsaem Publising
through Inter-ko Book Library Service, Inc.

성인아이

존 C. 프리엘 & 린다 D. 프리엘

유희동 · 정우성 옮김

역기능 가정의 비밀

우리는 이 책을 통하여 각기 다른 증상과 중독 현상이 나타나는 각각의 사례를 제시함으로써 독자로 하여금 성인 아이로 발전하게 되는 역기능적 라이프 스타일의 다양성을 느낄 수 있도록 했다. 그렇지만 이 책에 발생할 수 있는 모든 역기능적 라이프스타일과 그 증상들을 다 예시할 수는 없었다. 그것은 바로 존재하는 사람 수만큼 그에 상응하는 수많은 사례들이 있기 때문이다. 이 책을 통하여 우리가 강조하고자 하는 바는 회복은 혼자 해낼 수 있는 것이 아니며, 많은 경우에 있어서 반드시 전문적인 도움이 필요하다는 점이다.

Adult
Children

글샘

역기능 가정의 비밀

성인 아이

2010년 2월 24일 초판 1쇄 인쇄
2014년 11월 10일 초판 2쇄 발행

지은이 | 존 C. 프리엘 & 린다 D. 프리엘
옮긴이 | 유희동 · 정우성
펴낸이 | 황성연
펴낸곳 | 글샘출판사
교정 · 교열 | 석윤숙 · 이지영

주소 | 서울특별시 중랑구 상봉동 136-1 성신빌딩 3층
등록번호 | 제 8-0856

총판 | 하늘물류센타   **전화** | 031-947-7777   **팩스** | 0505-365-0691

ISBN : 978-89-913-5827-0 03230

Copyright ⓒ 2010, 글샘출판사
본 저작물의 한국어판 저작권은 인터코를 통하여 Health Communications, Inc.와 독점 계약한 글샘출판사에 있습니다. 저작권법에 의하여 한국 내에서 보호받는 저작물이므로 무단전재와 무단복제를 엄격히 금합니다.
이책의 내용의 일부 또는 전부를 사용하려면 반드시 저작권자와 글샘출판사의 서면 동의를 받아야 합니다.

정가는 뒷표지에 있습니다.
잘못되거나 파손된 책을 구입하신 서점에서 교환하여 드립니다.

※※ 글샘은 가정사역을 위한 하늘기획의 또 다른 이름입니다. ※※

바치는 글

이 책을 우리 부부의 부모인 엘덴과 앨리스 프리엘(Elden and Alice Friel)과, 로이드와 필리스 올런드(Loyd and Phyllis Olund)에게, 그리고 형제 빌(Bill)과 낸시 맥킨타이어(Nancy Mcintyre), 리츠 프리엘(Rich Friel), 스티브(Steve)와 마고 베이트슨(Margo Bateson)에게, 또 그들의 자녀 브라이언과 캐리 맥킨타이어(Brian and Carrie Mcintyre), 존 마이클(John Michael), 마크와 매리 프리엘(Mark and Mary Friel)에게 바치며, 특별히 우리의 자녀 크리스틴, 레베카 그리고 데이비드(Kristin, Rebecca and David)에게 그들의 삶이 충만하고 따스하며, 진실하기 원하며 바친다.

특별감사

이 원고의 준비를 위해 쉼 없이 헌신해준
알렌 캐치마크(Arlene Katchmark)에게
특별한 감사의 인사를 드린다.

감사의 글

우리 연구의 전문적 깊이와 자신의 개인적 회복을 위해 함께 참여하고 헌신해 준 모든 친구들, 멘토 그리고 동료들에게 감사의 인사를 드린다: Terry Kellogg, Robert Subby, Lawrence Murphy, Robert Milligan, Lawrence와 Sandra Weiss, John Nesselroade, John Cone, Charlie Olsen, Walt Ayotte, Bill Byxbee, Richard와 Maureen Gevirtz, Diane Naas, Suzanne James, James Maddock, John Nolan, Richard V. Anderson, Arlene Katchmark, Mary Pietrini, Mary Bell, Lynn Brennan, Lynda Winter, Stan Huff, Evelyn Leite, Linda Murdock, Ken Adams, Bruce Smoller, Virginia Leone 그리고 Chuck Ellwanger.

저자서문

　이 책에 기술된 실례들과 각 사례 연구는 수년간 우리가 상담해 왔던 개인과 가족의 여러 사례들을 모은 것이다. 단, 익명성을 위하여 각 사례에 대한 지리적 위치와 직업 그리고 이름과 같은 상세하고 특정한 내용은 바꾸었으며, 그 외의 모든 점은 성인 아이에 관한 매우 전형적인 사례들이다.

　우리는 이 책을 통하여 각기 다른 증상과 중독 현상이 나타나는 각각의 사례를 제시함으로써 독자로 하여금 성인 아이로 발전하게 되는 역기능적 라이프스타일의 다양성을 느낄 수 있도록 했다. 그렇지만 이 책에 발생할 수 있는 모든 역기능적 라이프스타일과 그 증상들을 다 예시할 수는 없었다. 그것은 바로 존재하는 사람 수만큼 그에 상응하는 수많은 사례들이 있기 때문이다.

　이 책을 통하여 우리가 강조하고자 하는 바는 회복은 혼자 해낼 수 있는 것이 아니며, 많은 경우에 있어서 반드시 전문적인 도움이 필요하다는 점이다. 이 책도 회복을 위해 필요한 폭넓은 프로그램 중의 일부를 제시함으로써 도움을 주고자 저술하게 되었다.

종종 자가 치료 서적들(self-help books)을 통해 스스로 회복을 시도하는 경우가 있는데, 이는 또 다른 중독 현상을 가져올 수 있으며, 생각하고 배우는 과정 없이 그대로 삶 자체를 바꾸어 버림으로써 매우 고통스러운 상황에 빠지는 경우가 있을 수 있다는 것을 잊지 말아야 한다.

마지막으로, 이 책이 바로 당신을 대상으로 한 것이라고 강조할 수는 없을 것이다. 또한 이 책이 바로 당신의 남편, 아내, 연인, 자녀, 상사 그리고 종업원을 대상으로 한 것이라고 강조할 수도 없을 것이다. 동반의존에 대한 정의 중 하나는, "단 한 권의 자가 치료 서적만을 읽고서 자신의 배우자를 다그치는(The-Chase-Your-Spouse-Around-The-House-With-A-Self-Help-Book)" 증후군이라는 것이다.

성인 아이 문제로부터의 회복의 문제는 매우 개인적인 체험이다. 타인의 회복을 돕는 가장 강력한 방법은 바로 당신이 솔직하게 회복된 삶을 살아가는 것이다. 당신의 회복 경험이 다른 사람을 돕는 가장 강력한 방법이라는 것을 진실로 믿을 때에 당신 자신의 회복이 더 잘 이루어질 것이다.

존 프리엘(John C. Friel, Ph. D.)
린다 프리엘(Linda D. Friel, M. A., C.C.C.P.)

추천의 글

　대한민국은 중독공화국이라 할 정도로 중독은 가정의 건강을 좀먹는 심각한 문제로 부각되고 있다. 알코올중독, 포르노중독, 게임중독, 로또복권중독 등은 국가적인 문제다. 알코올 중독은 없지만, 완벽주의, 일중독, 강박적 포식, 친밀감 문제, 우울증, 감정 표현 장애 그리고 알코올 중독과 똑같은 가족 체계를 만들어 내는 모든 인격적 특성을 지니고 있는 가족들은 어떠한가?

　나는 아버지가 도박중독 때문에 제대로 가장 역할을 하지 못하시는 역기능적 가정에서 성장했다. 나는 어릴 때부터 불안과 수치심, 분노, 열등감을 친구처럼 달고 살았다. 야뇨증과 대인공포증, 소아 우울증으로 고통하며 성장한 나는 30대 초반까지 우울증으로 고생하였다. 결혼한 후에는 전형적인 성인아이로서 아내를 괴롭히기도 했다. 나도 행복하지 않았고 아내는 나보다 두 배 불행했었다.

　나는 이 역기능의 악순환 고리를 끊기로 작정하고 가정 생활의 원리를 배우기 위해 40이 다 된 나이에 유학길에 올랐다. 트리니티복음주의신학교(Trinity Evangelical Divinity School)에서 가정사역을 전공하면서 나는 문제의 원인을 진단받게 되었다. 나는 찰스 셀 교수의 강의를 들으며 내가 역기능가정에 '잊혀진 아이, 조용한 아이' 역할을 강요당한 채 자라난 성인아이라는 것을 처음으로 알게 되었다.

정확한 진단은 병의 반 이상을 치료한 것과 같다는 말이 있다. 우리 나라의 많은 가정은 이유도 모른 채 각종 갈등과 구타, 중독, 이혼으로 몸살을 앓고 있다. 이 책은 내가 유학중에 찰스 셀 박사로부터 소개받았던 역기능 가정과 성인아이 분야의 대표적인 저서로 나에게 많은 "아하 경험"을 안겨 주었던 책이다.

[성인 아이: 역기능 가정의 비밀]이라는 제목의 이 책은 제목 그대로 역기능가정과 성인아이, 그리고 동반의존의 증상과 치유책을 동시에 제시하고 있는 이 분야의 고전이다. 이 책의 저자 프리엘 부부는 역기능가정, 중독자 치유, 성인아이 상담에 수십 년간 경험을 지니고 있는 이 분야의 보기 드문 전문가들이다.

역기능가정은 순기능가정과 어떻게 다른가? 동반의존과 성인아이의 특징적 증상에는 어떤 것이 있는가? 우리는 어떻게 성인아이를 건강한 사람으로 변화시킬 수 있는가?

두 저자는 심리학자와 가족 치료사로서 여러 해 동안의 현장에서의 임상경험을 토대로 아주 명쾌하게 이러한 질문에 답변하고 있다.

난해한 문장들을 성의 있게 번역해준 두 분에게 독자를 대표해 감사하며, 이 책이 많은 성인아이의 삶에 산소를 공급하게 되기를 바라마지 않는다. 가족회복사역에 종사하는 모든 분들, 그리고 동반의존의 굴레에서 벗어나기를 원하는 모든 성인아이들에게 [가족치유, 마음치유; 요단]와 함께 기쁨으로 이 책을 추천한다.

Ph. D 정동섭 (가족관계연구소장, 한동대 겸임 교수)

목차

감사의 글 · 7
저자 서문 · 8
추천의 글 · 10

제1부 성인 아이

1. 도입 · 17
2. 두 이야기 · 21
3. 우리는 누구인가? 우리의 증상은 무엇인가? · 32
4. 장애: 특히 중독 현상으로 인한 · 49
에피소드
5. 곰 이야기 · 62

제2부 가족의 뿌리

6. 가족 체계: 구조, 기능, 역할, 경계 · 67
7. 덫 · 88
8. 가족이 이탈할 때 · 98
에피소드
9. 거위 이야기 · 126

제3부 내게 무슨 일이 일어나는가?

10. 부정(The Denial) · 135
11. 감정(The Feelings) · 141
12. 비밀(The secrets) · 155
13. 우리 정체성에 어떤 일이 일어나는가? · 164
14. 친밀성과 그 너머 · 177
에피소드
15. 토끼 이야기 · 195

Contents

제4부 빙산 아래에
16. 성인 아이와 동반의존의 일반적 모델 · 203

제5부 회복: 이제 나는 무엇을 할 것인가?
17. 드러내기와 인정하기 · 221
18. 프로그램에 참여하기 · 229
19. 치유와 영성에 대하여 · 242

마치는 글
20. 괴물의 코에 키스하기(Kiss Your Monster on the Nose) · 247

* 참고문헌/ 도서목록 · 253
* 부록 · 257

제1부 _ 성인 아이

언젠가 그가 말한 것에 따르면, 주민들은 모두
"매춘부, 부랑자, 도박꾼 그리고 건달"인데,
만약 그가 다른 시각으로 그들을 보았다면 그는 아마 그들을
"성자, 천사, 순교자 그리고 경건한 사람"이라고 말했을지도 모른다.
여전히 똑같은 것을 보면서 말이다.

존 스타인벡(John Steinbeck)의 「통조림 공장의 소동(Cannery Row)」에서

Adult Children

성인 아이

1. 도입

1985년 7월, 당시 가장 성공적이던 세계적 기구의 50주년 기념식을 위해 전 세계로부터 수많은 사람이 캐나다 몬트리올에 몰려들었다. 공식적인 리더십 또는 특정한 정치적 제휴도 없을 뿐 아니라 오히려 두 "실패자"에 의해 설립된 이 기구는 이 분야의 역사상 가장 성공적인 그룹으로 성장해 왔다. 이 기구는 어떤 단체로부터도 외부적 자금 지원을 받지 않았을 뿐만 아니라 그런 단체를 소유해 본적도 없었다. 다만 이 기구는 전 세계 135개국의 수백만 명이 회원으로 되어 있을 뿐 어떠한 공식적인 홍보도 없었고 마케팅 인력 또한 배치하지 않았다. 이 기구는 회원 어느 누구도 개인의 홍보를 위해 기구의 이름을 사용하지 못하도록 하기까지 했다.

사실, 이 기구의 모든 회원은 모든 일에 있어서 익명으로 활동해 왔다. 이 점에 대해 이 기구의 한 성명서에 따르면, "우리의 공적 관계 정책은 홍보보다는 호감(attraction)에 기초한다. 즉 우리는 출판, 방송 및 영화 등에서 개인적 익명성을 유지해야 한다. 익명성을 유지하는 것은 개인보다는 원칙을 우선한다는 우리의 모든 관례의 영적 기반이 된다."1) 이미 추측했겠지만 이 기구는 익명의 단주(斷酒)운동 모임(Alcoholics Anonymous, AA)이다.

이 AA의 역사는 그들의 철학을 도입했든지 아니면 도입하지 않았든지 관계없이 성공적인 사회 운동이나 기구에 관심을 가지고 있는 사람이라면 누구에게든지 흥미로운 연구 대상이다. 1935년 이래로 우리가 경험해왔던 엄청나게 급속한 문화적 변화에도 불구하고 익명의 단주 모임은 살아남았고 성장해 왔다. 50년대의 "좋은 시절", 60년대의 격동기, 70년대의 성혁명 그리고 80년대의 "나 중심의 신세대(new me generation)"를 모두 겪어 온 것이다. 사실 인체의 항암 세포처럼 익명의 단주운동은 확장하기 시작했을 뿐만 아니라 이미 형세를 바꾸어 가고 있다. 익명의 단주운동 본래의 12단계는 수많은 다른 역기능적 라이프 스타일에 맞추기 위해 조금 변형되어 왔는데, 그 중에는 단도박 모임(Gamblers Anonymous), 마약중독자 자조 모임(Narcotics Anonymous), 코카인 중독자 자조 모임(Cocaine Anonymous), 과식 방지 모임(Overeater Anonymous), 폭식 방지 모임(Bulimics Anonymous), 쇼핑 중독자 모임(Spenders Anonymous), 부모 자조 모임(아동 학대자들의 회복을 위한), 금연 모임(Smokers Anonymous), 일중독자 회복 모임(Workaholics Anonymous), 부채(빚) 중독자 회복 모임(Debtors Anonymous), 근본주의자 모임(Fundamentalists Anonymous, 파괴적인 종교 성향을 가진 사람을 위한), 동반의존자 모임과 성인 아이 모임(역기능 가정의 성인 아이를 위한) 등이 있다.

---

1) 이 글은 익명의 단주모임(Alcoholics Anonymous)의 제 11단계 혹은 12단계 전통인데 익명의 단주모임 국제단체의 허락을 받아 인용하였다.

이러한 것들은 단지 지나가는 일시적 유행에 불과한 것인가? 오늘날의 익명의 단주모임은 화학약품을 의존한 덕에 의한 것인가? 만약 약물이나 행동 개조를 통한 감정 통제 및 행동적 문제 해결의 새로운 방법을 발견하게 되면 이러한 것들은 사라질 것인가?

우리는 그렇게 생각하지 않는다. 익명의 단주 모임에는 "문제가 없으면, 건드리지 말라(If it works, don't fix it)"라는 격언이 있다. 50년의 성공은 그저 쉽게 얻어진 것이 아니다. 우리의 여러 그룹과 프로그램은 모든 미국인들이 갈구하는 친화적 건강에 대한 인간의 기초적 필요를 채우기 때문에 한때의 유행에 불과하다고 생각하지 않는다. 그것은 누군가가 말하고, 자신을 드러내고, 경청하며 타인으로부터 배울 수 있으며, 그리고는 또 아무 부담 없이 떠날 수 있는 '자리'에 대한 필요인 것이다. 정치도, 의무도 없다. 아무도 "이것을 당신에게 주었으니, 당신은 내게 빚진 거야"라고 말하지 않는다.

익명의 단주모임의 12단계 또는 다른 12단계 그룹에서는 몇 가지 간단한 일들을 아주 잘 다룬다. 그들이 각 가정에서 성장해 오면서 이 세상을 살아가기 위해 터득했던, 우리의 부모와 그 선조들로부터 물려받은, 끔찍한 삶을 교정하도록 도움을 주기 위해 장기간에 걸쳐서 삶의 단순한 프로그램에 참여할 것을 제안(요구가 아닌)한다.

익명의 단주모임 50주년의 해에 전국적 수준의 새 기구가 등장한다. 알코올 중독 성인 아이 12단계 그룹과 함께 이 '알코올 중독 가정의 자녀를 위한 협회(The National Association of Children of Alcoholics)'는 익명의 단주모임의 12단계에 기초를 하고 있으며, 알코올 중독 가정 또는 약물 의존 가정에서 자라난 어린이나 성인을 향한 희망과 도움을 강조하는데, 현재 그들의 수는 매우 급속하게 증가하고 있다. 또한 1985년에는 최초로 유명인의 약물 의존과의 투쟁에 대한 서적이 등장하여 베스트셀러에 오르게 된다(Dennis Wholey의 The Courage to Change(변화의 용기)). 신문, 잡지의 인기 있는 기사들은 일반적으로 약물 의존과 역기능적이고 병적으로 의존하게 만드는 가정의 역학 관계에 그 초점을 맞추어 가는 것 같다. 이 책의 후반부에서 그 주제를 다루었다.

마침내 이 분야의 수많은 전문가들이 알코올 중독과 마약 중독만이 가정의 문제가 아니라는 것을 깨닫기 시작했다. 약물 의존의 문제가 없는 가정일지라도 마치 온 가족이 알코올 중독에 걸린 것처럼 가정이 온통 사로 잡혀 있을 수도 있다. 즉, 알코올 중독 성인 아이뿐 아니라 역기능 가정의 성인 아이도 12단계 그룹의 도움이 필요하다는 것을 알 수 있다.

이 책은 역기능 가정의 성인 아이에 관한, 그리고 그들을 위한 책이다. 수년간 함께 해 온 사람들로부터 이러한 문제와 과정에 대한 책을 소개해 달라는 요청이 있었기에 이 책을 쓰게 되었다.

이 책은 회복 과정에 있는 사람에게 회복은 무엇이며, 왜 회복이 일시적 현상이 아니라 과정인지에 대해 잘 기억할 수 있도록 돕기 위해 쓰여 졌다. 이 책은 또한 아직도 어두움 - 의심 또는 분노 - 에 잡혀 있거나, 상실감에 한탄하며 왜 우리가 그렇게 행하고 또한 그렇게 느끼는지 알려고 하는 사람을 위하여 쓰여 졌다.

또, 이 책은 많은 사람으로 하여금 성인이 된 이후에 중독, 우울증, 강박 현상, 건강치 못한 의존, 스트레스 장애, 불만스러운 관계 그리고 말없는 절망의 삶으로 이끌고 가는 가족의 역학 관계에 적지 않은 한 줄기 빛을 비추기 위해 쓰여 졌다.

2. 두 이야기

비밀이 감추어진 "미묘한" 가정 (The "Subtle" Family)

35살의 프랭크 데이비스(Frank Davis)는 캘리포니아의 대형 전자회사에 관리직으로 근무하고 있다. 캘리포니아 대학(The University of California)에서 컴퓨터 공학 학사 학위를 취득한 그는 5년간 시스템 분석가로 근무한 후에 다시 MBA(경영 관리학 석사)를 위해 대학으로 돌아갔다. 지금의 사주(社主)와 함께 일했던 첫 직장을 그만 둔 얼마 후에 티나(Tina)를 만났는데, 그녀 역시 경영학 학생이었고 프랭크와 함께 동일한 관심사에 대해 많은 시간을 함께 했다.

석사 과정이 끝나갈 무렵에 그들은 결혼했다. 3년 후에 그들은 두 아이를 낳았고 셋째 아이를 임신 중이었다. 티나는 가족을 돌보기 위해 직장을 포기하기로 했고, 프랭크는 마치 로켓처럼 승승장구하고 있었다. 그 둘은 잘 나가는 젊은 커플의 길 - 마린 카운티(Marin County)의 집, 타호 호숫가(Lake Tahoe)의 여름 별장, 두 대의 BMW 자동차, 그리고 고급 컨트리 클럽의 회원권 - 을 걷고 있었다. 둘은 정기적으로 교회에 출석했고 모임의 일에도 참여하는 등 누가 봐도 완벽한 커플이었다.

프랭크의 어린 시절은 겉으로 보기에는 무난했다. 외과 의사인 아버지가 막 개업할 무렵 5남매의 셋째로 태어난 프랭크는 특히 수학 과목에 특출한 우등생으로서 부모를 기쁘게 했다. 운동도 잘 했으며 매력적이었고 학급에서 인기도 좋은 학생이었다.

프랭크의 어머니는 완벽한 외과 의사의 아내였다. 아름다웠고 침착했으며 자신이 속한 모임에서 중추 역할을 담당하는 등 비록 가정주부

이긴 했지만 결코 삶을 게으르게 보내지는 않았다. 보이스카우트와 걸스카우트의 일에도 참여하고, 병원에서 보조 일도 봐주면서 또 남편과 함께 교회의 성경공부 모임에도 참여했다. 프랭크는 사회적으로도 성공했고 믿음이 신실했으며 모임에서도 특출한 평가를 받는 자신의 가족을 자랑스럽게 생각했으며, 자신의 성공이 자기 집안의 전통을 이어받은 것이라고 생각했다.

프랭크의 아버지를 한 마디로 표현하라고 하면 "완고함"일 것이다. 그는 확고하고, 안정적이며 틀에 박힌 사람으로서 다른 외과 의사들과 마찬가지로 완벽주의자였다. 가끔 프랭크의 어머니는 남편이 얼마나 "틀에 박힌" 사람인지를 다음과 같은 말로 표현하며 웃곤 했다. "우리 집은 시계가 필요 없으니 다 버려야 돼. 남편이 집에 돌아오는 시간이 시계보다 더 정확하거든." 그의 외가인 노르웨이인의 기질을 따라 비록 드러내 놓고 표현하지는 않았지만 그들은 서로 사랑하고 있다는 것을 알았고, 그것만으로 충분하다고 생각하곤 했다.

고등학교와 대학교를 우수한 성적으로 마친 프랭크는 이후에도 계속 성공 가도를 달렸으며, 그럴 때마다 가족은 더욱 그를 칭찬했다. "넌 틀림없는 데이비스 가문의 아들이야!"라며 아버지는 프랭크가 뛰어난 성적을 받을 때마다 자랑스러워했다. 프랭크가 티나를 만날 즈음에, 프랭크는 막 직업 전선에 뛰어 들게 되었고 가족의 전통을 더욱 빛내고자 하는 마음으로 가득했다. 티나는 그런 가족의 일원이 된 것이 자랑스러웠고 세 아이를 낳아 가면서 더욱 자부심을 가지게 되었다. 33세 되던 해, 결혼 6년차에 벌어 놓은 재산과 아내와 세 아이와 함께 둥지에서 행복하게 지내던 프랭크의 삶이 변하기 시작했다.

그 변화는 거의 눈에 띄지 않게 시작되었다. 프랭크와 티나는 책과

잡지에서 읽었던 "30대의 위기" 쯤으로 단순하게 여겼다. 그러나 마침내 자신들의 삶이 결혼한 이래로 늘 성취와 활동이라는 회오리바람 속에서 살아 왔다는 것을 알게 되었다. 어쨌든 변화는 찾아 왔고 그들을 떠나지 않았다.

이 변화는 프랭크가 책임지고 있던 새 프로젝트에 대한 생각에 골몰한 채 회사로 자동차를 운전하며 가는 길에 가끔 위가 꼬이는 것을 느끼면서부터 시작되었다. 그러나 프랭크는 그런 느낌을 재빨리 잊어버리고 자신의 열정을 새롭게 북돋아 프로젝트에 뛰어 들곤 했는데, 성공에 대한 희열로 가끔씩 솟아오르는 불안과 의심을 덮어 버렸다. 그렇게 하루를 마치고 나면 티나와 함께 조용히 식사를 하고는 다음 날의 일을 검토하고, 샤워 후에 티나의 사랑스러운 팔에 안겨 잠 속으로 빠져 들었다.

계속되는 작은 속 쓰림과 그 후의 프로젝트에 대한 스릴, 그리고 티나와의 저녁 식사로 이어지는 패턴의 생활은 수개월 동안 이어졌다. 주말에는 여러 가지의 모임에도 참석하고 아이들을 데리고 호수로 놀러가기도 했다. 하지만 그 속 쓰린 느낌을 잊어버릴 수 없었고, 떨쳐버릴 수 없는 그 느낌들이 프랭크를 갉아먹기 시작했다. 꿈자리도 편치 않았고 점점 혼란스러워져 갔다. 마침내 때때로 짜증이 올라오기 시작할 때는 정말 두렵기조차 했다. 데이비스 가문의 사람이 이런 작은 일에 짜증을 내고, 속 쓰려할 수는 없는 것인데 말이다.

이러한 초기의 상황 가운데에서 티나는 프랭크를 격려하며 잘 견뎌내었다. 여전히 집안일에 빈틈이 없었고 여러 모임에도 계속해서 참석했으며 저녁에는 프랭크도 잘 돌보았다. 그러나 마침내 프랭크를 갉아먹고 있던 것이 점점 티나 마저 갉아먹기 시작했다.

프랭크는 자신의 속을 쓰리게 하는 것이 무엇인지 알지 못하고 있었지만, 티나는 그것이 무엇인지 알았다. 오히려 그것이 무엇인지 알기 때문에 더 두려웠을지도 모른다. 수개월간 티나는 더 이상 어찌할 수 없을 때까지 그 감정을 떨쳐내며 지내 왔다.

프랭크에 대한 티나의 감정은 분노였다. 자신에게 이럴 이유가 도대체 없다고 여러 차례 되뇌어도 소용이 없었다. 자신의 결혼이 완벽하며 자신이 원하던 것들을 다 얻었다고 여기면서도 프랭크에 대해 분노하는 자신을 보면서, 프랭크와 함께 덫에 점점 깊게 빠져들어 갔으며 그 덫의 한 가운데로 들어갈수록 자신들의 삶이 더욱 깊게 꼬여서 서로 엉켜있다는 것을 알게 되었다.

티나는 자녀들 그리고 주변의 친구들과 함께 하는 모임 활동, 여행 그리고 프로젝트에 앞장서 온 프랭크를 따라 열심히 활동했고, 친구들과 모임의 리더로부터 많은 칭찬을 받기도 했으며 또한 지역 이사와 위원회의 위원으로 선출되기도 하는 등 엄마로서, 친구로서 그리고 창의적인 모임 리더로서 탁월한 성공을 이룩하고는 그 성공의 회오리바람 안에서 만족을 누리며 지내왔다.

그러나 마침내 장남 제이슨(Jason)이 그들 부부와 함께 덫에 걸리게 되었다. 7살 나이에 학교에서 문제를 일으키기 시작했다. 학교 성적표를 엄마에게 보여주지도 않았고, 다른 아이들을 골탕 먹이고 활개를 치고 다니면서 쓸데없는 짓만 하고 지내기 시작했다.

결국 학교에서 티나를 불러냈을 때, 그녀는 오히려 차갑고 조용하게 선생님들이 조금 더 아이를 예민하게 돌보았더라면 이런 일이 발생하지 않았을 것이라고 말해 버리고는 며칠 후에 프랭크의 회사가 재정 지원을 하는 사립학교로 전학을 시켰다. 마치 모든 일들이 순조롭게 돌아가는 것처럼 보였다.

그런데 그녀의 복잡한 머릿속에서 아주 작은 목소리가 들려 왔다. 그것은 작은 여자 아이의 순수하고 자연스러운 목소리였는데, 다이아몬드처럼 맑고 밝았지만 힘없이 계속해서 이렇게 들려 왔다. "뭔가 잘 못되었어. 티나! 뭔가 잘 못되었어." 외부로부터는 친구와 가족 그리고 동료들로부터 많은 칭찬의 소리가 들려오지만, 그녀의 내부에서는 이 작은 목소리가 점점 더 강하게 들려왔다. 결국 이 일은 세 자녀와 함께 조용히 식사를 하던 목요일 저녁에 터져 버렸고 이로 인해 내적 전투가 시작되었다.

프랭크가 새롭게 시작한 계약 건으로 인해 잔뜩 부풀어서 현관문에 들어서는 순간, 제이슨이 별안간 큰 소리를 지르며 우유 잔을 뒤집어 엎고 여동생의 어깨를 때리려고 달려들고 있었다. 순식간에 모든 상황이 정지화면처럼 멈추었다. 티나의 눈은 충격으로 얼어붙어서 제이슨을 보다가 우유를, 그리고는 프랭크를 얼음처럼 차갑게 뚫어져라 바라보았다. 그녀의 내부에서 원시적 분노가 폭발했고 그 열로 인해 손과 얼굴이 화끈 달아올랐다.

그녀는 벌떡 일어나 프랭크에게 접시를 집어 던졌다. 그 접시는 그의 이마를 스쳐 지나갔고 접시에 담겼던 아스파라가스와 네덜란드 소스가 그의 옷과 바닥을 더럽혔다. 그 순간 모든 가족의 눈이 그녀에게 고정되었다. 티나는 이어서 사람의 소리라고는 믿기 어려운 분노에 찬 소리로 비명을 질러댔다. "다시는 그 따위 썩은 미소를 가지고 집에 들어오지 마!"

한동안 침묵이 흐른 후에 티나는 거실 바닥에 웅크리고 앉아 그 가슴 깊숙한 곳, 어린 소녀의 목소리가 밤새 메아리치던 바로 그곳으로부터 깊은 흐느낌이 일어나더니 나중에는 바닥에 누워 영원히 그럴 것처럼 흐느끼고 또 흐느끼기 시작했다. 그리고는 조용히 위층 침실로 올라가 문을 걸어 잠갔다. 아이들은 두려워 어찌할 바를 모른 채 울기 시작했다. 아이들은 자기 부모가 남들보다 심하게 다투는 것을 처음 본 것이다. 프랭크는 믿기 어려운 충격에 싸여 그대로 서 있었다. 그들이 모두 덫에 걸려든 지 수개월이 지난 이제야 고통을 느끼기 시작한 것이다. 고통은 실재했다. 냄새를 맡을 수 있었고, 맛을 볼 수 있었으며, 보고 호흡할 수도 있었다. 이것이 시작일 수도 또는 끝일 수도 있었지만 그 결과는 아무도 알 수 없었다.

프랭크는 최대한 아이들을 진정시키고는 티나와 대화하기 위해 침실에 들어가려 했지만, 방문은 밤새도록 굳게 닫혀 있었다. 프랭크가 방문을 열려고 할 때마다 티나는 "제발 가"라며 울먹였다.

그날 밤 프랭크는 거실 소파에서 자면서 위가 꼬이는 느낌으로 인해 몇 번이나 깨곤 했다.

티나는 아침에 일어나 아침상을 차렸고, 식사를 마칠 때까지 중국산 은주발이 공허하게 부딪히는 소리 외에는 아무도 소리를 내지 않았다. 프랭크는 멍하니 지치고 허탈한 모습으로 출근했고, 아이들은 학교에 가서도 하루 종일 속이 메스꺼웠다.

티나는 오전 내내 울면서 혼란스러웠다. 자신의 내면에 있던 소녀 아이는 괴물로 변해 있었고, 도대체 어찌해야 좋을지 알 수가 없었다. 끔찍한 공포와 절망 가운데 심리치료사를 찾기 위해 전화번호부 책을 뒤적이며 연락을 할지 말지를 놓고 오후 내내 망설이다가 아이들이 학교공부를 마칠 즈음에서야 전화를 걸게 되었다.

그리고 그날 저녁에 프랭크와 아이들에게 이렇게 말했다. "내 문제가 뭔지 모르겠지만, 치료를 받으러 다녀야겠어요. 이대로는 하루도 더 못 살 것 같아요."

인간이 특별한 이유 없이 미친 듯이 날뛰는 것에 대해 연구하는 수많은 학교와 이론이 있는데, 티나의 심리치료사가 미국 정신치료 협회의 정신장애 진단 편람(Diagnostic and Statistical Manual of the American Psychiatric Association)을 바탕으로 작성한 보험 청구용 서류에 간단히 그리고 정확하게 적은 티나의 진단 결과는 다음과 같다.

"33세의 백인 여자, 7년의 결혼 생활, 세 자녀, 일중독 남편, 수개월 동안의 강박적 행동과 수년 동안의 적극적 부정 후에 심각한 동반의존, 우울증, 죄책감과 정체성 상실 경험 중."

프랭크는 일 중독자였고, 티나는 그런 사랑하는 사람의 중독 현상에 정확하게 부응하는 행동을 취했는데 그것이 바로 자신의 중독을 더 심화시킨 것이다. 처음에는 프랭크에게 중독 되었고, 퇴근 시간이 계속해서 늦어지는 그를 기다리면서 음식을 다시 데우고, 프랭크와 그의 중독을 돌보고 격려하면서 그녀의 부정에도 불구하고 그에 대한 그녀의 분노가 서서히 자라나 마침내 폭발하게 된 것이다.

결국 그녀는 그의 중독과 합세하여, 자신을 어찌해야 할지 모른 채 그저 표면으로 올라오는 두려운 감정들을 떨쳐내기 위해 점점 더 일에 매달리게 되었다. 티나의 내면에 있는 아이가 더욱 선명하게 이야기하기 시작할 때에 생물학적 아이(제이슨)가 자신이 알고 있는 유일한 방법인 소리 지르는 것을 시작한 것은 우연의 일치가 아니다. 제이슨은 자신이 학교나 집에 있는 동안 가족 내의 드러나지 않고 인식되지 않은 긴장을 연출한 것이었다.

데이비스 가문의 운명은 아직 모두 밝혀지지 않았다. 티나는 또 다시 의존의 덫에 빠져드는 것을 방지해야 할 필요성을 깨닫고 배우기 위해 장기간의 심리 치료 과정에 들어갔고, 프랭크와 아이들도 티나와 함께 가족 치료 과정에 참여했다.

아직까지 프랭크는 자신에게 내재된 의존에 대한 인식이 희미하고, 또 드러내 놓고 이야기하지는 않지만 이 문제의 원인은 기본적으로 티나에게 있다고 믿고 있다. 프랭크를 점차적으로 성공 지향적 일중독으로 이끌었던 그의 집안 규칙과 끈은 매력적이고 강력했으며, "표현하지는 않지만 서로 사랑하는 걸 안다"는 가족적 사고방식은 이런 문제들을 표출시키는데 장애가 될 뿐 아니라 오히려 더욱 깊이 빠져들게 한다.

모든 중독은 그 체계에 속한 모든 사람에게 깊은 영향을 끼친다. 이러한 위기로부터 벗어나 새로운 체계 안에서 진정으로 건강하게 살기 위해서는 비록 그 체계가 그대로 유지된다고 하더라도 구성원 모두는 반드시 변해야 한다.

때때로, 그 체계에 속한 사람 중 한 둘만이라도 건강해질 수 있다면, 그들은 결국 자신들의 건강을 지키기 위해 그 체계를 떠나야 할 것이다.

비밀이 없는 "명백한" 가정 (The "Obvious" Family)

샌디 도르셋(Sandy Dorset)은 보스턴 근교에서 5남매의 장녀로 태어났다. 그녀의 아버지는 샌디의 어머니와 결혼한 직후부터 술을 마시기 시작했는데, 샌디가 태어날 무렵에는 재정적 문제로 인해 회사에서 해고되었다. 그는 그 지역의 조그만 주립대학에서 학사학위를 받았지만, 해결되지 않은 감정적 어려움과 알코올 중독의 문제로 인해 제대로 된 직업을 얻는데 어려움을 겪었다.

그가 "적당한 자리"를 얻기 위해 이리저리 옮겨 다니는 동안 샌디의 어머니는 생활비를 벌기 위해 간호사 자격증을 따서 파트 타이머로 일하기 시작했다.

이후 6년 동안 4명의 아이가 더 태어났고, 재정적 문제와 아이들 양육 문제로 인한 스트레스로 집안은 늘 폭발 직전이었고 지쳐있는 분위기였다. 샌디가 5살이던 무렵에, 샌디의 아버지는 어머니를 때리고 아이들에게 심한 욕설을 퍼붓기 시작했다.

샌디의 기억으로 아버지가 고함지르며 어머니를 때릴 때, 자신은 동생들과 함께 두려워서 거실 구석에 웅크리고 있었다. 이런 일이 있고 난 후 며칠 혹은 몇 달간은 조용했지만 다시 일이 터지곤 했다.

한번은 샌디의 어머니가 같은 알코올 중독 남편으로 인해 고생했던 친구(그녀의 남편은 익명의 단주 모임(Alcoholics Anonymous)의 도움으로 많이 회복되는 중이었다)에게 자신의 처지를 말하고 도움을 얻으려 했는데, 그 사실을 알게 된 남편이 너무 심하게 화내는 것을 보고는 온 가족을 해치게 될 것이 무서워 결국 입을 열지 못했다.

이후로 도르셋 가족은 샌디의 어린 시절 내내 폭력의 덫에 사로 잡혀서, 매일 매일을 숨죽이며 살얼음판을 걷는 혼란스럽고 아주 고통스러운 시기를 보냈다. 그런 상황이 나아지기를 바랬지만 결코 나아지지 않았다.

샌디는 이런 상황 가운데서 살아남기 위해 자신의 방어벽을 치는 법을 배우게 됐다. 어렸을 때는 방안에서 혼자만의 상상 세계를 만들어 그 안에서 몇 시간이고 혼자 놀곤 했다.

커가면서부터는 가능한 대로 집에서 떨어져 나와 지내면서 고통을 차단시키는 것이 쉬워지기는 했지만 마음속에서는 늘 집에 돌아가서 어린 동생들을 돌봐야 한다는 부담이 있었다.

대부분의 알코올 중독 가정의 아이들처럼 샌디의 학업 성적은 우수했고, 가족의 비밀에 대해서는 언제나 함구했다. 모두 샌디의 집이 가난한 것을 알고 있었지만, 그녀는 항상 블라우스를 말끔히 다려 입었고 친절하여 다른 사람을 즐겁게 해주었다. 집안에서 일어나는 끔찍한 일은 결코 입 밖에 꺼내지 않았다. 어쨌든 가족의 명예는 중요했다.

샌디는 고등학교에 다니면서 살이 찌기 시작했는데 다시 빼지 못했다. 2년제 간호 프로그램에 입학할 무렵에는 정상보다 100 파운드나 초과하게 되었지만 감량하려 하지 않았다. 어쨌거나 샌디는 간호 프로그램을 우수한 성적으로 수료했고, 수료 후 3주 만에 풀타임으로 일하게 되었다.

25살에 하나님께서 보내 주신 사람이 틀림없다고 여겨지는 한 남자와 데이트하기 시작했다. 카운슬러가 되기 위해 대학에 다니고 있던 그는 점잖고 친절했으며 자상하기까지 했다. 둘은 서로 샌디의 비만에 대해서 말하지 않았지만, 샌디의 속으로는 혹시 이 남자가 비만 때문에 자기를 떠날까봐 두려워했다. 어쨌든 둘은 사귄지 수개월 뒤 결혼하기로 했다.

결혼 2년 후에 샌디가 아이를 낳았고, 그 즈음에 남편은 불우 청소년을 위한 카운슬러를 하면서 매일 늦게까지 일하게 되었기 때문에 샌디는 아이를 돌볼 시간을 위해 하던 일을 하프타임으로 줄여야 했다. 그리고 그 때 남편이 샌디의 친구와 바람을 피우게 되었다. 절대 어떤 술도 입에 대지 않겠다고 맹세했던 그녀였지만, 자신의 삶을 송두리째 무너뜨리는 고통을 잊기 위해 결국은 술을 마시기 시작했다.

결혼 생활이 악화되어 가면서 어린 시절의 끔찍한 삶이 반복되는 두려움 때문에 더 깊이 알코올을 의존하게 되었다. 마침내 절망에 빠져 자살을 시도했는데, 다행히도 수면제 과다 복용으로 입원했던 병원의 스태프들이 샌디의 약물 의존을 빨리 해결할 수 있었다.

비록 정신은 혼미했지만 어릴 때부터 한 번도 받아보지 못한 따스한 보살핌에 안도한 샌디는 병원 측의 권유를 받아들여 약물 의존치료 과정에 참여하기로 했고, 그곳에서 새로운 삶을 시작하게 되었다.

샌디의 회복 과정이 쉬운 것만은 아니었다. 다른 알코올 중독자들과 마찬가지로 알코올 자체를 끊는 것은 그리 어려운 것이 아니었지만, 정말 힘든 것은 내재된 의존(이후 동반의존이라 함)을 다룰 때의 고통, 많은 상황에 대한 엄청난 양의 재교육 그리고 견디기 힘든 어린 시절의 학대에 대한 감정적 고문에 직면하는 문제 등이었다. 샌디는 남편과 이혼한 이후에도 계속 일을 하면서 자신의 두려움, 분노 그리고 상처와 직면해서 싸우고 있다.

샌디는 익명의 단주모임(A.A)의 성인 아이 프로그램에 참여하면서 천천히 그러나 확실하게 절망의 늪에서 빠져 나오고 있다. 하나하나의 단계를 거칠 때마다 자신과 친구들이 건강해져 가는 것을 발견하는 것 같다. 가장 위기가 심했던 당시 정상인보다 150 파운드나 더 나갔던 몸무게는 이제 줄어들기 시작했고 그녀의 아이는 잘 균형 잡힌 모습으로 행복하게 자라나고 있다. 치료 초기의 몇 년간 비정기적으로 데이트하기도 했으나 깊이 사귀지는 않았다. 직장을 구했고, 딸을 양육했으며 회복 과정을 잘 통과했다. 30대 초반에는 정말로 다른 남자와 사귀게 되었다. 그 남자는 샌디의 문제에 대해 책임을 지지는 않았다. 때로 짓 궂기는 했지만 결코 그 이상을 넘어가지는 않았다. 때로 서로 싸우고는 해결한 다음에 또 같은 문제로 싸우는 일이 반복되기도 했지만 그 일로 인해 지칠 정도까지는 가지 않았다. 함께 지내는 만큼 혼자 지내는 시간을 가졌고, 각자 A.A모임의 모임에도 참여했다.

샌디와 그 두 번째 남자가 결혼한 지 15년이 지났다. 여느 부부들과 마찬가지로 그들의 결혼 생활에도 굴곡이 있었지만 첫 번째 결혼의 악몽은 조용하고 편안하며 건강한 것으로 바뀌었다. 비록 그 악몽이 그녀를 완전히 떠나지는 않을 것이며, 여전히 과거의 한 구석에 자리를 잡고 있다가 과도한 스트레스나 불안할 때 그리고 감정이 북받쳐 오를 때면 솟구쳐 올라오겠지만, 그것은 오히려 건강한 반응이다. 샌디 도르셋은 아직 생존해 있다.

3. 우리는 누구인가? 우리의 증상은 무엇인가?

우리가 말하고 있는 역기능 가정의 성인 아이는 누구인가? 그들은 어디에 살고 있는가? 그들은 돈을 얼마나 벌고 있는가? 도대체 문제가 무엇인가? 어쨌든 그들은 누구인가?

"그들"은 바로 우리들이다. 나중에 말하겠지만 우리 중의 90~95%가 여기에 해당한다. 자넷 워이티즈(Janet Woititz)가 지은 베스트셀러 '알코올 중독자 가정의 성인 아이(Adult Children of Alcoholics, 1983)'에 기록된 특징을 살펴보면 많은 사람이 알코올 중독자 가정의 성인 아이인 것을 알 수 있다. 또 우리는 로빈 노우드(Robin Norwood)의 말처럼 지나치게 "사랑"하는 남자 또는 여자에 속한다.

테리 켈로그(Terry Kellogg)의 말에 따르면; 남녀의 구분 없이 많은 사람이 알코올 중독 가정, 아동 학대 가정 그리고 폭력 가정에서 자라난 피해자일 뿐 아니라, 우리 자신이 알코올 중독자, 아동 학대 그리고 폭력 부모가 되어 가고 있다.

극단적인 세계인 것처럼 여겨지고 있는 역기능 가정의 성인 아이의 문제는 언제나 균형과 중용을 얻으려 애쓰지만 늘 그 지표에는 미치지 못하고 있는 것으로 보인다. 추가 한쪽 끝으로 기울면 외롭고 고립되어 두려움을 느끼게 된다. 이것에 지쳐, 추가 다른 한쪽으로 기울면 다시 어려움을 느끼면서 숨이 막히고 화가 나게 된다. 추는 다시 또 돌아온다. 이런 현상은 회복 프로그램에 확실하게 참여하지 않는 한, 삶의 많은 영역에서 실제로 일어난다.

몇 달 전 텍사스에서 워크숍을 진행하던 중에, 우리 가운데 나타나고 있는 성인 아이의 문제들을 전염시키는 특성들을 기술하면서 도움이 되도록 하기 위해 목록을 만들어 보았다.

1. 28살, 39살 혹은 47살이 되면서 갑자기 뭔가 잘못되어 있지만 스스로 어떻게 할 수 없는 상황이라는 것을 발견하게 된다. 그것은 레빈슨(Levinson, 1978), 굴드(Gould, 1978), 쉬히(Sheehy, 1974) 그리고 다른 사람이 언급한 일반적 위기 상황과 일치되기도 하거니와, 그 강도나 뒤따르는 고통 그리고 혼란을 볼 때에 그것은 표면 밑에 감추어진 성인 아이의 문제이다.

2. 우리는 길거리나 파티석상에서 어느 사람을 보고는 "저 사람처럼 되

고 싶어"라고 말하는 사람이다.
3. 또는, "내 마음 속에 뭐가 있는지 알면 소름이 끼칠거야"라고 말한다.
4. 우리는 배우자와 아이들을 사랑하고 깊이 돌보지만, 정작 그 관계는 멀고 동떨어져 있으며 두려워하는 사람이다.
5. 또는 자녀가 약물 중독, 폭식, 가출 또는 자살 시도 등을 할 때까지는 우리 자신의 삶이 완벽하다고 생각한다.
6. 혼란스럽고 두렵고 상실감에 잡히게 하는 지긋지긋한 일들은 자신의 능력에 훨씬 미치지 못하는 차원의 것이라고 생각한다.
7. 우리는 약물 중독, 성 중독 및 폭식증에 걸린 사람이다.
8. 우리의 결혼 생활은 원활하지 않은 채 편두통으로 고생하거나 운동 중독에 빠져 있으며 또는 높은 성취욕을 지니고 있다.
9. 우리는 많은 친구들과 함께 있으면서도 지독하게 외로움을 느끼는 사회적 "외톨이"이다.
10. 우리 중 일부는 혼란스러운 가정에서 성장했으며, 알코올 중독, 근친상간 그리고 신체적 감정적 영적 학대를 겪었다.
11. 우리 중의 일부는 자신이 경험한 역기능이 워낙 은밀했기 때문에 어떤 일이 일어났어도 손가락조차 댈 수 없을 정도로 마비되었다.
12. 우리 중의 일부는 학교 성적이 뛰어났던 형제와 비교되었었다.
13. 어떤 사람은 자신이 배관공이나 의사, 전기 기사, 법관 또는 심리치료사가 되어야만 가치 있는 사람이 될 수 있다고 배워왔다.
14. 어떤 사람은 가난해서 아빠는 두 가지 일을, 엄마는 다섯 아이를 힘겹게 키우면서 모두들 힘들고 지쳐있었기 때문에 어린 시절을 늘 살얼음판을 걷듯이 살아왔다.
15. 우리 중의 많은 사람이 아무도 자신을 위해 함께 해 주지 않았거나, 자신에게 물질적으로는 채워주지만 정서적으로는 홀로 내버려 두었기 때문에 정서적으로 무시를 당했다.
16. 어떤 사람은 잘못된 사랑으로 키워져 삶이 망가지고 숨 막히게 되

었다. 다른 친구들이 새로운 세상에서 자신의 성인으로서의 삶을 시작한 지 수년이 지나도록 집안에 머물도록 유혹을 받았다.
17. 우리 중의 많은 사람이 대인 접촉, 특히 권위가 있다고 여겨지는 사람 앞에 서는 것을 두려워한다.
18. 또 어떤 사람은 자신이 특별히 사랑하는 사람에게 겁을 주어 자신이 완전히 제어할 수 있는 고립된 세상에서 살도록 요구한다.
19. 우리는 종교를 경멸하거나 무신론을 경멸한다.
20. 우리는 다른 사람이 우리 자신을 이용하거나 학대하게 하며, 반대로 우리가 그들을 이용하거나 학대한다.
21. 우리에게는 분노만 있거나, 슬픔만, 공포만 또는 미소만 있는 사람이다.
22. 우리는 너무 열심히 일해서 오히려 잃거나, 반대로 너무 적게 일을 해서 제대로 된 삶을 살지 못한다.
23. 우리는 "완전무결" 하게 보이는 사람이다. (프라이(Fry), 1987)
24. 우리는 빈민굴에라도 들어가서는 어딘가에 소속된 사람이라고 느끼는 사람이다.
25. 우리에게는 우울증이나 심한 분노가 있다.
26. 우리는 자신이 허무하거나 혼란스럽다고 여긴다.
27. 우리의 감정은 기복이 아주 심하거나 아예 진공 상태이다.
28. 우리는 정말로 화가 났을 때 부엌문을 쾅 닫으면서 웃거나, 정말로 슬플 때 화를 내면서 부엌문을 쾅 닫는다.
29. 우리는 자신은 학대하지만 타인은 잘 돌본다.
30. 우리가 불행할 때에 다른 사람들이 우리가 인간임을 알까봐 또는 심한 경우에는 우리가 여기에 있다는 자체를 알까봐 무척 두려워한다.
31. 우리는 자녀들과 관계를 맺는데 어려움이 있다.
32. 우리는 잠자리에서 부부관계를 가질 수는 있지만 정서적인 유대 관계는 맺기 어렵다. 또는 부부관계를 전혀 가질 수 없다.

33. 우리는 끊임없이 다른 사람을 관찰하면서 그들의 좋은 점과 나쁜 점을 들춰낸다.
34. 끊임없이 다른 사람과 자신을 비교할 뿐 거의 관계를 갖지는 못한다.
35. 우리는 진정 마음을 쏟아 붓는 삶을 살지 못한다.
36. 우리는 과거에 매달리고, 미래를 두려워하며 현재에 조바심을 낸다.
37. 우리는 목적 없이 죽도록 일한다.
38. 우리는 무엇에도 만족을 느끼지 못한다.
39. 우리는 하나님을 두려워하거나, 우리를 위해 모든 것을 해줄 거라고 기대한다.
40. 우리는 우리 자신과 다른 사람을 두려워하거나 미워한다.
41. 한번 친구를 사귀면 떨어지지 못한다.
42. 우리는 무엇에든 쉽게 중독 된다.
43. 우리는 자신의 내적 갈등을 아이들에게 투사한다.
44. 우리는 몸매에 창피를 느낀다.
45. 우리는 우리가 왜 여기에 있는지 모른다.
46. 우리는 죽도록 괴롭다.
47. 경찰차를 보면 무슨 죄를 지은 것처럼 느낀다.
48. 우리는 잘못된 일에 자신의 존엄성을 팽개친다.
49. 우리는 사랑을 갈구하지만, 얻어내는 일은 거의 없다.
50. 우리는 갖고 싶거나 필요한 것을 위해 움직이지 않고 얻어내려 한다.
51. 우리는 최선을 원하지만 최악을 예상하면서, 그 순간을 즐기지 못한다.
52. 식당에서 혼자 식사를 하는 동안 다른 사람이 마치 나를 불편하게 하려고 식당에 들어서는 것처럼 느낀다.
53. "쇠고기는 어디에 있죠?"라고 어느 광고에서 클라라 펠러가 한 것처럼 묻지만, 그 광고와는 달리 아무도 대답해 주지 않는다.
54. 우리는 사랑에 빠지게 되면 도망쳐 버리거나, 그 관계를 위해 자신

을 포기한다.

55. 우리는 사랑하는 사람을 숨 막히게 하거나 짓밟거나, 둘 다 행한다.
56. 우리 중의 어떤 사람은 우리의 행동이 역사를 바꾸게 될 것이라고 생각하고, 어떤 사람은 우리는 그냥 묻혀서 살게 될 것이라고 생각한다.
57. 우리는 자라면서 부모를 미워하거나, 어렸을 때 그랬듯이 그들을 존경하지만, 그들도 우리처럼 잘못을 저지르는 인간이라고는 거의 생각하지 않는다.
58. 형제들이 자신과 비교되어 다루어진 것에 대해 죄책감을 갖고 있거나, 질투 또는 모욕을 느낀다.
59. 우리는 아버지를 미워하고 어머니를 과보호하거나, 반대로 어머니를 미워하고 아버지를 과보호한다.
60. 5살에 성적 학대를 당했지만, 그 나이에 더 처신을 잘하지 못했다고 자신만 탓한다.
61. 우리 중 일부는 자랄 때 만성적 질병으로 앓는 부모가 있었다.
62. 우리 중 일부는 자랄 때 정신적 질병으로 앓는 부모가 있었다.
63. 우리 중 어떤 사람은 전혀 부모 없이 자랐다.
64. 우리는 우리의 삶이 단순히 생존하는 것 이상으로 좋아지기를 기도하지만, 내면 깊은 곳은 낙심하고 있는 생존자다.
65. 우리는 자신의 삶을 사랑하지만 그 내면은 마음의 문을 닫아 놓고 자유로워지기를 기다리고 있는 어린 아이이다.

증상과 상황에 관계없이 우리는 역기능 가정의 성인 아이이다. 왜냐하면 아주 오래전에 우리에게 어떤 일이 일어났고, 그 일은 한번 이상 일어났다. 그 일로 인해 우리는 상처를 받았다. 우리는 우리가 알고 있는 방법 내에서 우리 자신을 지켰다. 그리고 우리는 여전히 우리 자신

을 지키려 하지만 더 이상 우리 자신을 지키지 못하기 때문이다.

성인 아이 증상

우리에게 일어났던 일들을 종합해서 정리하면 그 증상은 약물 사용 장애와 우울증, 공포증, 불안증, 성격 장애, 성적 역기능, 친밀감 장애(Intimacy disorder), 과잉 행동, 섭식 장애(eating disorder), 강박 행동 및 강박 관념 등으로부터 유발되는 정신적인 장애나 스트레스 관련 장애의 전 범위에 걸쳐 있다. 우리는 먼저, 이러한 모든 문제들의 근원이 역기능적 가정환경에 있다고 생각하지는 않는다. 알코올 중독, 정신 분열증, 우울증 관련 증세, 불안증과 연관된 증세, 비만의 유형 등은 생물학적인 영향을 많이 받는다는 것이 이미 여러 연구에 의해 입증되었다고 본다. 하지만 수년간 치료를 해 온 결과를 보면 이상한 점을 발견하게 되는데, 즉 예를 들면, 알코올 중독자 중에 역기능적 가정에서 자라지 않았거나 현재 자신의 가정에서 역기능적 행동을 하지 않는 사람은 거의 없다는 점이다.

따라서 우리는 두 종류의 사람으로 생각할 수 있다. 건전한 가정에서 태어난 사람이거나, 알코올 중독에 빠지기 쉬운 생물학적 성향을 가지고 태어났으나 그 문제를 잘 극복해낸 사람의 경우일 것이다. 그들은 스스로에게 "내가 이것에 중독 되어 가고 있다."고 말을 했다. 그리고는 가족과 친구들에게 그것에 대해 고백을 하고, 함께 중독을 차단할 수 있도록 노력을 했다. 대부분의 사람과 그들이 다른 점은 우리가 너무도 역기능적이어서 그렇게 하지 못한다는 것이다. 우리가 정리한 증상에는 대부분의 성인 아이에게 나타나는 특징이 있다.

그 증상은;

1. 부정 체계(denial system)의 일부이다.
2. 스스로 제어할 수 있다는 환상을 준다.
3. 먼저 받은 스트레스에 대한 일반적 반응으로 시작된다.
4. 어릴 적에 힘이 없어 극복하지 못했던 고통으로부터 자신을 지키기 위한 방법으로서 나타난다.
5. 감정을 부정하는 것과 관련되어 있다.
6. 친밀감과 관계를 차단한다.
7. 수치와 관련되어 있다.

증상은 감정적 부정(emotional denial)으로부터 생기고, 그 증상은 다시 그 부정(denial)을 유지하려 하는데, 우리로 하여금 자신의 삶이 다른 사람의 삶과 많이 다르다고 스스로를 속이며 살도록 한다. 또한 자신으로 하여금 스스로 제어할 수 있다는 환상을 주지만, 실제로 자신이 행한 것이라고는 자신 스스로 건강하게 제어할 것을 포기했다는 것을 밖으로 드러내는 표시일 뿐이다.

중독이나 공포증의 덫에 걸리게 되면서, 우리는 삶에 대한 올바른 제어를 제어에 대한 환상과 맞바꾸게 된다. 바로 이 제어에 대한 환상이 오히려 자신을 두렵게 만들어서 증상을 포기하도록 만든다.

섹스 중독자는 자신이 불건전한 섹스를 포기하게 되면 삶 자체가 혼란 속에 무너져 내릴 것으로 정말 진지하게 믿는다. 관계 중독자는, 대부분 중독자에게 중독 되는데, 만일 건강해지는 쪽으로 변하려 한다면 삶이 산산조각날 것이라고 진지하게 믿는다. 또, 달리기를 통해 체중을 유지하고, 달릴 때에만 유일하게 "거짓 내적 평안(Psuedo-inner peace)"

를 느끼며 달릴 수 없는 상황이 되면 모든 금단 현상이 나타나는 운동 중독자는 이제 자신이 더 이상 달리기를 할 수 없게 된다면 살 가치가 없어진다고 정말로 진지하게 믿는다.

우리의 증상은 모두 자신이 먼저 받았던 스트레스에 대한 일반적 반응으로서 시작되었다. 이 증상은 자신이 다른 사람과 어떻게 살아야 하는지 배우던 어린 시절에 형성되기 시작했다는 것이 우리의 의견이다. 그 유형에 관계없이 자신이 성장했던 가족 체계가 역기능적이었다면 샌디의 경우와 같이 분명하든지, 아니면 프랭크의 경우와 같이 감추어져서 드러나지 않든지 어린 아이로서 그런 가정에서 자신을 지키려 하는 것은 일반적이고 논리적이며 타당한 것이다. 몸에 난 상처를 치료하지 않고 오랫동안 방치하면 상처 주위에 포낭(cyst)을 만들어 감염을 차단하고 몸의 나머지 부분을 보호하는 것처럼, 어린 시절의 마음은 부정(denial)이라는 이불 속에 숨어 정신적 고통의 근원을 덮어 버리고 어떻게든 균형을 유지하려고 한다.

이 증상은 자신이 어릴 적에 힘이 없어 극복하지 못했던 고통으로부터 자신을 지키기 위한 방법으로서 나타난다. 처음 부정하기 시작하면서부터 우리는 샌디처럼 자신을 둘로 분열시키는 방식을 키운다. 그녀는 밖으로는 유능하고 학업 성취도가 높지만 내면은 두렵고 상처받고, 상실감에 빠진 어린 아이였다. 이러한 역기능이 오랫동안 치료되지 않을수록, 그녀는 자신의 진정한 감정을 부정하는데 더욱 익숙해졌다. 자신의 감정을 부정할수록, 감정은 더욱 나빠진다.

우리의 증상은 또 감정을 부정하는 것과 관련되어 있다. 우리는 상처와 고통을 차단한다. 우리는 자신이 보여주는 공적 이미지만 볼 수 있는 "국외자들(outsiders)"이 보내는 찬사를 받는다. 우리는 자신이 "강한 자"나 "반란자" 또는 "연인"이 되는데 자부심을 가지며, 그러는 내내 아무도 자신이 정말 누구인지 모른다고 느끼거나 실제로 자신을 모르기 때문에 그 내면은 죽어가고 있다. 그렇기 때문에 우리의 증상은 또한 친밀감 또는 관계 장애이다.

이 증상은 우리의 부정(denial)을 부추기고 "가족의 비밀"을 유지하기 위해서 다른 사람과 건전하게 가까워지지 못하도록 가로 막는다. 우리는 항상 아무도 자신 내면에 정말 무엇이 있는지 알지 못하도록 보호막을 쳐야 하는데, 그것은 자신의 증상이 또한 수치심(shame)과 관련 있다는 것을 의미한다. 그 증상은 "밖으로 드러나고" "발각되고" 다른 사람 앞에서 감정적으로 발가벗겨지고, 비웃음을 당하고, 비난받거나 거절되는 수치와 관련되어 있다.

역기능 가정의 성인 아이에게서 발견되는 증상은 매우 많다. 많은 사람에게 여러 증상이 동시에 나타난다. 예를 들면, 음식에 대해 건강하지 않은 의존을 나타내는 강박충동적 이상 식욕자를 자주 본다. 우리는 알코올 중독자의 배우자 중에 자신의 배우자에게 중독 되어 있거나, 삶의 다른 영역 가운데 강박 관념에 사로잡혀 있거나, 다른 사람이나 대상에게 병적으로 의존되어 있거나 또는 우울증과 관련된 문제를 가진 사람을 자주 볼 수 있다.

이 증상은 다른 사람에게 어떤 종류의 가정 문제를 갖게 될 것이고, 또한 앞으로 어떤 부모가 될 것인가를 결정하여 붙이는 꼬리표(label)가 아니다. 좌절하고 외로운 어머니에게 크게 야단맞고 난 뒤 자기 방에서 흐느끼고 있는 아이에게는, 그 어머니가 관계 중독자이거나 동반의존자이거나 혹은 강박 충동적 이상 식욕자이거나가 문제 되지 않는다. 다만 이 어린 아이에게 중요한 것은 엄마와 아빠가 행복하지 않으며,

둘은 언제나 그녀에게 소리 지르고, 둘의 싸움에 자기를 끌어들이며 또 자기의 진짜 감정을 느끼지 못하도록 하는 것이다. 우리가 만든 성인 아이 증상 목록이 모든 것을 포함하지는 않지만, 대부분의 우리 성인 아이에게 일어나는 모습을 보여준다고 생각한다.

성인 아이에게 일어나는 여러 가지 증상

감정적/심리적 증상들

1. 우울증
2. 불안증/공황 발작(panic attacks)
3. 자살 혹은 자살 생각
4. 망상과 강박 관념
5. 약물 중독
6. 낮은 자존감
7. 인격 장애
8. 공포증
9. 히스테리(Hysteria)
10. 성기능부전(정신적 성기능 장애, sexual dysfunction)
11. 의심증
12. 친밀감 장애(intimacy problem)
13. 인격 분열
14. 감정적 단절(flat affect)
15. 집중하기 어려움(Difficulty concentrating)
16. 지나친 분노

17. 인내심의 부족과 쉽게 포기함(low frustration tolerance)
18. 수동적/공격적 성격
19. 극단적 의존
20. 서로 돕고 의지하는 능력의 부족(inability to be interdependent)
21. 놀거나 즐기지 못함
22. 자발성 결여
23. 다른 사람을 즐겁게 해주려는 시도
24. 다른 사람의 인정을 추구함
25. 정체성의 혼란

신체적 증상들
1. 약물 의존
2. 섭식 장애
3. 사고 유발 경향성(accident proneness)/만성 통증 증후군
4. 긴장과 편두통
5. 호흡 장애
6. 궤양, 대장염, 소화 장애
7. 변비/설사
8. 수면 장애
9. 근육 긴장
10. 측두하악골 관절 장애(TMJ, Temporomandibular Joint Disorder)

중독, 강박 관념, 병적 의존, 우울증, 스트레스 증상, 공포증 및 불안증은 성인 아이에게 일반적으로 나타나는 증상이므로 간단하지만 자

세하게 살펴보겠다.

중독 (Addiction)

가장 좁은 의미에서 중독은 특정 물질에 대한 생물학적 의존을 의미하는데, 이 의존은 제어 능력을 없앨 뿐 아니라 어느 정도 심각한 방법으로 중독자의 매일의 삶에 영향을 끼친다. 물론 이러한 정의는 일중독, 사랑 중독 및 TV 중독 등 보다 넓은 개념으로 사용될 여지도 있다. 우리는 "중독"을 보다 넓은 의미에서 사용하려 하는데 이는 최근에 이 말이 넓은 의미로 많이 사용되기 때문이다. 중독과 건강하지 않은 의존의 차이는 단지 정도의 차이가 아닌가 생각한다.

강박 충동적 행동 (Compulsion)

강박 충동적 행동은 우리가 특정한 것에 대해 제어하거나 그만 둘 수 있다는 것이 아니라, 제어할 수 있다는 환상을 주는 것이다. 누군가가 상상으로 지은 죄를 씻으려고 강박충동적으로 손을 씻는 행위는, 밤에 자다가 문과 창문이 모두 잠겼는지 확인하기 위해 일곱 여덟 번 깨어나는 것과 똑같은 강박충동적 행위의 전형적 실례이다. 임상의들은 강박충동적 과식자, 강박충동적 도박 중독자, 강박충동적 청소 또는 쇼핑에 대해서 이야기 한다. 나는 강박 충동적으로 도박을 하는 사람인가 아니면 도박 중독자인가? 아니라면 우리 자신과 다른 사람을 괴롭히는지 알면서도 도무지 통제할 수 없는 상황을 무엇이라고 부르면 좋을 것인가?

건강하지 않은 의존

건강하지 않은 의존은 유아기의 정상적인 의존 상태에서 생긴다. 우리는 생존을 위해 전적으로 부모를 의존하며 태어난다. 그들이 우리를 먹이고, 양육하며, 아플 때 돌보아 주지 않는다면 우리는 실제로 죽는다. 그래서 우리의 의존 욕구는 절대 생존의 차원에 깊고 확고하게 뿌리 박혀 있다.

우리가 성장해 가면서 이러한 의존 욕구는 점점 더 드러나지 않거나, 잘 드러나지 않는 형태를 띠게 된다. 예를 들어 6살에, 비록 어른의 계속적인 도움이 없으면 제대로 생존하기는 어렵지만, 가난한 국가의 많은 어린이들이 그렇듯이 자기 스스로의 힘으로 생존하는 것이 가능하다. 15살이면 최소한 기본 생물학적 그리고 안전 측면에서 볼 때, 충분히 스스로 살아갈 수 있다. 그러나 그것보다 덜 뚜렷한 감정적 욕구에 대해서는 어떤가? 덜 실제적이긴 하지만 강력한 욕구는 어떠한가? 대부분의 경우 이러한 것들은 역기능 가정에서는 채울 수 없는 욕구인데, 이 말은 곧 우리가 채워지지 않은 엄청난 욕구를 지니고 성인이 된다는 것을 의미한다.

성장하면서 중요한 과제 중의 하나는 어떻게 다른 사람과 서로 의존(interdependent)하고 도울 수 있는가를 배우는 것이다. 서로 의존하는 것은 도움과 지원이 필요한 것을 인식하는 가운데 자기 자신이 되는 것이며, 다른 사람으로부터 분명하고 구분된 정체성을 유지할 수 있는 것을 의미한다. 또한 서로 의존하는 것은 파괴적인 것이 아니라 건강한 방법으로 다른 사람의 지원을 얻을 수 있는 것을 의미한다.

"많은 친구"가 있지만 그들을 위해서 너무 많은 것을 하고 있으며, 얻는 것은 부족하다고 느끼기 시작할 때, 나는 상호의존적이 되는가?

샌디처럼 책임감이 뛰어나고 학업 성적이 탁월하지만 아무도 실제의 자신을 알지 못한다고 느낄 때, 나는 상호의존적인 것인가?

프리엘(1982)은 겉으로는 자립적이고 독립적이지만 내면에서는 몸부림치는 문제를 지닌 사람의 증상을 역설적 의존(paradoxical dependency)이라 했다. 역설적 의존은 건강하지 않은 의존의 한 양식이다. 표면적으로는 강하고 "함께" 하는 것처럼 보이지만, 내면에는 불행한 관계와 낮은 자존감을 가지고 있는 것이 건강하지 않은 의존의 분명한 징표이다.

건강하지 않은 의존이란 약물, 직업, 사람, 애완동물 등 우리가 행복이나 만족을 느끼는 어느 것에든 집착하는 것을 의미한다. 중독과 마찬가지로 집착은 건강한 방법으로 필요를 채우고 자유로워지기 원하는 자신의 내면의 어린 아이의 소리를 가로 막는다. 또 집착은 우리로 하여금 계속해서 부정하도록 하며, 친구나 연인과의 건강한 관계를 맺지 못하도록 하는데 그 밑에는 중독, 강박 관념과 마찬가지로 공포, 슬픔, 상처, 고독과 분노가 자리 잡고 있다.

건강하지 않은 의존은 건강한 상호의존적 관계형성을 가로 막는 동시에 파괴하게 된다. 많은 전문가들이 잘 알듯이 이 건강하지 않은 의존을 치료하지 않은 채 내버려 두면 일상생활 중의 스트레스를 파멸 직전의 중독으로까지 악화시키게 된다.

우울증(Depression)

우울증은 우리 모두가 한두 번은 경험하는 것인데 낮은 자존감, 슬픔, "외로움"과 "축 처짐"을 느낀다거나 피곤을 느끼거나 냉담, 폭식하거나 그 반대로 전혀 먹지 않는다거나, 너무 많이 자거나 그 반대로 전혀 자지 않는 것 등을 포함한다. 대부분의 장기 우울증은 뇌 안에 있는 신경 전달 물질의 불균형(imbalance of neurotransmitter substances)이 원인이 되어 뇌가 충분히 자극을 받지 못하기 때문이다.

항우울제는 이런 우울증을 치료하는데 큰 도움이 된다. 그렇지만 우울증의 원인이 어린 시절의 해결되지 않은 수많은 "쓰레기" 때문인데도 약으로만 치료하려는 경우를 많이 본다.

우리는 살면서 필요한 것을 어떻게 얻어야 할 지 모를 때 우울해진다. 또 우리는 다른 사람을 야단칠 때 우울해진다. 또 다른 사람의 도움을 얻으려 할 때 우울해지는데, 그래서 우울증은 다른 사람의 도움을 얻어낼 때 쓰는 방법이기도 하다. 또한 우리의 분노가 표현될 까봐 두려울 때 우울해진다. 이 모든 것이 우울증이다.

항우울제를 복용하고 있지는 않지만 복용해야 할 상태에 있는 모든 이에게 하고 싶은 말은, 항우울제를 복용하고 있는 사람이 훨씬 많지만 자신이 역기능 가정의 성인 아이라는 것을 인식하고 그 실체를 다루게 된다면 항우울제를 복용할 필요가 없다는 것이다.

스트레스 증상(Stress Symptoms)

편두통 또는 긴장으로 인한 두통 증세, 여러 양식의 측두하악골 관절 장애(Temporomandibular Joint Disorder, TMJ), 궤양, 대장염, 피부 장애, 요통, 근육 긴장, 천식 등은 성인 아이에게 아주 흔히 있는 증상이다.

이런 증상은 우리가 "적당치 않은" 감정들을 "드러내지 않은 채" 처리하려 할 때 어떻게든 삐져나오는 것이기 때문에 오히려 당연한 것이다. 울지 않는 대신 머리가 아파 온다. 쇼핑가고 싶지 않다고 말하는 대신 일단 쇼핑을 가지만 배가 아파 온다. 지쳤다고 말하는 대신 죽도록 일을 하고는 초긴장 상태를 조장한다. 우리의 몸은 주변의 일에 대해 좋은지 그렇지 않은지 반응하게 되어 있다. 단지, 그러한 반응을 역기능적이지 않은 건강한 방법으로 표현하는 것은 우리에게 달린 일이다.

공포증(Phobias)

공포증은 우리로 하여금 일상생활을 편안하게 하지 못하도록 가로막는 불합리한 두려움이다. 심한 공포증은 사람을 두려워하거나, 집 밖으로 나가거나, 일터에 또는 학교에 가는 것조차 두려워하게 함으로써 일상생활을 전혀 하지 못하도록 할 수도 있다. 특별한 사건 때문에 특정한 공포심을 갖게 될 수도 있지만, 공포증을 극복하지 못하도록 하는 것은 가족 체계의 규칙인 경우가 흔하다. 그리고 그 규칙으로 하여금 공포증을 비합리적인 두려움으로까지 확대시켜서 마비에 이르게 하기도 한다.

불안증(Anxiety)

불안 증상은 몸을 떨거나, 현기증, 가슴이 아프거나 불편하고, 실신, 죽거나 미칠까봐 두려워한다든지, 뜨겁거나 찬 느낌, 손이나 발이 쑤시거나, 땀, 가슴이 두근거리고, 초조, 예민해지거나, 긴장, 피곤하고 탈진되거나, 눈꺼풀 경련, 수면 장애, 손이 차갑고 습하거나, 입안이 마르고, 위 쓰림, 소변을 자주 보고, 설사, 고혈압, 걱정, 두려움, 지나친 집중, 산만, 집중하지 못하거나, 초조 또는 참지 못하는 증상 등을 포함한다.

이처럼 긴 증상 목록 중에 대부분은 신체적 문제에 기인할 수도 있기 때문에 불안증이라고 단정하기 전에 종합 신체검사를 받는 것이 좋다.

반면에, 이런 증상에 대한 신체적인 원인을 찾기 위해 여러 의사를 찾아다니며 비싼 검사를 받지만 실제로는 자신이 직면하지 않고 있는 가슴깊이 새겨진 정서적 고통에 그 원인이 있는 사람을 많이 본다. 그 고통을 직면할 때에, 증상은 서서히 사라지기 시작한다.

일반적으로 우리는 먼저 종합 신체검사를 통하여 신체적 원인을 처리할 것을 권고한다. 만일 심리 치료를 원한다면, 단순히 약 처방을 받거나 행동 교정 치료를 받기 보다는 자신의 증상과 관련된 가족적 역기능에 대해 가능한대로 모두 드러내기를 권고한다.

우리가 생각하기에, 이러한 증상은 생물학적 원인에 의하거나 역기능 가정으로부터 자신을 지켜내기 위하여 생긴 것이다.

4. 장애: 특히 중독 현상으로 인한

역기능 가정의 성인 아이에게 있어서 삶의 중독과 강박 관념 패턴은 너무나도 보편적이라 먼저 이러한 장애가 어떤 것인지 정의하기 위하여 간단히 살펴보고자 한다.

부모 중 최소한 한명이 알코올 중독자인 미국인이 약 2천 8백만 명이다.

알코올 중독자의 반 이상이 알코올 중독자 부모 밑에서 자랐다.

보고에 의하면 세 가족 중 한 가족에 알코올을 남용하는 식구가 있다. 아동 학대 사례의 약 90%가 알코올과 깊이 관련되어 있다(National

Association of Children of Alcoholics Charter statement).

전문가에 의하면 미국인 중 8천만 명이 비만이다(Turner & Helms, 1987).

성인 세 명 중에 한 명은 아직도 담배를 피우며(1987 갤럽 조사), 수백만 명이 커피를 중독적으로 마시고 수천 명이 조깅하다가 다친다.

하지만 수많은 사람이 의학적, 심리요법으로 자신의 높은 중독 성향을 인식하지 못한 채 이미 리브리엄(Librium)이나 발륨(Valium)과 같은 신경안정제 처방에 중독 되어 있다.

어린이는 평균 하루에 6~8시간동안 TV를 시청한다. 그러나 고등학교를 졸업할 무렵에는 이전보다 더 많은 시간을 TV앞에서 보내게 된다.

1939년에 출판된 A.A의 바이블인 A.A. Big Book이 5,000부 팔리는데 2년이 걸렸지만, 지금은 단 이틀 밖에 걸리지 않는다(A.A. World Service, 1985). 이 통계는 과거에 치료할 수 없다고 여겨지던 질병에 대해서 얼마나 많은 사람이 도움을 받고 있는지를 보여주는 고무적이고 즐거운 수치이긴 하지만, 반면에 자신의 중독 현상을 치료하기 위해 얼마나 애쓰고 있는가를 보여주는 것이기도 하다.

이 문제를 부각시키기 위해서 20~30 페이지에 해당하는 통계 자료를 제시할 수도 있지만 그렇게는 하지 않을 것이다. 우리는 공포 분위기를 조성해서 미국 사회를 헐뜯고자 하는 것이 아니다. 세상에는 자신의 중독문제와 싸우고 있는 단체가 많이 있지만, 우리는 여기에서 최소한 넓은 의미에서의 중독성 매개체(addictive agents)를 정의하는 것이 필요하다고 생각한다.

우선 임상 경험, 연구 그리고 개인적 경험을 토대로 일반적인 매개체를 정리해 보았다. 자유롭게 이 리스트에 첨가하거나 이의를 제기할 수 있다.

알코올	조깅
처방전 약물	독서
비처방전 약물	속도/위험
불법 약물	니코틴
음식	카페인
TV	관계
섹스	힘
일	잠
소비	도박
스트레스	종교적 의식

위의 리스트를 보면서 먼저 눈여겨 볼 것은, 물론 한 두 개의 예외는 있겠지만, 그 자체로 피해를 주거나 위험한 것은 없다는 점이다. 수많은 사람이 주말에 타호 호수(Lake Tahoe)에 가거나, 라스베가스 또는 아틀란틱 시에 가서 도박을 하기도 하고 놀기도 하지만 별 다른 문제를 일으키지는 않는다. 어느 정도 술을 마시는 사람이 수도 없이 많지만, 그들이 모두 문제를 일으키는 것은 아니다. 더욱이 스트레스 자체가 위험한 것도 아니다. 사실 약간의 스트레스가 없다면 우리의 인생은 지루해질 것이다. 따라서 우리의 메시지의 핵심은 중독성 매개체 그 자체가 아니라, 우리가 여러 가지의 매개체를 통해 중독 된다는 것을 깨닫는 것이 매우 중요하다는 것이다. 알코올을 마시지 않는다고 해서 중독으로부터 자유로운 것이 아니다. 알코올을 마시지 않아도 부정 (denial), 교제에 불편함을 느끼거나, 불합리한 힘이나 제어를 필요로 하

거나, 내려놓지 못하거나, 내적 고통, 불안해서 떠벌리는 등의 모든 중독적 특성을 가지고 있을 수도 있다.

위의 리스트를 보고 자신이나 누군가에 대해 파고들기 전에 먼저 짚어야 할 점은, 단순히 조깅, 섹스 또는 TV를 좋아한다고 해서 그것이 건강하지 않은 의존을 의미하는 것은 아니라는 것이다. 또 각자가 독특한 상황이라는 것을 항상 기억해야 한다. 당신으로서는 TV를 시청하는 것이 편히 즐기는 것일 수 있지만, 가족에게는 악한 덫이 될 수가 있다. 당신에 대한 상사의 관계는 건강하다 할지라도, 상사에 대한 당신의 관계는 중독의 경계선상에 서있을 수도 있는 것이다. 상사의 일은 도전적이고 자극을 줄 수 있지만, 부하의 입장에서는 중독적이고 강박적일 수 있기 때문이다. 이 경우에 있어서 문제는 푸딩 자체에 있는 것이 아니라, 푸딩을 먹은 사람에게 있다.

다음의 짧은 글을 보면 보다 선명하게 그 차이를 알 수 있게 될 것이다.

짐(Jim)은 긴 일과를 마치고 나면 한두 잔 마시고나서 가족과 저녁 식사를 한다. 주말이면 보통 바바라(Barbara)와 함께 집에서 쉬거나 친구들과 외출을 하는데, 와인 몇 잔을 마시거나 식후에 몇 잔을 마시면 긴장이 풀어져서 주말을 편히 쉴 수 있게 된다는 것을 알게 된다. 다른 친구들도 모두 술을 마시기는 하지만, 짐은 일 년에 두 번 정도 완전히 취할 정도로 마신다. 자신은 작년에 술을 끊으려 해서 두 달 동안 성공한 적이 있기 때문에 자신에게 전혀 문제가 없다고 생각한다. 그는 회사에서 성공적이며 그에게는 아름다운 아내와 귀여운 두 아이가 있다. 짐은 알코올 중독이다.

캐서린(Katherine)은 긴 하루 일과를 마치면 한두 잔 마시고나서 가족과 함께 저녁 식사를 한다. 주말이면 집에서 쉬거나 친구들과 함께 외출을 하는데, 외출해서 저녁 식사를 할 때는 와인을 한두 잔 마신다. 지금까지 그럴만한 일이 없었기 때문에 한 번도 술을 완전히 끊으려 한 적이 없다. 캐서린은 알코올 중독이 아니다.

수(Sue)는 몇 년 동안 일주일에 30마일씩 달린다. 일 년에 수차례 마라톤 훈련을 하고 참가하기도 한다. 그녀는 자신의 건강에 자신감을 가지고 있으며, 자신이 더 이상 달릴 수 없을지도 모른다고는 생각할 수도 없다. 아침에 일어나면 무엇보다 먼저 달리기를 하는데, 무슨 일이 생겨서 달릴 수 없게 되면 오전 내내 초조해지고 심술스러워진다. 수는 달리기 중독이다.

프랭크(Frank)는 일주일에 40마일씩 달리고 최소한 일 년에 한번은 마라톤에 참가한다. 그 역시 자신의 체력에 자신감을 가지고 있다. 최근 자신의 무릎의 문제 때문에 달리기를 중단해야 할지도 모른다는 것을 알게 되었을 때에 한동안 실망하고 침체되어 있기도 했지만 결국 다시 일어났고 그의 무릎도 회복되었다. 그는 최근에 수영을 하고 매일 에어로빅 운동을 할까 생각 중에 있다. 프랭크는 달리기 중독이 아니다.

밥(Bob)은 매일 밤 가족과 함께 TV를 시청하는데, 저녁 뉴스로 시작해서 심야 영화가 끝날 때까지 시청한다. 그러는 동안 가족들도 볼거리가 있으면 함께 TV를 시청하기도 하지만, 밥은 그에 상관없이 계속 시청한다. 그의 아내는 웃으면서 자신을 "TV 과부"라고 하지만, 속으로는 더 이상 웃지 않는다. 밥은 TV 중독이다.

마리(Mary) 역시 매일 밤 TV를 시청한다. 어떤 프로그램이 방영되는지에 따라 다르긴 하지만, TV 시청이 최우선하는 일은 아니다. 한 참 시청하는 중에 누군가 외출하자고 전화하면 별 문제없이 TV를 끄고 나간다. 며칠 간 전혀 TV를 보지 않고 지내기도 한다. 마리는 TV 중독이 아니다.

위의 예에서 보듯이 중독을 결정하는 것은 양(量)이 아니라 필요이다. 어떤 경우에는 양(量)이 분명한 진단 지표가 될 수도 있지만 항상 그런 것은 아니다. A.A 단주모임 그룹을 가장 크게 웃게 만드는 말은 진단 중에 있는 중독자가 "난 겨우 일 년에 한두 번만 취할 정도로 마실 뿐이야"라고 할 때이다. 이는 또한 아주 중요한 점을 예시하는데, 우리는 자신의 의존성과 가능한 중독성을 생각해야지 **결코 다른 사람의 사용 패턴과 비교해서는 안 된다**는 것이다.

자신의 중독 패턴을 보기 위해서는, **중독에 걸렸는지 또 얼마나 심하게 중독 되었는지** 분별하기 위해 전문가들이 작성한 전형적인 증상 리스트와 중독 지표를 살펴보는 것이 가장 좋은 방법이다. 중독은 연속성이 있기 때문에 자신이나 가까운 사람이 무엇엔가 중독되었다고 생각되면 전문가를 찾아가 진단을 통해 도움을 받는 것이 좋다.

아래 사항은 중요한 지표 몇 가지를 예시한 것이다.

1. 중독성 매개체에 대한 몰입: 그것에 몰입되어 있어서 그것을 생각하고, 말하고, 찾고, 그것 때문에 산만하며 다른 것에는 관심이 없다.

이렇게 중독 자체가 중요한 관계가 되어 버리기 때문에 다른 사람과의 관계가 완전히 끊어지지는 않더라도 교제하는 데에 어려움이 생기게 된다. 우리는 예전에 사랑했던 사람과 함께 있는 것보다는 TV를 보거나, 섹스를 하거나, 술을 마시거나, 달리기를 한다거나 또는 도박을 하는 것 등이 더 좋다.

2. 중독성 매개체에 대한 내성 증가(耐性 增加): 우리가 원하는 만큼의 효과를 얻기 위해서는 더욱 더 많은 약물 또는 경험이 필요하다. 더 많이 사용할수록 효과는 줄어드는 것처럼 보인다. 내성이 강해지면 욕구 불만도 커지고, 사용량이 많아질수록 수치감, 죄책감 그리고 후회는 더욱 깊어진다.

3. 통제력 상실: "딱 한 번만(just one)"이라고 생각하지만 그렇게 할 수가 없다. 때로 절제 기간을 가지려고도 하고, 초조, 분노, 외로움 그리고 고독을 느낄 때 일시적으로 절제하기도 한다. 오늘이 마지막이라는 생각으로 강박적인 섹스를 하거나, 하루 종일 TV를 시청하거나, 술을 마시거나 또는 신경안정제(Valium)를 먹는다고 하지만 다음 날 일어나면 전부 다시 시작한다.

4. 금단 현상: 무엇이든지 중독 되었던 것을 중지하면 초조, 우울증, 침울함, 비참함, 분노 또는 적개심과 같은 금단 현상이 나타난다. 이 금단 현상은 약물 중독 외의 중독 현상에서 많이 나타난다. TV에 중독 된 가정에 한 달 동안 TV를 보지 말라고 하면 이런 금단 현상이 나타난다.

5. 몰래 하기: 술병을 숨기거나, 부끄럽게 포르노 책을 사서는 자동차나 침대 밑에 숨겨두는 것. 이제 더 이상은 그럴 기회가 없는 것을 알고는 저녁 외출 전에 술이나 약을 만족할 만큼 먹는 것.

6. 부정(Denial)**:** 이 문제에 대해서는 다음 장에서 충분히 다룰 것이다. 여기에는 자신과 자신의 주변에 있는 사람에게 행한 행동의 결과뿐 아니라 그것을 사용하는 것과 그리고 그 증상에 대한 방어적인 자세를 포함하는데, 주변의 모든 것들이 무너져 내리는 상황에서 "문제? 문제가 뭐야? 다 잘 돌아가고 있잖아!"라고 한다든지, "중독? 난 전혀 중독되지 않았다고, 이 큰 건만 마치고 나면 다 좋아질 거야, 단지 스트레스 좀 받고 있는 거라고"라고 말하는 것과 같다.

7. 성격 변화와 감정의 기복: 오르락내리락, 분노와 즐거움의 반복, 침울, 신경질, 초조, 슬픔, 들뜨고 우쭐대다가 다시 슬퍼짐. 어떤 경우에는 감정 기복이 분명하게 나타나고, 어떤 경우에는 거의 나타나지 않는다.

8. 비난: 이건 모든 사람의 잘못이야. 아이들은 너무 버릇이 없어. 남편(아내)은 별로 관심도 주지 않거나, 매력적이지 않거나, 열심히 일을 하지도 않아. 상사는 바보야. 나를 진찰했던 의사는 실력이 낮아. 이런 증상이 있는 사람은 자신의 책임을 전혀 받아들이지 못한다.

9. 일시적 기억 상실(Blackouts)**:** 약물 중독처럼, 지난밤에 술에 취해서 집에 어떻게 왔는지, 침대에는 어떻게 기어들어 갔는지 그리고 파티

자리에서 그 여자에게 뭐라고 했는지 통 기억이 나지 않는 것과 마찬가지로, 이 중독 상황에 있을 때에 무엇을 했는지 기억하지 못할 때 일시적 기억 상실이라고 한다. 다른 중독과 함께 "정신분열적 기억 상실"을 경험하게 된다. 즉, 중독 현상에 빠져 있을 때 정신 분열을 일으키고 기억을 하지 못하게 된다. 한동안 공상에 빠져 "멍하게 있거나", "황홀경"에 빠져 있기도 한다.

10. 신체적 증상: 이것은 중독에 따라 달라진다. 약물 중독이 아닌 경우, 대체로 두통이나 궤양과 같은 스트레스 관련 장애이다.

11. 경직된 태도(rigid attitudes)**:** 흑백 논리; 다른 사람의 의견에 편협, 강박행동, 전부 아니면 전무식 사고.

12. 개인적 가치의 상실: 중독이 진행되어 가면서 자기 자신을 돌보지 않는다. 소위 "열등한" 사람과 어울리기 시작하고, 경계선이 무너지면서 중독이 가속되기 전에는 결코 하지 않았던 일들 즉, 성적인 일이나 경솔한 일 또는 상처 주는 일이나 불법적인 일 등을 행한다.

13. 장애 /혹은 죽음: 죽음은 마약이나 약물에 의한 신체 파손에 의하거나 암, 심장마비, 발작 또는 자살과 같이 스트레스와 관련되어 찾아온다. 우리는 수없이 많은 알코올 관련 교통사고를 자살의 한 형태라고 생각한다.

대부분의 중독성 인자들(addictive agents)을 살펴보면 중독에는 대체로 두 가지 요소가 있는데, **생물학적/ 신체적 중독과 사회적/정서적 중독**

이 그것이다.

예를 들어 이제 대부분의 전문가는 많은 알코올 중독자에게 알코올에 중독 되는 유전적 요소가 있다는 것에 동의할 것이다. 알코올 중독자는 비록 술을 마시기 전에 이미 알코올 중독이 아닌 사람과는 다른 뇌와 혈액의 화학적 특성을 가지고 있다. 또한 알코올 중독자는 술을 마신 후에 뇌에서 아편과 같은 물질을 만들어내기 때문에, 알코올 중독이 아닌 사람과는 달리 술을 마신 다음에 신진대사 한다는 아주 강력한 증거가 있다.

"사랑 중독증"의 경우, "사랑에 빠질 때"에 뇌에 특별한 신경 전달 물질이 아주 많이 분비되는 것으로 보인다는 최근의 발견은 아주 흥미로운 사실이다. 우리가 사랑에 빠질 때에 생기는 에너지, 흥분 그리고 황홀하고 만족스러운 느낌은 대부분 이러한 신경 전달 물질에 기인한다(신경 전달 물질은 뇌 속에 있는 한 신경 세포에서 다음 신경 세포로, 그리고 다른 신경 조직으로 전기적 자극을 보내는 화학 물질). "사랑에 빠지는" 경우, 이 물질이 많이 생길수록 도취감과 만족감은 더 강해진다.

관계의 신선함이 점점 사라질 때, 이 물질도 점점 없어져 지루하거나, 슬프거나, 우울해지는데 이것은 물론 다시 사랑에 빠짐으로써 "회복"될 수 있다. 일련의 관계에 중독되어 늘 사랑에 불타올랐다가 식는 사람은 실제 부분적으로 이러한 신경 전달 물질에 중독되어 있을 것이다.

중독의 **사회적/정서적** 요소는 뇌의 화학 작용이나 신체의 생리 기능에 관계없이 모든 중독성 인자들에 대해서 일반적인 것으로 보인다. 이러한 요소들은 우리가 현재 상당히 통제할 수 있는 것들인데, 이점에 대해서 중점을 두고 다루고자 하는 것이다. 대부분의 경우에 다음과 같은 사항을 포함한다.

  1. 일시적 불안 감소
  2. 일시적 스트레스 감소
  3. 일시적으로 강하고 행복한 느낌
  4. 진정한 감정에 대한 회피
  5. 진정한 삶의 문제와 발육 문제에 대한 회피
  6. 교제의 회피

중독 진행의 특성상 이러한 장점은 오래가지 못한다. 술에 취해 있을 때의 만족함은 점점 사라지고 술에서 깨어나면 마시기 전에 비해 더 나쁜 상태가 되어 아직 술이 덜 깬 채 깊은 죄책감과 수치만 남게 된다.

돈을 흥청망청 쓸 때 생기는 불안감, 지루함, 좌절감의 감소는 아주 빨리 사라지고 죄책감, 조바심, 수치심 그리고 다음 달 청구서에 대한 걱정을 남긴다.

자신이 중독된 사람과 데이트하러 문 밖을 나설 때에는 넘치는 만족감과 행복감을 얻을 수 있을지 몰라도, 데이트가 끝나고 그로부터의 연락을 기다리며 전화기 옆에 붙어 있는 자신을 보게 되면 이전의 잘못된 안정감은 이미 오래 전에 사라지고, 대신 무가치, 불안, 좌절, 절망감이 찾아 올 것이다.

간단히 말해서, 이러한 중독성 인자들은 빨리 그리고 일시적으로 부족을 채워주지만 자주 사용하게 되면서 그 부족을 영원히 채울 수 있는 기회를 얻지 못하게 된다.

복합적 장애 (Multiple Hooks)

샌디는 알코올과 음식 중독자였다. 프랭크는 일 중독자였고, 치료과정에서 드러났듯이 그는 또한 성 중독자였다. 우리의 임상 경험으로 보건대 어떤 사람이 단 한 가지에만 중독 되어 있는 경우는 아주 드물다.

사실 그 이유는 간단하다. 중독은 어린 시절의 가족 체계에서 발전된 깊이 잠재된 의존성이 드러나는 증상이기 때문이다. 가정이 역기능적일수록 자신 안에 잠재된 의존성은 더 깊다. 잠재된 의존성의 문제가 깊을수록 자신의 삶의 더 많은 영역에 퍼지는데, 이는 자신 안의 고통이 심하고 더 두려울수록 더 강하게 고통을 부정하고 다른 사람에게 숨기려 애쓰기 때문이다. 알코올, 음식, 담배 그리고 강박적 완벽주의를 모두 사용하는 것이 음식이나 알코올 한 가지만 사용하는 것보다 자신의 고통을 숨기는데 더 도움이 된다고 여기는 것은 단지 논리일 뿐이다.

훈련되지 않는 관찰자를 포함하여 이러한 모든 것들에게 중독 되어 있는 사람은 분명하게 한 가지 문제를 가지고 있다는 것을 기억해야 한다. 그러나 두려워서 다른 사람과 나누지 않는 사람은 아무도 "자신의 비밀"을 알지 못할 것이라는 착각에 빠지기 쉽다.

같은 논리로, 중복 중독을 다루는 것과 단 하나의 중독을 다루는 것은 서로 다르지 않다. 일단 (알코올 문제와 같이) 가장 해로운 중독 한 가지를 다루기 위해 처음의 부정과 방어를 해결하고 나면, 나중에 중독적 삶으로부터 회복되어 가면서 다른 문제들을 다루는 것이 훨씬 쉬워진다. 알코올 중독자는 처음에 "나도 술을 끊어야 하는 것을 알지만, 술을 대신할 수 있는 뭔가를 찾아내야 한다는 것도 알고 있다"라고 스스로에게 말할 것이다.

일단 수년간에 걸친 회복과정에 들어서면 다음 중독을 끊기가 쉽다는 것을 실제로 알게 된다. 중독자로서 자신이 어떤 외부 매개체에 얼마나 의존할 수 있는지 생각한다. 건강한 회복 프로그램 과정에 있는 사람은 자신이 얼마나 건강하며, 어떻게 더 건강해질 수 있는지에 대해서 생각하기 시작한다.

여기에는 물론 주의해야 할 것도 있다. 회복의 초기 단계에 있는 사람은 자신이 가지고 있는 한 가지 중독을 다른 것으로 대체할 가능성이 있다. 음식 중독에서 회복되는 사람은 강박적으로 달리기를 시작할 수도 있는데, 결국은 달리기가 음식이 그랬던 것보다 내적으로 더 많은 평안을 주지는 못한다는 것을 알게 된다. 이 사실은 회복 과정은 아주 새로우며, 잠재된 고통을 해결하기 위해서 더 많이 그리고 더 깊게 해야 할 것들이 있다는 것을 의미한다. 회복의 목적은 내적 평안을 얻어내고, 명확한 정체성을 가지며 중독성 인자들로부터 자유로워지는 것이다. 회복에 있어서 그 첫 단계는 중독성 인자들을 제거해서 실제로 내재되어 있는 의존성을 느끼고, 접촉하고, 보고, 공개적으로 다루게 되는 것이다.

에피소드

5. 곰 이야기

　옛날 옛적에 맑은 시내가 흐르는 숲 속에 큰 갈색 곰이 평화롭게 살고 있었다. 그 갈색 곰은 신선하고 깨끗한 공기, 풍성한 고기 떼가 노니는 시내, 커다란 소나무 아래로 그늘진 햇빛, 넓은 초원과 서늘하고 습한 산림이 어우러진 그곳을 좋아했다. 날마다 자기가 좋아하는 시냇가 화강암 돌 위에서 햇볕을 받으며 조용한 시간을 한가로이 보냈다. 그러다가 먹을 것을 찾고, 짝과 뛰놀곤 했다.

　어느 날, 차갑고 깨끗한 물을 마시러 시냇가로 천천히 내려가다가 일이 생겼다! 딱! 엄청난 고통이 발을 때렸고, 도망치려고 앞으로 뛰었다. 쿵! 땅 속 깊숙이 숨겨있던 강철 올가미와 두꺼운 철 사슬에 갇혀 버리고 말았다.

　"안돼! 이건 덫이야." 갈색 곰은 소리쳤다.

　발톱으로 올가미를 벌릴 수도 없고, 도대체 이 상황을 어떻게 해야 할지 전혀 파악이 되지 않았다. 아주 나쁜 상황에 처해진 것이다.

　몇 시간동안 고통스럽게 몸부림을 치고 보니 이 커다란 갈색 곰의 발은 거의 갈기갈기 찢겨져 여기저기에 피가 흐르고 있었다. 이 갈색 곰

Episode

　의 소리를 듣고 짝이 달려 왔지만 막상 할 수 있는 건 아무 것도 없었다. 그저 위로하고, 조용히 울고, 기적이 일어나기를 바라며 옆에 앉아 있을 뿐이었다.
　마침내 몇 시간이 더 흐른 후에, 갈기갈기 찢어진 발이 덫에서 풀려나 간신히 기어서 숲으로 되돌아 갈 수 있게 되었다. 갈색 곰의 짝은 잠시 그 자리에 남아서 왜 이런 일이 생겼을까 생각해 보았지만 아무 것도 떠오르지 않았다. 그 짝의 머리로서는 상황을 파악할 수가 없었다.
　그 짝이 동굴에 돌아가 보니 갈색 곰이 정성껏 자신의 찢어진 발을 돌보고 있었다. 그날 밤 늦게까지 그 날 있었던 일에 대해 함께 나누었지만 도대체 무슨 일이었는지 알 수가 없었다. 결국 자신들이 생각할 만큼 생각하고 난 뒤 내린 결론은 다시는 그 자리에 가지 말자는 것이었고, 둘은 그 자리에 다시는 가지 않았다.

제2부 _ 가족의 뿌리

"과거를 회상한다는 것은 안전하고 때로는 냉정한 일이긴 하지만, 그것은 마치 잔뜩 채워진 서랍을 억지로 여는 것과 같다. 당신이 만일 과거로부터 어떤 특별한 것을 찾고 있다면, 비록 그것을 찾지 못한다 할지라도, 종종 그보다 더 흥미로운 것이 뒤따라 나오기도 한다."

J.M. Barrie, 「피터 팬」 초판 머리글에서

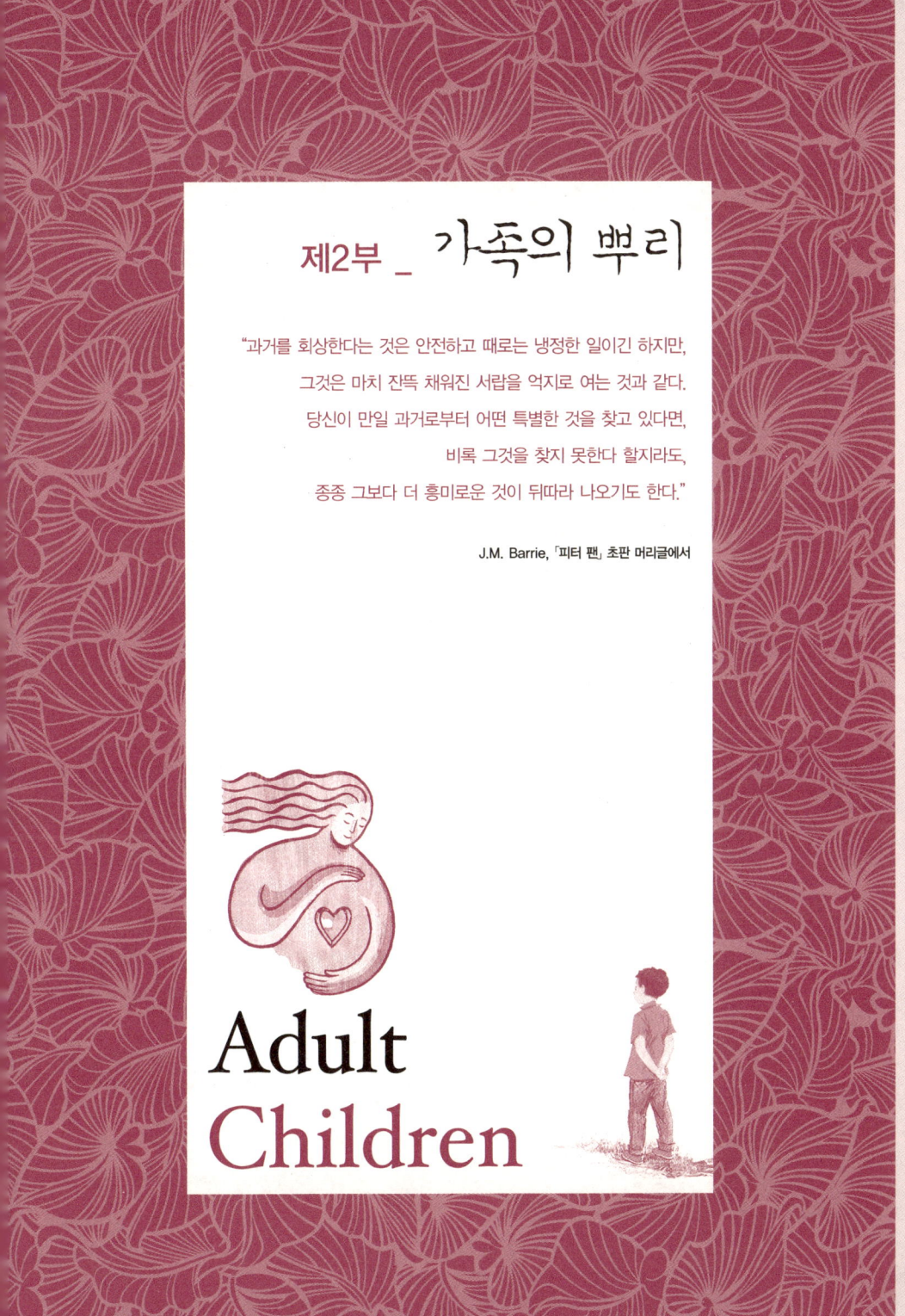

Adult Children

가족의 뿌리

6. 가족 체계: 구조, 기능, 역할, 경계

"성인 아이 문제"에 내재된 역학 관계를 가장 잘 이해하기 위해서는 먼저 가족 체계에 대한 이해가 필요할 것이다(예를 들면 Bowen 1978, Minuchin 1974, Satir 1967). 이러한 중요성 때문에 이제 가족 체계에 대해 잠시 살펴보려고 하는데, 이것을 통해 자신의 가정에서 무슨 문제가 일어났는지를 이해하기 위한 실마리를 얻게 될 것이다.

모든 체계에는 **구조**(structure)와 **기능**(function)이 있다. 우리의 신경 조직은 뇌, 척수 그리고 메시지를 각 뇌 사이에 전달하는 신경으로 이루어지고, 그 기능은 체내에서, 몸과 몸 밖 세상과의 의사소통이 이루어지도록 한다. 순환계는 심장, 정맥, 동맥 그리고 모세관으로 구성되며, 그 기능은 몸 전체에 피를 순환시켜서 영양소를 세포로 전달하고 세포의 불순물을 제거하는 것이다. 기업이나 기관에도 사장, 부사장, 부장,

직원 등과 같은 조직이 있으며, 그 기능은 각각의 목표에 따라 다르다.

예를 들면 TV를 생산하는 것일 수 있고, 파는 것일 수 있으며, 이익을 남겨 일자리와 상품을 제공하는 것 등이 될 수 있다.

모든 가정에도 역시 구조와 기능이 있다. 가족 체계의 구조는 가정을 구성하는 각 개인으로 구성되는데, 부모, 자녀, 조부모, 고모, 삼촌 그리고 일정 기간 잠깐 가족과 함께하는 사람이 포함될 수 있다. 가족 체계에는 또 가족 구성원 간의 경계와 관계가 있다. 이는 주로 누가 누구와 의사소통을 하는가 등의 것이다. 가족 구성원이 같은 경우라도, 아버지가 자기 아내보다 큰 딸과 더 가깝게 지내는 가정과 큰 딸보다는 자기 아내와 더 가깝게 지내는 가정의 가족 체계는 서로 많이 다르다.

상담을 받는 과정에서 자신의 가족 체계에 대한 가계도(genogram)를 작성해 보면, 그 가족의 구조를 발견하는데 도움이 될 것이다(McGoldick & Gerson, 1985)

다음 장에서 요약된 가계도를 소개할 텐데, 이것은 여러 사람과 상담할 때 그들의 성장 과정에서 어떤 일이 있었는지 이해하는데 도움을 주었었다. 그러나 지금은, 국제적으로 인정받고 있는 전문상담가인 버지니아 사티어(Virginia Satir)가 사용했고, 그녀의 제자이자 동료이며 약물중독 가족 체계에 대한 연구로 유명한 샤론 벡사이더-크루즈(Sharon Wegscheider-Cruse, 1981)가 개발한 비유(analogy)에 대해 살펴보고자 한다.

비유(analogy)는 움직이는 모빌(mobile)과 같은 것이다. 거실 천정에 걸려있는 모빌을 상상하면서 그 조각조각이 어떻게 서로 미묘한 조화와 균형을 이루는지 자세히 보자. 모빌의 각 조각은 하나씩 떨어져 있고 마치 깨지기 쉬운 수정이나 잘 닦여진 금속이지만, 멀리서 보면 마치 하나의 몸체로 이루어진 아름다운 예술 작품처럼 보인다. 그러다가 한

쪽 끝을 건드리면 에너지가 발생하여 예측할 수 없는 방향으로 움직이게 되지만, 그렇다고 그것이 스스로 움직이는 것은 아니다. 왜냐하면 그 조각들이 따로 따로 있기는 하지만 모두 줄로 연결되어 있기 때문이다. 그래서 아무리 **작고 거의 감지할 수 없을 정도**의 에너지가 가해져도, 그 에너지는 모빌의 다른 부분에까지 전달된다.

다른 말로 하면, 모빌의 한쪽에 어떤 일이든 생기면 그것은 다른 쪽에도 영향을 준다는 것이다. 이제 모빌을 건드리지 않고 그대로 두면 곧 **예측 가능한 움직임**을 보이게 되다가 마침내는 원래 있던 모양 그대로 돌아갈 것이다. 모빌은 "원래대로(should be)" 그리고 "의도된 대로(meant to be)" 있기를 "원하는(want)" "하나로 된(whole)" 예술 작품이다. 그래서 모빌은 원래의 형상으로 되돌아가 각각의 조각이 자기의 자리에서 전체를 이루고는 기쁨과 아름다움을 선사하는 원래의 기능을 수행하게 된다. 이것이 바로 사티어가 제시한 탁월한 은유(metaphor)이다.

이와 같이 모빌은 체계의 원리에 대해 아래와 같이 아주 많은 것을 말해준다 :

1. 체계는 명확한 구조를 갖는다. 모빌의 각 조각에는 자신의 자리가 있다. 이 조각들을 떼었다가 다시 조립하면 이전과 "같은" 모빌이 될 수 없을 것이다.
2. 전체(whole)는 각 조각을 합친 것보다 크다. 모빌은 그냥 단순한 줄과 금속과 수정 조각이 아니라, 각각의 조각이 잘 정리되어 배열된 예술 작품이다.
3. 체계 안에 있는 한 조각에 변화를 주면, 그 변화는 다른 모든 조각에 영향을 준다(그러나 모두 같은 형태의 변화가 생기는 것은 아니다).
4. 체계는 언제나 원래의 자리로 되돌아 가려하는데 이를 항상성

(dynamic homeostasis) 또는 균형의 원리라고 한다. 모빌을 건드린 후에 다시 원래의 자리로 돌아가기 전까지는 **이전**의 모빌과 **"같은"** 모빌이 아니다.

건강하지 않은 가족 체계

우리의 가정에 관한 더 가까운 예를 들어보자. 모빌의 각 조각들 대신 가족의 구성원을 그 자리에 세워보자. 한 조각은 열심히 일하고 TV도 열심히 보시는 아빠, 또 다른 한 조각은 많은 일을 하면서 아이들을 걱정하고 있는 엄마, 또 다른 조각은 고교에서 늘 수석을 차지하는 큰아들, 네 번째 조각은 착하고 얌전하며 "귀찮게 하지 않아서" 칭찬을 받는 둘째 딸, 그리고 마지막 조각은 귀엽고 활발하며 재미있는 막내아들. 이 모빌은 균형이 잡혀 있으며, 구조가 있다. 단순히 아빠, 엄마, 큰아들, 둘째딸, 막내아들이 아니라 한 **가족**이다. 그리고 다른 모든 체계와 마찬가지로 구성원 중의 누군가를 건드리면 모든 구성원에게 영향을 끼친다. 그리고 구성원 중의 누군가가 "건드려지면", 다른 식구들은 **의식과 악의 없이** 제자리로 돌아오도록 한다.

아빠는 일하고 TV를 보며, 엄마는 일하고 걱정을 한다. 엄마와 아빠는 자신들을 돌보지 않는다. 엄마와 아빠는 자신의 결혼생활을 신경 쓰지 않는다. 큰아들은 성적을 위해 더욱 더 열심히 공부하고 축구 스타가 되기 위해 더욱 더 열심히 연습한다. 둘째딸은 실망시키지 않는 착한 아이가 되기 위해 더욱 더 열심히 공부한다. 막내아들은 더욱 더 귀여워진다.

엄마와 아빠는 그들의 결혼생활에 대해 공허감을 느끼기 시작한다.

서로에 대한 관심이 많이 사라졌고, 이것이 스트레스를 유발시키지만 아무도 그것에 대해 말하지 않는다. 그리고 그 스트레스는 그대로 남는다. 엄마는 아이들을 더욱 걱정한다. 아빠는 더 많이 TV를 시청한다. 큰아들은 더 큰 명예를 얻는다. 둘째딸은 더 착해진다. 막내아들은 정신적 스트레스로 15살짜리 자기 친구들과 술을 마신다. 아빠가 끼어들고 엄마는 이 모든 것을 걱정한다. 큰아들은 집에 스트레스는 없고 모든 것이 잘 되어 간다는 것을 보이듯이 또 다른 "A"를 받아 온다. 둘째딸은 더 착해지고, 더 얌전해지며 더 많은 칭찬을 받기 위해 노력한다. 그리고 막내아들은 마약에 손을 대기 시작한다.

모빌에 충격이 가해졌다! 무엇인가 혼란이 야기되었다. 우리는 그것이 무엇인지 알고, 그것을 고칠 수 있다. 우리는 가족이다. 다 함께 힘을 모으고, 가까워지고, 이 문제가 무엇인지 찾아보고, 분석하고, 고치고, 의논하고, 여러 상황을 정리하고, 장애를 넘고 다 함께 하나가 되어서 이 문제를 해결하자! 막내아들에게 문제가 있고, 우리는 그대로 내버려 두지 않을 것이다. 그 아이를 도울 것이고 상담전문가를 찾아 갈 것이다.

상담전문가가 권고한대로 막내아들과 함께 가족이 모두 가족 상담을 받기로 하고 모두 받는다. 카운슬러는 전체적인 가족 체계를 찾고자 노력하고 엄마와 아빠에게 집중한다. 왜 그럴까? 우리는 단지 막내아들의 문제를 고치기 원할 뿐이고, 다른 가족에게는 문제가 전혀 없는데 말이다! 큰아들을 봐 성공하고 있잖은가! 둘째딸을 봐 아주 착하잖은가! 엄마와 아빠가 얼마나 열심히 사는지 보라고! 막내아들에게만 문제가 있다고. 제발 그 아이를 치료해 달라고요.

그러나 그것은 막내아들만의 문제가 아니다. 다른 가족의 문제가 보이지도 않고 또 자신을 돌아봐야 한다는 불안감을 줄이기 위해서 상담 받는 것을 끝낸다.

막내아들은 계속 마약을 하고, 마침내는 약물 중독이 되거나 무단 결석자 혹은 상습 절도범이 되어 병원 치료를 받아야 하는 상황에 이른다. 그곳에 있는 동안, 집에서처럼 자기를 역기능 체계에 가두는 대신 자신의 말을 들어주고, 자신의 행동에 책임을 져야 한다는 말을 듣게 되면서 훨씬 나아지게 된다.

30일이 지나 막내아들은 이전보다 많이 좋아지게 되고, 집으로 돌아간다. 모두들 문제가 다 끝났다고 여긴다. 그러나 이 체계에 있는 누구도 **자신의 문제**를 해결하지 않았기 때문에 문제가 끝난 것이 아니다. 엄마와 아빠는 자신들의 흔들리는 결혼 생활을 되돌아보지 않았다. 큰아들은 왜 자신이 언제나 "스타"가 되어야 한다는 짐을 지고 있는지 되돌아보지 않았다. 그리고 둘째딸은 왜 자신이 언제나 "착한" 사람이 되기 위해 큰 대가를 치러야 하는지 되돌아보지 않았다. 많은 경우에 모든 것이 원래 상태로 되돌아간다. 이 경우에 막내아들은 계속해서 가족에게 자기의 역할을 하게 되어서 가족 중에 누구도 문제를 인정하지 않고 있는 고통을 드러내게 된다.

이러한 상황은 결국 온 가족이 도움을 받지 않는 한 언제나 일어난다. 막내아들의 이런 행동은 좀 더 커서 집을 떠나 도움을 받든지, 아니면 감옥에 가든가, 알코올 중독으로 죽든가, 자살이나 부주의한 교통 사고로 죽을 때까지 더욱 더 심각해질 것이다. 만약 운이 좋다면 집을 떠날 때 스스로 도움을 찾아 나서게 될 것이다.

만일 가족이 계속해서 함께 치료 과정에 참여하기를 거부한다면, 치료사는 가능하면 멀리 가족을 떠나 그 역기능 가족을 대신할 "새"

가정을 이루라고 권고할 것이다. 이 새로운 체계는 치료 모임이 될 수도 있고, AA 단주모임, 알코올 중독자 구제회나 A,A 같은 12 단계 그룹일 수도 있고, 다른 지원 체계일 수도 있는데, 이곳에 가면 주어진 환경에 자신을 맞추느라 "미칠 것 같은" 기분을 느껴야 하는 대신 기능적으로 잘 정리된 규칙을 따르게 된다.

요즘은 점점 더 많은 경우에 있어서 온 가족이 치료에 참여하려 하는데, 이는 단지 막내아들을 위한 것만은 아니다. 전문적인 치료사와 어느 정도 지식이 있는 일반인은 이런 문제가 가족 전체에 걸쳐있는 문제의 증상으로 보고 가족을 돕게 되는데, 가족 중의 한 사람에게 심각한 문제가 보인다는 것은 대부분의 경우 가족 모두 역시 그 문제를 경험하고 있다는 것을 의미한다. 가족 구성원의 방어와 그 역할은 사회적 체면을 지키고, 겉으로 별 문제가 없어보이게 하는데 도움이 될 뿐이다.

건강한 가족 체계

이제 명확한 질문은, "그럼 건강한 가족 체계에서는 어떤 일이 일어나는가?" 이다.

건강한 체계에서도 스트레스와 문제가 있다. 정신적으로 건강하다는 것이 문제가 없다는 것을 의미하는 것은 아니다. 그것과 거리가 멀다. 정신적 건강이란 문제를 건강한 방법으로 다루는 능력을 의미한다. 건강한 체계 역시 모빌과 비슷하다. 그러나 역할, 경계, 규칙 그리고 가족 간의 의사소통이 다르다.

위의 예를 들어 본다면, 건강한 가족 체계에 있는 엄마와 아빠는 아마도 어느 날 함께 앉아서 이렇게 대화할 것이다. "여보, 당신도 알다시피 요즘 내가 과로한 것 같아요. 그리고 요즘 몇 주 동안 당신으로부터 거리감을 느끼는데 이 느낌이 싫어요. 사실은 조금 겁나기도 하구요. 우리 둘과 가족에게 일어나는 이 상황이 싫어요. 뭔가 변화가 필요하다고 생각해요." 아빠는 아마 이렇게 말할 것이다. "그래, 내가 요즘 틀에 박힌 생활을 했어. 일. 일. 일. 그리고는 밤새 TV 앞에만 앉아 있었어."

엄마는 또 "애들 걱정하느라 시간만 많이 보내고 해 놓은 것은 아무 것도 없어요."라고 말한다.

둘은 결혼생활에 변화를 주기로 결정한다. TV를 끄고 둘이 함께하는 시간을 보낸다. 아마 집안일 일부를 나눠서 할지도 모르겠다. 그리고는 아이들에게 그 변화에 대해 이야기하고, 애들은 어떻게 지내고 있는지 묻는다.

둘은 이미 자신들의 문제를 인식하고 인정했으며, 변화를 주고 있는 상황이기 때문에 아이들에게 변화는 좋은 것이고, 문제를 인정하는 것도 옳은 일이며 해결책을 따르는 것도 옳은 일이라고 강하고 깨끗하며 건강한 메시지를 줄 수 있다. 여기에 설교와 요구는 필요하지 않다.

아이들의 행동에 대해 분명하게 승인해 줌으로써, 엄마와 아빠는 자신의 두려움, 필요 그리고 원하는 바를 아이들에게 표현하는데 있어서 매우 쉬워진다.

그렇게 하고 나면 큰아들은 이렇게 말할 것이다. "네, 저도 너무 지나치게 공부를 많이 했어요. 성공하는 게 재미는 있지만 친구들과 사귀는데 더 많은 시간을 써야겠어요. 요즘 공부만 하느라 힘들었어요."

둘째 딸은 또 이렇게 말할 것이다. "친구마다 제가 아주 얌전하다고 해요. 하지만 가끔 제가 너무 얌전해서 손해를 보는 것 같아요. 얌전한 게 언제나 좋은 건 아닌가 봐요."

그리고 나면 막내아들이 편하게 이렇게 말할 것이다. "다들 저를 장난감처럼 대하는데 지쳤어요. 어리긴 하지만 장난감은 아니거든요. 저도 권리가 있고 감정이 있다구요. 그리고 저도 제 일을 알아서 하고 싶어요."

이 말이 당치 않게 들리는가? 불가능한가? 부자연스러워 보이는가? 그렇지 않다. 공간과 시간 때문에 이 건강한 가족이 어떻게 변화를 이끌었는지에 대한 상세한 내용은 생략했지만, 건강한 가족이 시간이 지나가면서 문제를 해결해 가는 모습을 정확하게 제시했다. 결국 가족 체계의 일에 책임감을 가지고 있는 사람(부모)이 건강한 변화를 만들고, 그 변화가 건강한 방식으로 가족 체계 전체에 번져 나가게 된 것이다. 그것은 마치 첫 번 시나리오에서 문제를 건강하지 않게 부정하는 것이 온 가족에 번져서 막내아들을 "희생양"으로 만들어 버렸던 것과 같은 것이다.

가정의 기능

가정도 다른 체계와 마찬가지로 몇 가지 기능을 갖고 작용한다. 이러한 기능의 많은 부분이 가족의 필요를 채운다. 예를 들어, 의식주와 같이 기본적 필요에 대한 유지 기능(Maintenance functions)이 있다. 벽난로가 고장 나면 누군가가 고친다. 몸이 커져서 옷이 작아지면 누군가가 새 옷을 사준다. 배가 고프면 누군가가 먹을 것을 준다.

가정은 이러한 필요를 여러 가지 방식으로 채워준다. 때로 가족 중한 사람이 이런 것들을 살 돈을 주기도 한다. 또 때때로 온 가족이 이런 기초적인 필요를 채우는데 참여하기도 한다.

또한 가정은 그 구성원에게 안전, 따스함 그리고 배려를 채워주어야 한다. 건강한 체계의 가족 구성원은 서로 돌보며, 적당한 접촉을 하고, 함께 웃고 울며, 함께 기쁨을 나누고 위험으로부터 보호한다.

심리학자 아브라함 마슬로우(Abraham Maslow)**가 말했듯이, 우리는** 또한 위의 내용과 비슷하게 사랑과 소속감도 필요하다. 우리는 공동체 의식, 그룹이나 단체에 대한 소속감, 사랑받는 느낌 그리고 함께 한다는 느낌이 필요하다. 건강한 순기능 가정도 이러한 것을 채워준다.

자율(autonomy)**과 독립**(separateness)**도 필요하다.** 건강한 가족은 각자에게 많은 부분을 스스로 결정하도록 할 것이다(물론 나이에 맞게). 어린아이에게는 세상에서 무엇이 좋고 나쁘며, 장차 하고 싶은 일에 대해 찾으며, 프라이버시와 자존감 그리고 소속감을 갖도록 할 것이다. 부모들은 변화에 대한 필요성과 시간의 흐름에 따른 인격의 성숙으로 인해 직업, 역할 등과 같은 것에 대한 생각을 바꿀 수 있게 될 것이다. 부모와 자녀는 서로의 인생에 빠져 허둥대지 않고 사랑하도록 되어 있다.

가정은 가족의 자존감과 가치감(sense of worth)**을 갖도록 도와야 한다.** 이것은 비난보다는 칭찬, 무자비하게 밀어붙이며 완벽한 성취를 요구하기 보다는 건강하게 자신을 세우는 길을 가르치는 것을 통해서 이루어진다. 우리는 모든 사람이 참으로 가치가 있으며, 세상과 가족에게 줄 수 있는 중요하고 가치 있는 것을 지니고 있다고 믿는다. 건강한 가정은 온 가족이 자신의 가치, 위엄 그리고 진가를 발견하고 갖도록 할 것이다.

가정도 실수를 한다. 그렇다! 건강한 체계에도 인간적 실수와 불완전의 여지가 있다. 때로 짓궂어질 때도 있지만 괜찮다. 우리는 이것을 "김 빼기"라고 부른다. 스팀 가열 시스템에 감압 밸브가 없다고 생각해 보자. 얼마나 위험한가?

가정에는 즐거움이 있다. 우리는 싱거워지고, 장난스러워지고, 창의적이 되며 느슨해진다. 이것이 프로이드가 언급하고, 교류 분석(Transactional Analysts)에서 '아동 자아'(The Child)라고 부르는 "제1차 과정"의 일부이다. 놀이를 중요한 기능으로 여기는 가정은 문제와 스트레스가 닥칠 때 보다 창의적인 태도를 보이는 경향이 있다.

가정에는 또한 영성이 있다. 우리가 알든지, 좋아하든 아니면 싫어하든지 상관없이 영성은 가정이 제공하는 매우 중요한 기능이다. 먼저, 여기에서는 형식적인 종교에 대해서는 다루지 않을 것인데, 왜냐하면 형식적인 종교에 속하지 않으면서 매우 영적인 사람들을 알고 있으며, 또 그 반대의 경우도 알고 있기 때문이다. 영성에 의해 우리와 창조물과, 세계와, 우리 주변의 표현할 수 없고 설명할 수 없는 것과, 지고한 힘 그리고 우주와의 관계를 묘사할 수 있게 된다. 중요하지 않은 것을 내버리고 중요한 것을 붙드는 것을 배우는 사람은 자신의 영성을 통해서 자주 그렇게 할 수 있다.

가정이 가족에게 제공할 수 있는 기능이 더 있지만, 이쯤해서 그만하고 이제는 역기능 가정에서 어떤 일이 일어나는지 살펴보도록 하겠다. 그것은 바로 우리가 역기능적인 역할에 매여 있기 때문에 일어나는 일들이다.

역기능적 역할

위에서 언급한 욕구들과 기능들은 온 가족에게 충족되어야 하는 것들이다. 역기능 가정에서는 이러한 기능들이 종종 여러 갈래로 나누어지고, 또한 어떤 특정한 가족 구성원에게 집중된다. 이제 역기능적인 가족 역할들 중에서 몇 가지 예를 살펴보도록 하자(Wegscheider-Cruse, Satir, Kellogg).

행위자(실행자)(Do-er)

"행위자(실행자)"(Do-er)는 많은 것을 한다. "행위자(실행자)"(Do-er)는 가정에서 유지 기능(maintenance functions)의 대부분 또는 전부를 제공한다. 아이가 제대로 입고 먹었는지 확인하고, 공과금을 내고, 셔츠를 다리며, 식사를 준비하고, 아이를 데리고 야구 연습장과 바이올린 레슨에 간다. "행위자(실행자)"(Do-er)는 정말 많은 것을 한다. 그러나 역기능 가정이기 때문에 그렇게 할 만한 시간과 에너지가 있을 때만 그렇게 한다. 그래서 "행위자(실행자)"(Do-er)는 지치고, 외롭고, 손해를 보고, 무시당하며 공허감을 느끼게 된다. 하지만, "행위자(실행자)"(Do-er)는 자신이 해 놓은 일 때문에 매우 만족해하고, 가족은 직간접적으로 "행위자(실행자)"(Do-er)를 격려해 준다. 자신의 건강하지 않은 죄책감과 지나치게 발달된 책임 의식 때문에 "행위자(실행자)"(Do-er)는 계속 그렇게 한다.

협조자(enabler)/조력자(helper)/사랑하는 사람(lover)

협조자는 가정에서 모든 배려와 소속감을 제공한다. 때로 협조자는 행위자(실행자, Do-er)이기도 하고, 그렇지 않기도 하다. 이들은 가족을 단

결시키고, 어떤 희생(신체적 폭력이나 죽음까지도 포함해서)을 치러서라도 가족이 하나 되도록 유지하고, 화난 사람의 기분을 가라앉히며 갈등을 피하도록 노력하는 것을 궁극적 목표로 한다. 유기되거나, 가족 중의 누군가가 스스로는 살아가는 것이 힘들 것 같아 두려울 때 이런 역할에 대한 동기가 종종 생겨난다.

버려진 아이(lost child)/외로운 사람(loner)

벡사이더-크루즈가 정리한 바에 따르면, 버려진 아이는 역기능 가정에서 대처하는 방법으로 '도피'를 취한다. 그러나 실제로는 이 아이(또는 부모)는 가정에 독립과 자율이 필요하다는 문제를 떠안고 있는 것이다. 이 아이는 자신의 방에 오래 머물거나, 나무 아래서 혼자 논다. 이 아이는 혼자이지만 건강해서 혼자 있는 것이 아니다. 이런 역할의 사람을 사로잡고 있는 것은 깊은 외로움이다.

영웅(The Hero)

영웅은 가정에 자존감을 제공한다. 그는 법과 대학에 가서 국제적으로 알려진 변호사가 되지만 정신병원에 있는 여동생과 알코올 중독으로 죽은 형 때문에 아무도 몰래 두려워한다. 하지만 모든 사람이 볼 수 있는 영예를 가정에 가져다준다. 영웅은 가정에 자랑을 가져다주지만, 자기 자신만의 행복이라는 끔찍한 대가를 치른다.

마스코트

대체로 막내인 마스코트는 가정에 유머와 기분 전환을 제공한다. 마스코트는 가족에게 즐거움, 놀고 싶은 마음, 우스개 또는 "기쁨"의 왜곡된 형태를 제공한다. 마스코트가 치러야 하는 대가는 고통에 대한 자신의 실제 감정과 외로움을 표현하지 못한 채 회복 과정에 참여할 때까지는 정서적 불구자로 남는다는 것이다.

희생양

희생양은 가정의 역기능을 모두 드러내는 행동을 함으로써 가정에 대한 비난을 정면으로 받아 낸다. 희생양은 마약을 하고, 도둑질하고, 망나니이고, 싸움질을 하며 성적으로 난잡한 행동 등을 한다. 그렇게 되면 가족들은 "막내아들만 비행 청소년이 아니라면, 우리 가정은 건강하다."고 생각하게 된다. 희생양이 치룰 대가는 명확하다.

아빠의 어린 공주/엄마의 어린 사나이

나중에 다루겠지만, 이 역할은 감정적 학대의 심각한 형태로서 많은 전문가는 이것을 감정적 또는 은밀한 근친상간이라고 부른다. 이 역할은 아이에게는 좋게 느껴지는데, 아이는 그 체계 안에 있는 부모 중의 하나에게 "어린 배우자"가 되는 것이다. 이 아이는 아이답지 못하게 되고, 반면에 지나치게 두려워하고 역기능적이어서 배우자로부터 필요를 충족 받을 수 없는 부모에 의해 이 역할에 빠지도록 실제로는 유혹당하는 것이다. 이런 역할을 했던 사람이 보통 성인이 된 후 갖게 되는 관계에서 신체적 혹은 정서적으로 학대를 받게 되는데, 이것은 어릴 때 자신의 경계가 존중되지 않았기 때문이다.

성자/성직자/수녀/랍비

이들은 가족의 영성을 표현하고, 성직자, 수녀, 랍비 또는 수도승이 되고 성적 생활은 하지 않을 것으로 기대되는 아이이다. 일반적으로 그 기대는 말로 표현되지 않고 암시적으로, 그리고 미묘하게 조장되거나 장려된다. 이 아이는 무의식적으로 자신이 가족을 위하여 영적인 무엇인가를 할 때에만 자신의 가치가 있다고 믿게 되어 버린다.

우리가 확인할 수 있는 다른 많은 역기능적인 역할들이 있는데, 우리 가운데 많은 사람들은 가정 안에서 성장하면서 "생애발달주기를 지나는 동안" 서로 다른 역할들을 취하기도 한다. 예를 들어 버려진 아이가 희생양이 될 수도 있고, 마스코트가 나중에 영웅이 될 수도 있다.

사람은 가끔 "이런 역할은 건강한 가정에도 있지 않나요?"라고 묻는데, 이에 대한 우리의 대답은 언제나 '아니오!' 이다. 건강한 가정에 존재하는 것들은 전혀 다른 인격 유형들이다. 분명히, 어떤 사람은 부끄러움을 잘 타지만 또 어떤 사람은 성격이 강하고 사교적일 수 있다. 최근의 연구에 따르면 이러한 현상은 가족 구성원 간의 유전자 차이에 기인한다고 한다.

하지만, 부끄러움을 잘 타는 것이 고립되고 외롭다는 것을 의미하는가? 건강한 가정은 이 부끄러움을 잘 타는 아이에게 필요한 모든 것을 제공할 방법이 있는가? 물론, 있다. 부끄러움을 잘 타는 아이도 사랑받거나 소속되어 있는 것처럼 느낄 수 있다. 아이는 다른 사람이 자신을 받아들이고, 소중히 여기는 것을 분명히 느낄 수 있다. 실수를 저질러도 학대를 당하지 않을 수 있다. 외로운 존재가 되지 않고도 다른 사람들과 떨어져 있을 수 있다. 영적일 수 있다. 재미있게 놀 수 있다. 부끄러움을 잘 타는 사람은 재미있게 놀 수 없는가?

이러한 역할들이 역기능적으로 되게 하는 것의 실상은 바로 그 역할 자체이다. 건강한 가족은 자신들을 하나의 작은 각본에 맞춰 분류 정리하지 않는다. 만일 "부끄러움을 잘 타는 사람"이 어느 날 "큰 소리로" 말하면, 누가 창피를 주겠는가? 누가 "여보게, 자네의 역할은 내성적이고 조용한 것이야. 입 다물고 조용히 있도록 하게. 그러지 않으면 모빌을 망가뜨리게 될 거야." 라고 하겠는가? 건강한 가족이 부끄러움을 잘 타는 아이에게 그렇게 대할까? 절대 그렇게 하지 않는다! 역기능 가정만이 그렇게 할 뿐이다.

경계

우리는 여기서 심리적이고 사회적인 경계에 대해 다루고 있다. 하지만 원칙적으로 그것은 어떤 한 사람의 재산, 도시, 주 또는 국가 간의 물리적 경계와 같은 것이다. 먼저 우리의 목적에 따라 세 가지 형태의 경계를 살펴 볼 것이다.

1. 개인적 경계
2. 세대 간의 경계
3. 가족 경계

그리고 위에 예로 든 각각 경계는 그 상태에 따라서 다음과 같은 세 가지로 분류할 수 있다.

1. 경직된 경계 (너무 강한)
2. 흐트러진 경계 (너무 약한)
3. 유연성이 있는 경계 (건강한)

그림 6.1 개인 경계

　모든 사람은 자신의 주변에 대한 선명하게 구분된 경계를 갖게 되는데, 이것은 우리가 정의하는 심리적 울타리와 비슷하다. 이러한 개인적인 경계는 어떤 것은 자신의 삶 속으로 들어오게 하고, 또 어떤 것은 삶의 바깥에 있게 한다.
　누군가 토요일에 자기 집에 페인트칠하는 것을 도와달라고 할 때, 나는 그 토요일에 쉬기로 결정해서 자신을 위한 경계를 세운다. 만일 계속해서 도와달라고 하고, 죄책감을 주면서 교묘히 이용하려 한다면, 그것은 내가 세운 경계를 위반하는 것이다. 또 계속 내 경계를 침범하려 한다면 그것은 **개인 경계 침범**이 된다.
　마찬가지로, 싫다고 하는데도 같이 잠자리를 갖자고 하는 것은 개인 경계 침범이다.
　만일 자신의 경계가 아주 약하면, 항상 누군가 자신이 내게 원하는 것을 하도록 하게 될 것이다. 결코 '아니오'라고 하지 못한다. 이러한 상태가 오래 지속되면 심각한 정서적 문제로 자라나서 마침내 추의 반대쪽으로 옮겨 완전히 경직된 경계를 세우게 될 것인데, 이렇게 되면 **내 안에** 아무 것도 들어오지 못하고, **나로부터** 아무 것도 다른 사람에게 나가지 못하게 된다. 이로써 나는 정서적으로 세상을 등지고 무인

도에서 혼자 사는 사람이 된다. 이제 아무도 내 경계 안으로 침범하지 못하지만, 그렇게 되면 누가 상관하겠는가? 내 인생에는 전혀 아무도 존재하지 않게 된다.

친구나 연인에 의해 수개월 또는 수년간 은근히 경계를 침범당한 후에, 아마 이렇게 절망 속에서 소리칠 지도 모른다. "아냐! 이 이기적이고 나쁜 사람아. 난 어느 토요일이고 관계없이 너희 집에 페인트칠하는 것을 돕지 않을 거야. 네 우정도 더 이상 필요 없고 내 집 근처에 얼씬거리지도 마."

경직된 경계가 한동안은 나를 지켜주겠지만, 그 대가는 너무 크다. 결국 나는 너무 외롭고 고립되어 있어서, 미처 기대하지 못하는 상황에서 추의 반대쪽으로 옮겨지는 것을 허용하게 될 것이다. 지독한 외로움을 벗어내기 위해 기회가 생기면 다시 어떤 사람을 도우면서 새로운 친구관계를 기대하지만, 내가 성장하지 못했기 때문에 다시 내가 폭발할 때까지 그 사람은 나를 이용하는 것처럼 보인다.

역기능 가정에서, 사람들은 어떤 종류의 균형을 이루기 원하면서 경직과 깨어진 경계 상태 사이를 계속해서 오간다. 그러나 그 추가 정 중앙 즉, 유연성이 있는 경계에 있을 때에만 진정한 균형을 이룰 수 있다. 유연성이 있는 경계에 있게 되면 이렇게 말하게 될 것이다. "나도 돕고 싶지만 알다시피 이번 주에 정말 힘들게 일했어. 도와주지 못할 것 같아."

간단하게 들리지만, 그리 간단하지 않다. 자신의 필요보다 먼저 다른 사람의 필요를 채우기 위해 힘쓰다가 기진맥진해서 쓰러진 적이 얼마나 있는가? 자신을 먼저 돌봐야 하기에 다른 사람에게 정중한 양해를 구한 적이 얼마나 있는가?

"네. 저는 아주 지쳤지만, 어쨌든 그는 가장 좋은 친구입니다." 그가 정말 가장 좋은 친구라면, 당신 자신이 당신 자신의 한계를 이해하고 인정할 것이다.

이처럼 우리가 자신의 건강한 한계를 세우지 못하는 숨겨진 이유는, 자신이 No!라고 말할 때 버려질까봐 절망적으로 두려워하기 때문이라고 믿는다. 지금까지의 결과를 보건대, 유기될까봐 두려워하는 것이야말로 대부분의 의존적이고 중독적 행동에 내재된 초기 역학 관계인데, 어떻게 이렇게 되어 가는가 하는 것은 이미 언급한 두 가지 형태의 경계와 많이 관련되어 있다.

세대 간의 경계는 가정 안에서 부모 또는 다른 어른과 아이들과의 사이에 보이지 않는 선이다.

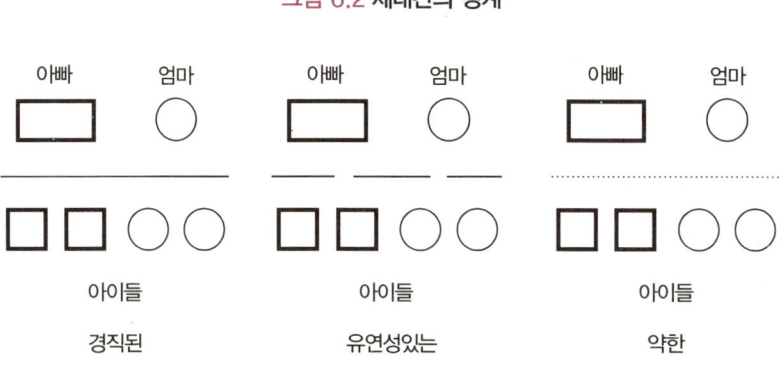

그림 6.2 **세대간의 경계**

만일 부모님이 자녀에게 감정을 표현하는데 어려워하거나, 어떻게 사랑을 표현해야 할지 모르거나 또는 개인 간의 경계가 너무 경직되어 있으면 세대 간의 경계도 역시 매우 경직된다. 자녀는 언제나 어린아이처럼 혼자라고 느끼게 되고, 부모님은 육체적으로나 정서적으로 자녀를 위해 "그 곳"에 계시지 않으며, 결코 같이 놀아주지도 않으며, 공감하지도 않으며 관심도 없어 보인다. 마치 멀리 떨어져 분리된 것처럼 느끼게 될 것이다. 어떤 가정에서는 세대 간의 경계가 아주 오랫동안 경직된 대로 있게 될 것이다. 즉, 세대 간의 경계가 약하게 될 것이다.

세대 간의 경계가 약하면, 성인과 아이의 선이 선명하지 않다. 이 현상은 역기능 가정에 아주 일반적이며 근친상간이 일어나는 가정에서 아주 확실히 드러난다. 성인이 아이와 섹스를 할 때, 그 아이의 개인적인 경계는 성인과 아이 사이에서 분명하게 침범 당한다. 아이에게 어른의 역할을 하도록 할 때마다 이 경계를 넘게 된다.

정서적 근친상간은 실제의 육체적 근친상간보다 더 일반적이다. 정서적 근친상간의 경우는 자신의 아이를 자신의 "작은 배우자"로 만들어서 그에게 의지하고, 깊은 문제를 그와 나눈다. 이런 경우를 "아빠의 어린 공주" 또는 "엄마의 어린 사나이"라고 부른다. 우리는 스스로 채우지 못하는 정서적 필요를 자녀로부터 채우려 한다. 이런 일에 익숙해진 어린 자녀들은 부모인 우리가 자기들에게 무엇인가를 요청해주기를 진심으로 바라게된다. 말도 안 되는 소리 같지만 이러한 정서적 근친상간은 어린 자녀들에게 아주 심각한 정신적 장애를 가져다 준다.

이러한 세대 간의 경계 침범은 예를 들어 이혼 직후와 같은 경우에 생기는 것으로 보인다. 엄마와 아빠는 서로의 배우자에게 원했던 정서적 도움을 위해 아이에게 집착하게 되고, 그것은 아이로 하여금 중요하고 강력한 것으로 느끼게 하고 또 그런 유혹에 넘어가기 쉽기 때문에 이러한 정서적 근친상간의 완벽한 피해자가 된다. 그것은 아이에게서 어린 시절, 안전과 보호를 강탈하는 것이며, 이를 통해 아이는 자신의 중요하게 여기는 필요를 얻는 길은 피해자가 되는 것이라고 배우게 된다. 무엇보다, 경계 침범은 피해자가 되라고 가르친다.

　가족 경계는 가족 전체를 감싸고 있는 경계를 말한다. "말하면 안 돼!"가 완전히 강요되는 폐쇄된 가족 체계를 경직된 가족 경계라고 한다. 세상과 싸우는 것은 "우리"이다.

그림 6.3 가족 경계

　　　경직된　　　　　　유연성있는　　　　　　약한

　어린 수지(Suzy)가 친구인 카렌(Karen)의 엄마가 빵 굽는 것을 가르쳐 준 것이 얼마나 재미있었는지 말하려고 집으로 달려갔을 때, 수지(Suzy)의 엄마가 차갑게 또는 화난 표정으로 또는 빈정대며 이렇게 말한다. "카렌의 엄마하고 있는 게 그렇게 좋으면 그 집에 가서 살지 그래?" 친구가 외박을 하거나, 밤늦게까지 노는 것을 보면 우리 집도 그럴 수 있기를 바라지만, 물론 경직된 가족 경계에서는 불가능한 일이다. 우리 집에 다른 사람이 오는 것을 거의 본 적이 없다. 마치 섬에 우리 가족만 사는 것처럼 보인다. 아주 외로워지고 마침내 건강을 해치게 된다.

　깨어진 가족 경계에서, 가족 간의 일체감은 전혀 없다. 아무도 "책임을 지려" 하지 않는다. 명확한 한계나 규칙도 없고 전혀 가족처럼 느껴지지 않는다. 마치 방향성 없는 분자가 방황하다가 우연히 충돌해서

한 덩어리가 되었지만, 가족의 끝이 어디이며 세상의 시작이 어디인지 알 수가 없다. "혼란"이란 말이 아주 잘 어울리는 상황이다.

당신이 성장했던 가정을 되돌아보라. 그리고 지금의 친구들과의 관계에서와 가정에서의 당신의 행동과 정서적 패턴에 대해서 생각해 보라. 어떤 유사점들이 보이는가?

다음 장으로 넘어가기 전에 가족 체계에 대한 이런 원리들을 잘 기억하기 바란다. 왜냐하면, 이 원리들은 성인 아이의 증상에서 정말로 회복되기 원한다면 반드시 빠져 나와야 할 덫에 대해서 잘 설명해주고 있기 때문이다.

7. 덫

이제는 우리의 증상을 표현하기에 충분한가? 아직은 아니다. 이 정도의 정보만 가지고는 충분하지 않다고 생각한다. 우리의 고객이 단지 정보에 의해서만 치료되는 것이 아니다. 감정이란 것이 단지 정보에 의해서 처리되는 것이 아니다. 그리고 우리는 이러한 증상이 어떤 과정을 거쳐서 생기게 되었는지를 이해해야 한다. 그것이 하룻밤에 생겨난 것은 아니다. "어느 날 아침에 일어나보니 내가 고통스러운 삶을 살고 있더라." 라는 것은 틀린 말이다. 그것은 오랜 시간 동안 과정을 거치면서 생기는 것이다.

빌(Bill)의 이야기

빌 홉킨스(Bill Hopkins)는 38살에 성 중독[1] 치료과정에 들어갔는데, 그것은 그의 아내와 그가 설립한 회계 사무소에 있는 두 파트너, 즉 그의 누이와 그의 한 친구가 중재에 참여한 후 였다.

중재가 열리기 2년 전, 빌의 아내는 그의 성적 행동을 염려하게 되었고 그런 행동이 보이면 곧 어떤 말을 하기 시작했다. 많은 경우에 빌은 그녀의 걱정을 손을 흔들어 무시하며 이렇게 말했다. "여보, 나한테 정말 문제가 있다면 어떻게든 할 거야. 하지만 지금은 다른 거나 걱정하라구." 하지만 애니타(Anita)의 염려는 계속되었다.

몇 달 후 상황은 다음 단계로 급변했다. 회계 사무소 일이 점점 늘어나고 사업이 확장되면서 빌이 포르노그라피를 소유하고 자위행위 하는 것이 늘어났다. 부하 직원을 두었지만 중독의 문제에 도움이 되지 못했다. 빌은 애니타에게 거리감을 느끼게 되었고, 둘의 관계는 차갑고 형식적이거나, 아니면 정반대로 격렬하게 다투거나 논쟁을 벌였다. 결혼생활의 갈등과 긴장은 점점 더 증폭되었고, 결국 그 덫은 어느 금요일 밤에 완전히 드러났다.

애니타는 친구와 밖에서 저녁 식사를 하면서 불만과 무력함을 잊으려 계속 노력했다. 그녀가 밤 9시 30분에 현관에 들어설 때, 빌이 성병에 걸렸었고 그래서 한동안 잠자리를 가질 수 없었다고 말하자 애니타는 짐을 챙겨서 다시 친구 집으로 가 그곳에서 혼자 주말을 보냈다. 그리고 월요일 아침에 이혼 서류를 준비했다. 다음 날, 빌이 전화해서 사

---

[1] 성 중독에 대한 자세한 내용은 Patrick Carnes의 '그림자로부터 나와서(Out of the Shadows)와 Ken Adams의 책 "약물 중독 가정에 대해서(Focus On Chemically Dependent Families, May/June, 1987)" 중의 '성 중독과 은밀한 근친상간' (Sexual Addiction and Covert Incest) 부분을 보기 바란다.

과하고 그녀가 집으로 다시 돌아오면 다시는 그런 일을 하지 않겠다고 했다.

애니타는 집으로 돌아왔고, 몇 달 동안 문제는 가라앉았다. 빌은 이렇게 된 것이 자랑스러웠고, 애니타는 언제나 빌을 지켜보지 않아도 된다는 큰 안도감에 젖어 있었다. 여전히 대화가 매끄럽지는 않았지만 나아지고 있었다. 치료 과정에 들어가기 3달 전, 빌은 자신이 모든 것을 통제할 수 있고, 성 중독은 업무 압력 때문에 일어난 것일 뿐이며 지금은 잘 다스리고 있다고 판단했다.

그의 중독이 다시 파괴적으로 나빠지는 데는 그리 오래 걸리지 않았다. 애니타는 섹스중독 동반의존자 모임(COSA, Co-dependents of Sex-Addicts)에 도움을 요청했다. 그들의 소개로 같은 상황에 있는 몇 사람과 함께 중재 전문가를 만났고, 중재모임이 열리기 1주 전에 모두 함께 앉아서 어떻게 진행할 것인지에 대해 연습했다. 빌이 아내, 두 친구 그리고 그들이 제공한 데이터를 대하게 된 날, 마지못해 그들이 권고하는 치료를 인정하게 되었다. 이로써 그와 애니타의 회복 과정이 시작 된 것이다.

성 중독은 안도감과 좌절과 실패감을 함께 느끼는 것과 같은 문제를 수반하는 데, 중독 치료 과정의 목적 중 하나는 어떤 과정을 거쳐서 이러한 중독이 형성되었는지 가족을 교육시키는 것이다. 누구나 스스로에게 이런 질문을 한다. "어떻게 우리에게 이런 일이 생길 수 있지? **누구** 때문에 이렇게 된 거지? **누굴** 탓해야 하는 거야?"

이 교육 과정의 목적 중 하나는, 사람들로 하여금 지금의 가정에 존재하는 역기능적 역학 관계와 그 역학 관계가 어떻게 발전되어 왔으며 과거 세대로부터 영향을 받았는지 **살펴보는** 것이지 **탓하려고 하는 것이 아니다.** 처음에는, 대부분 가정을 이렇게 만든 장본인을 탓하지만 나중에는 부모나 조부모와 어느 정도 떨어져서 충분히 이렇게 말하게 된다. "비록 그분들이 건강한 선택을 하지 못했지만 나는 이제 다른 길을 선택할거야."

빌과 애니타의 가족 배경을 들은 치료사와 지원 그룹에게 다음과 같은 세대 그림이 떠올랐다.

빌의 부모님의 결혼 생활에서 특별한 중독 현상은 없었다. 사실 부모인 홉킨스 부부는 금주주의자였기 때문에 어떤 종류의 약물에도 중독 되지 않았다. 그리고 처음에 빌은 자신의 어린 시절과 부모님과의 관계에 대하여 "지극히 정상"이라고 묘사했다. 그러나 자기 발견의 과정을 거치면서 흩어진 파편들이 하나 둘씩 맞춰지기 시작했다. 빌의 아버지는 자신이 살고 있는 작은 도시에서 자동차 정비소를 운영하는 성실히 일하고 가족의 생계를 책임지는 사람이었다. 그는 빌에게 자동차 수리하는 법을 가르치는데 많은 시간을 내었는데, 빌의 성장에 적극적으로 관여한 것으로 보인다. 그러나 그 역시 지독한 완벽주의자였다. 그들의 차고는 항상 먼지 하나 없었고 집은 늘 조용했으며, 모든 것이 완벽하게 제어되었다. 집안에서 바지를 입고 있는 아버지에 대해서 절대로 질문을 하지 않았다. 그는 또 화를 잘 냈다. 전혀 악의는 없었지만 빌이 실수를 하거나, 차를 고치면서 차고를 더럽히거나 또는 기대에 미치지 못할 때는 심하게 야단을 쳤다.

그래서 빌은 자라면서 자기비판이 지나치게 발달되어 무엇이든 완벽하게 하지 않으면 전혀 가치가 없다고 늘 말했다.

빌은 엄마를 "성녀(saint)"라고 묘사했다. 그녀는 내성적이고 사람 앞에 잘 나서지 않았으며 열심히 일했다. 집안에는 늘 먼지 하나 없었고 첫째인 빌을 포함해 다섯 아이를 키웠다. 그녀 역시 남편으로부터 완벽해야 한다는 강력한 메시지를 받았고, 아이들과는 정서적으로 거리가 있었다. 빌은 자기들이 있는 곳에서 부모님들이 포옹하거나 키스하는 것을 본 적이 없을 뿐만 아니라 가족 모두가 편안하게 적당한 터치를 해 본 기억이 없다.

아빠의 완벽주의와 가족에 대한 지배적 성향에도 불구하고, 빌은 처음에는 그것과 자신의 문제의 연결성을 알지 못했다. 세대를 거슬러 올라갈수록 파편 조각들은 더 잘 맞아 들어갔다. 그의 친 할아버지는 알코올 중독자라는 진단을 받지는 않았지만 약간의 알코올 문제가 있었고 이는 철저히 가족의 비밀로 붙여져 있었다.

할아버지 홉킨스는 두 종류의 삶을 살았다. 집 밖에서는 너그럽고, 매력적이며, 유머가 많고 다른 사람이 매우 좋아하는 사람이었다. 집 안에서는 아내가 식료품을 사려거나, 아이들이 학교에 입고 갈 옷을 사려고 돈을 달라고 하면 소리 지르고 고함치는 폭군이었다. 그리고 집에서는 과음하는 것이 드러났다.

할머니 홉킨스는 조용하고 고분고분했는데 가정의 평화를 위해 남편이 무엇을 요구하든지 잘 따랐다. 그들도 역시 서로에 대해 애정을 밖으로 표현하지 않았다.

빌의 외할아버지 스미스(Smith)의 역할은 정반대였다. 그는 조용하고 내성적이며, 언제나 자신을 무익한 존재라고 여겼는데, 정말로 "스스로는 아무 것도" 못하고 아내가 시키는 일만 하는 사람이었다.

스미스 외할머니는 지배적이었고 다스렸으며, 남편의 실패한 인생에 대하여 화를 내고 증오했다. 그녀는 쉽게 화를 냈고, 극단적인 완벽주의자였다. 그들의 장녀인 빌의 어머니는 아버지를 많이 닮았고, 화 내는 어머니 밑에서 자라면서 따뜻하게 대하고 배려하는 것을 배우지 못했다.

의존성이 처리되지 않은 상태에서 흔히 그렇듯이, 빌의 어머니는 부정적인 특성을 많이 지니고 있는 남자와 결혼했는데 그녀는 그의 능력과 목적 지향적 성격이 자신의 부족함을 잘 채울 것으로 믿었다. 그리고 그의 능력이라고 생각했던 것이 결국은 모두 지배적인 것으로 드러나게 되었다. 그가 "무언가 스스로 해냈다"는 것은 결혼생활을 친밀하고 따뜻하지 못 하게 하는 몇 가지 확실한 문제를 지니고 있다는 것을 아주 잘 반영했다.

그 조각들이 모여서 빌을 형성하게 되었다. 삶의 패턴의 의미가 드러나기 시작했다. 혼돈을 막기 위해 중요한 인격적 역학 관계의 관점으로 그림 7.1에서 빌의 가계도를 정리해 보았다. 물론 잃어버린 퍼즐의 다른 조각은 애니타가 어떻게 이 체계에 얽히게 되었는가 하는 점이다. 대부분의 경우에 치료나 상담을 받는 사람의 배우자는 그 문제에 자신이 얼마나 기여하고 있는지 거의 생각하지 못하는데, 이것은 그들이 배우자의 문제에만 집중하느라 그 밖의 다른 것에 대해서는 보지 못하기 때문이다. 일반적으로, 배우자에게 집중함으로써 무의식적으로 자신의 처리되지 않은 의존성을 되돌아보지 않으려 한다. 역설적 의존성(paradoxical dependency)을 기억하는가?

처음에 애니타는 자신에게 이렇게 말했다. "왜죠? 내게는 문제가 없어요. 빌의 행동만 고치면 모든 문제는 사라져요. 나는 책임감이 있고, 이 결혼생활을 이끄는 사람이에요. 내가 없으면 이 결혼생활은 끝이에요."

다행히도 빌이 참여한 치료 프로그램에서는 가족의 역학관계와 동반의존성을 알고 있으며, 두 사람은 이 치료가 혼자서는 해낼 수 없다

그림 7.1 빌의 가족

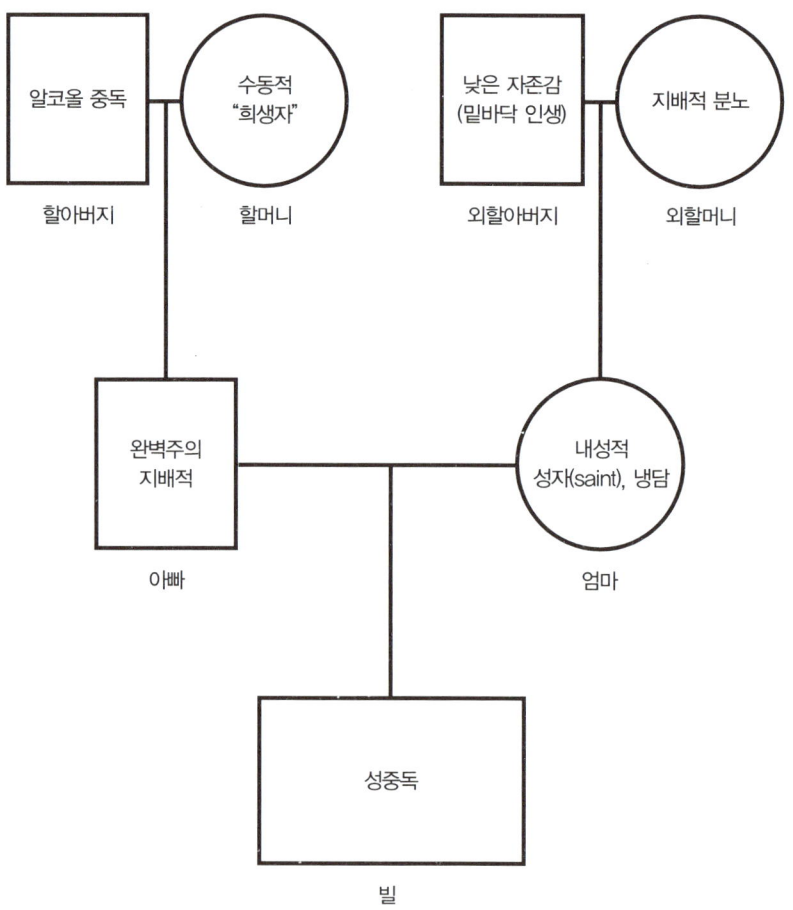

는 것을 알았다. 애니타는 처음으로 자신과 가족에 대해 발견해가기 시작했는데, 거기에는 빌의 경우와 같이 아주 고통스럽고 무서운 것들이 있었다.

애니타는 자신의 어머니가 스트레스를 받으면 알코올에 의존하려는 경향이 있는 것을 알았지만, 어머니가 알코올 중독자일거라는 생각은 해보지도 않았다. 그녀는 어머니가 정신을 잃을 정도로 마시거나 주정하는 것을 본 적이 없었고 전혀 문제가 없어 보였다.

또 애니타는 아버지에 대해 언제나 최고의 "아빠"라고 생각했다. 아버지는 열심히 일했고, 책임감 있었으며, 애니타의 엄마가 몸이 불편할 때는 저녁도 만들었고, 주말에는 아이들과 같이 놀아주고, 연극과 공연에 같이 가는 언제나 편하고 즐거운 사람이었다. 애니타가 알지 못했던 것은 아빠는 내면적으로 지쳐 있었고, 오랫동안 약간 우울해 했으며, 겉으로 드러내 보이려 했던 것과는 달리 행복하고 즐거운 남자는 아니었다.

양쪽 조부모님에 대해서 아무도 아는 것이 없다는 것이 괴로운 일은 아니었다. 그저 아는 것은 그들이 유럽인이었으며 애니타의 부모는 모두 그들의 10대 초반에 고모, 삼촌들을 따라서 미국에 왔다는 점이다. 장녀인 애니타는 아빠를 많이 닮았고, "착한 딸"의 역할을 했다. 엄마가 지치거나 "아프면" 애니타는 아빠를 도와 청소와 요리를 했다. 친구들과 밖에 나가 놀아야 할 10대 때에도 어린동생들을 돌봐주는 것을 기쁘게 여겼다. 엄마가 까다롭고 성가시게 할 때에도 아빠가 그랬듯이 자기도 엄마를 "이해하기(엄마는 몸이 좋지 않다)" 때문에 힘들지 않았다.

그래서 애니타는 아주 어릴 때부터 작은 부모가 되어 가족의 허드렛일을 하면서 어린 시절을 포기했고, 학교에서도 열심히 했으며, 가정에서는 아빠 옆에 서있는 "어른 중의 한 사람"으로 살았다. 이것이 애니타를 강하게 만들었지만, 동시에 쇠 덫이 되었다. 오랫동안 그 덫에 걸린 채 자라난 애니타는 세상으로 나가 역기능적 관계를 맺게 되었다.

그림 7.2는 애니타가 수개월 동안 스스로 조사하고, 분노와 고통 가운데 정리한 자신의 가계도이다. 애니타의 가계도를 빌의 가계도와 나

그림 7.2 빌과 애니타

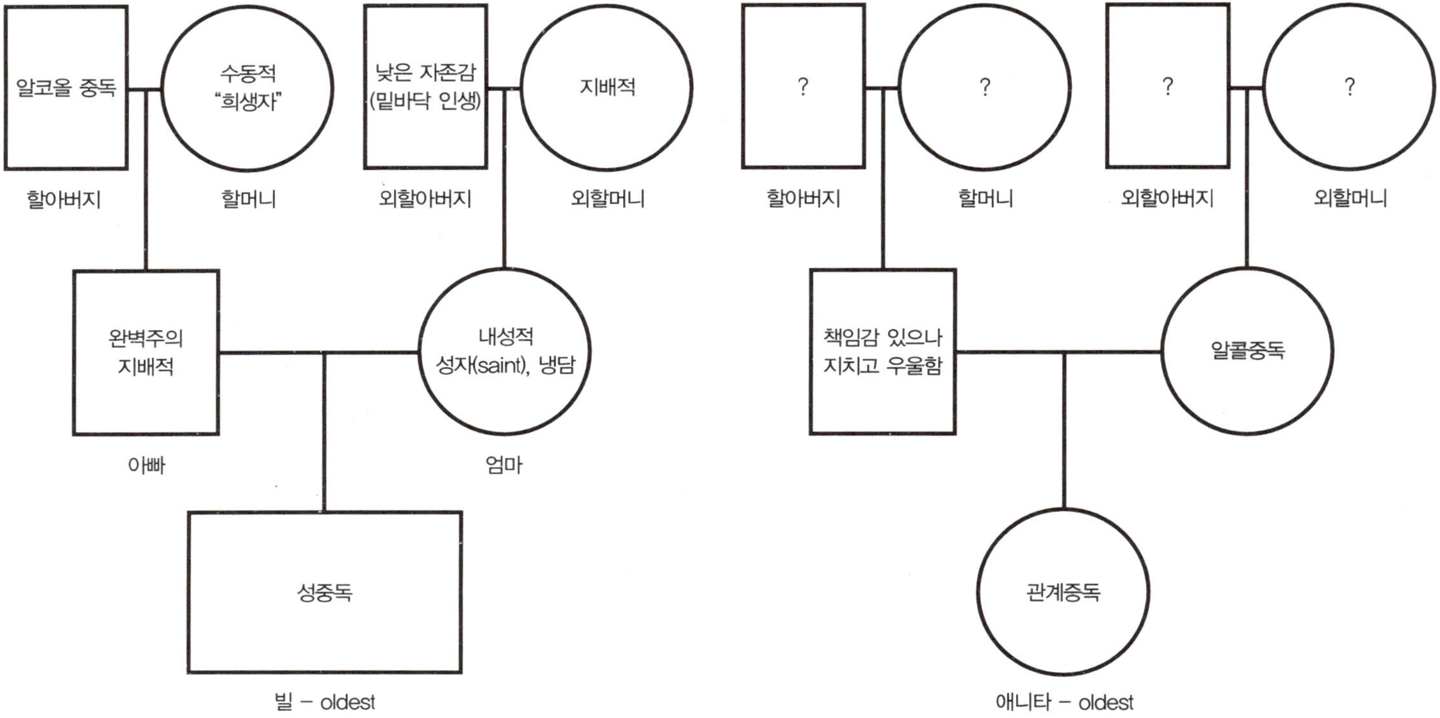

```
                                              외할머니: ?
                                              외할아버지: ?
                                              일중독
                                              관계중독
                                                            애니타 – oldest

                                              할머니: ?
                                              할아버지: ?
                                              책임감 있으나 지치고 우울함

             지배적 외할머니
             낮은 자존감(밑바닥 인생) 외할아버지
             엄마: 내성적 성자(saint), 냉담
                                                            빌 – oldest
                                                            성중독
             수동적 "희생자" 할머니
             얼굴을 중독 할아버지
             아빠: 완벽주의 지배적
```

96 _ 역기능 가정의 비밀 성인아이

란히 배열해서 한 눈으로 전체를 볼 수 있도록 해 보았다. 잠시 이 체계를 눈 여겨 보겠지만 아주 일반적인 내용이다.

빌과 애니타가 함께 했던 수개월의 여정 결과, 전에는 서로 이해하지 못해서 수년 동안 싸울 수밖에 없었던 일들에 대해 이제는 그 의미를 알게 되었다는 것이다. 생활의 패턴, 초기 싸인, 잘 드러나지 않는 컨디션, 나중에야 알게 되는 비의도적 고통 등이 이제는 일관성 있는 체계 안에서 이해가 되었다. 두 사람은 부정(denial)을 분노와 비난 너머로 던져버리고 과거의 일로 평화롭게 받아들이게 되었다. 그들은 이제 무엇이 왜 그랬는지 모른 채 좌절과 공허감 속에 사는 것이 아니라, 확신과 평정을 가지고 과거의 일과 화해하고, 쉬며 자유하는 가운데 살고 있다. 이 말이 너무 좋게 들리는가? 우리를 믿으라. 정말이다.

이러한 일을 진행하면서 어려운 점은, 애니타와 빌과 같은 사람으로 하여금 전체를 꿰뚫는 한 점에 도달해 나가는 과정이다. 자신들이 밝혀낸 사실을 그대로 처박아 두는 유형(pattern)이야말로 수 세대에 걸쳐 내려온 정서적 부정 유형들(patterns of emotional denial)이다. 그것은 다른 사람과 가까워지는 것에 대한 두려움과 쉽게 상처받는 것에 대한 두려움의 한 유형이며, 크고 작은 중독의 한 유형이고, 자아가 살아남기 위해 하는 노력의 한 유형이며 또한 어린 아이가 언제나 기능적이지는 않은 가정과 세상에 맞추기 위해 하는 노력의 한 유형이다.

8. 가족이 이탈할 때

우리가 성장하면서 잘못되어질 수 있는 것들은 무엇인가? 가정을 통해, 살아가면서 쉽게 중독에 빠지도록 하는 역기능적 유형은 무엇인가? 꽃이 건강하게 자라나서 만개하려면 햇빛, 물 그리고 흙이 필요하듯이, 건강한 상호의존성을 지닌 어른이 되기 위해서 아이가 가정으로부터 필요로 하는 것들이 있다. 그 필요한 것들을 모두 제공해 주는 가정이 없다는 것을 알지만, 많은 가정에서 그 필요를 제공하지 않음으로써 심각한 의존성을 지닌 채 성인기를 맞이하는 것도 잘 안다.

건강한 가정에서는 아이에게 필요한 보호, 따스함, 배려 그리고 가르침이 대부분 채워진다. 이렇게 자라나는 아이는 내적으로 안전과 신뢰에 대한 감각을 지닌 채 성인기를 맞이한다. 역기능 가정에서는 이러한 필요들이 충분히 또는 전혀 채워지지 않으며, 내적으로 부족함, 불신 그리고 두려움을 지닌 채 **외적**으로 다른 어떤 보호를 강하게 필요로 하면서 성인기를 맞이한다. 문제 가정에서 성장한 어른은 성장 과정에서 전혀 채워지지 않았던 내면의 공허한 부분을 추구하게 되는데, 그것을 **외부**에서 찾기 때문에 중독적 삶의 유형으로 빠지게 된다. 많은 나라를 다니면서 대화를 나누는 가운데 우리는 가장 도움이 되는 다음과 같은 비유를 알게 되었다.

그림 8.1을 보면서 자신을 태어날 때 텅 비어 있는 컵이라고 상상해 보라. 성장하면서 그 컵이 가득 채워지기를 바랄 것이다. 다른 말로 하면, 반드시 필요로 하는 것이 있다. 건강한 가정에서는 그 컵의 거의 끝까지 채워질 것이고, 그렇게 세상으로 나아가 역시 컵이 가득히 채워

그림 8.1 컵

진 친구나 사랑을 만나게 될 것이다. 그러나 역기능 가정에서는 컵이 채워지지 않는다. 극단적인 경우에는 성인이 될 즈음에 겨우 1/8밖에 채워지지 않을 수도 있다. 그렇게 세상으로 나아가면 역시 컵의 1/8정도 밖에 채워지지 않은 친구나 사랑을 만나게 된다. 그리고는 그 컵이 가득 차있다는 환상을 유지하기 위해 중독적 관계, 약물, 일, TV 등과 같은 외적 매개체를 의존하게 된다.

우리는 증상이 성장과정에서 컵이 채워지지 않았기 때문에 나타난 다고 믿는다. 우리는 성장에 필요한 건강한 방법을 배우는 대신, 가정에서 무엇인가 잘못된 것 때문에 건강하지 않은 방법을 배웠다. 이것이 우리에게 걸려 있는 덫이다.

가족 체계 내에서의 정서적 건강 또는 건강의 결핍의 측면을 보면, 특히 심리적으로 온 가족에게 고르게 분배되어 있다는 것을 알게 된다.

우리 중의 대부분에 해당하는 약 2/3가 건강과 역기능의 양이 모두 평균 수준인데, 이는 대부분의 사람의 컵이 가득이 아니라 부분적으로 채워졌다는 것을 의미한다. 이는 또한 대부분의 사람에게 해결해야 할 명확한 역기능과 자신을 괴롭히는 중독 또는 다른 증상이 있다는 것을 의미한다.

극히 일부의 사람만이 아주 건강한 범위 안에 속해 있다는 것을 주목해야 한다. 그리고 아주 건강한 사람일지라도 대부분의 사람처럼 문제는 존재한다. 하지만 건강한 가정에서는 문제를 건강한 방법으로 다룬다는 것이 다른 점이다. 갈등은 해결된다. 아이는 자라서 집을 떠나지만, 여전히 부모의 가슴에 있다. 모든 사람은 여전히 약물 의존, 비만, 우울중 등 유전적 기질을 물려받는다. 그러나 그들은 대부분의 사람과 달리 자신의 유전적 성향을 제대로 다룬다.

다른 극단에 아주 건강하지 않은 가족이 있는데, 거기에는 많은 정신적 질병, 반복되는 근친상간과 구타 그리고 어린이 사망 등이 있다. 지금부터는 우리를 포함한 여러 사람이 과거에 저술한 역기능 가정의 몇 가지 특징에 대해 기술할 것이다(Black, 1981; Fossum & Mason, 1986; Subby & Friel, 1985). 또 국제적으로 알려진 심리 치료사 앨리스 밀러(Alice Miller)의 "당신 자신의 선을 위하여(For Your Own Good)"라는 책을 읽기를 권고하는데, 이 책에서 그녀는 "해로운 교육(Poisonous Pedagogy)"이라는 용어를 통하여 부모가 아이를 "지도"하고 "틀에 맞추기" 위해서 사용하는 신체적, 정서적 학대의 방식을 묘사하고 있다. 그녀는 성인 중상의 기원으로서의 가정에 대한 흥미롭고 학구적인 주장을 하고 있는데, 그 안에는 거의 모두가 경험하는 더 은밀한 학대의 형태에 대한 설명이 포함되어 있다.

매우 건강하지 않은 가정부터 매우 건강한 가정에까지 나타나 있는 연속체에서, 그 가정이 얼마나 기능적인가 또는 역기능적인가에 따라 다음의 특성들이 부분적으로 또는 모두 발견되는 것을 알게 될

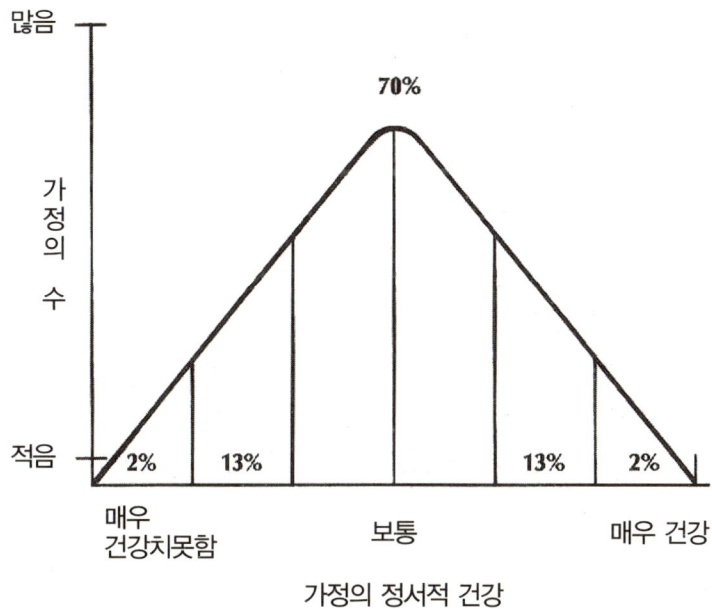

그림 8.2 건강/ 역기능 연속체

것이다.

1. 신체적, 정서적 또는 성적인 학대/방치와 대리적 학대
2. 완벽주의
3. 경직된 규칙, 라이프스타일 /또는 신념 체계
4. "말하면 안 돼!" 규칙/"가정의 비밀"을 지키는 것
5. 식별 능력 /또는 감정 표현의 결함
6. 삼각관계(Triangulation; 한 사람을 중개자로 하는 의사소통 방식)
7. 이중 메시지/이중 구속
8. 놀이를 하거나 즐기지 못하며 자발적이지 못함
9. 부적절한 행동/고통에 대한 과도한 허용
10. 밀착(Enmeshment)

조금 더 깊이 살펴보면 전체적인 역기능의 정도(degree)가 중요한데, 이 정도(degree)는 단지 한 가정 안에 존재하는 특성의 종류가 얼마나 많은가 뿐만 아니라 얼마나 자주 일어나는 가에도 달려 있다. 작으나마 의식처럼 지키는 것이나 엄격하게 여기는 것이 없는 사람은 거의 없다. 이런 엄격성이 건강한 교제와 가족의 온전함과 존엄성을 해칠 때 문제가 제기된다.

캘리포니아의 엔지니어인 프랭크는 모든 어린이가 원하는 "모든 것"을 갖고 자라났다. 즉 아버지는 의사였고, 어머니는 모임에서 활동적이었으며, 좋은 교육, 운동 능력, 훌륭한 외모, 호수에서의 휴가와 돈을 가졌지만 어떻게 **느끼고 살아야 하는지** 제대로 배우지 못했기 때문에 자신의 결혼생활과 삶은 혼란에 빠져 들었다. 그는 "하는 것"(doing, 행위자 역할 혹은 실행자 역할)에 지나치게 익숙해지기 시작했는데, 그것은 그

가 다른 사람과 "아무 것도 하지 않는 관계"에서 그러한 시간을 전혀 가져보지 않았거나 혹은 그러할 때에 어떻게 해야 하는지 배우기 위한 가정적인 안내를 받아본 적이 전혀 없었던 것이다.

이 바쁜 세상에서 그렇게 단순한 것은 지나치기 쉽고, 또 비난할 만큼 악한 사람도 없다. 그런 일은 너무도 자주 일어나며, 결과는 단지 슬픔뿐이다. 그런데 반가운 소식은, 그런 상태로 머물러 있지 않아도 된다는 것이다. 우리는 곰이 아니다. 우리에게는 곧 그러한 덫을 파악할 수 있는 더 나은 두뇌가 있으며, 그것이 과연 덫이라는 것을 깨닫기만 한다면 결코 늦은 것이 아니다.

당신이 이러한 덫에 관한 글을 읽어갈 때에 (1) 자신에게 "우리 가정에서는 한 번도 일어난 적이 없는 일이야"라고 한다든가, (2) 혼란스럽거나, (3) 자신이나 가족에게 매우 화가 난다든가, (4) 놀라거나, (5) 질문을 한다든가, (6) 의심스럽거나, (7) 슬퍼지거나, (8) 울거나, (9) 누군가와 이에 대해 말하고 싶어지거나, (10) 혹은 지루해지거나 하는 모든 것들은 절대적으로 정상적이며, "괜찮은"(okay) 것이다.

1) 신체적, 정서적 또는 성적 학대와 방치/대리적 학대

최근 1975년까지 어느 심리학 교과서에 따르면, 아동 성적 학대는 100만 가정 중 한 가정 정도에서 발생한다(Kohn, 1987). 이것은 단지 교육 받은 전문가로서 인간이라는 동물의 본성을 강하게 부정하고 두려워하고 있다는 것을 나타낼 뿐이다.

사실은 그렇지 않다. 미국에서는 6명당 1명꼴로 어린 시절에 성적 학대를 당한다. 더욱이 최근의 연구에 따르면, 여성의 약 30% 그리고 남성의 약 15%가 어렸을 때 귀엽다고 쓰다듬는 것부터 성교에 이르기까지 신체적 접촉에 의한 성적 학대를 받았다고 한다. 비접촉 형태의 성적 학대를 포함하면 그 숫자는 여성의 50%까지 올라간다(Kohn, 1987).

성적 학대는 9살에서 12살 사이에 가장 많이 발생하지만, 유아기에서도 정기적으로 발생하기도 하는데 이 경우에는 원인을 규명하고 다루는 것이 매우 어려워진다.

고대로부터 현대에 이르기까지 수많은 어린이의 일반적인 개선에 대한 좋은 예를 제시한 로이드 드 모스(Lloyd de Mause, 1974)의 연구에 기본적으로 동의하지만, 미국에서 학대와 태만에 대한 통계는 여전히 형편없다. 이 나라에서 많은 어린이가 매를 맞고, 두들겨 맞으며, 심각한 태만과 성적 학대와 같은 분명하게 드러난(very overt) 수단에 의해 상처를 받지만, 이것은 단지 빙산의 일각일 뿐이다. 최근에야 더 은밀하고 드러나지 않게 자행되는 학대와 태만이 어느 정도 정확하게 연구되고 있다. 정신치료 분야에 있는 우리는 그러한 사실을 매일같이 보고 있다.

이 책에서 다루고 있는 내용의 대부분은 학대의 범주에 속한다. 그리고 이 장의 뒷부분에서는 우리가 가장 일반적으로 볼 수 있는 학대의 형태를 정리할 것이다. 다음의 몇 가지에 관하여 생각해 보라.

아이는 올바르게 성장하기 위해 벌을 받을 필요가 있는가? 아마 그럴지 모른다. 그런데 당신이 조금만 화를 내어도 아이가 두려워 움츠리거나 무서워하는가? 놀거나 재미있어 하려 하지 않는가? 다른 때와 달리 화를 내며 공격적으로 되지 않는가? 어린 동생을 무자비하게 괴롭히지 않는가? 기분이 쉽게 변하고, 부정적이며 "다루기 어려운가"? 너무 많이 또는 너무 심하게 벌을 받았을 경우에, 적절한 처벌과 학대의 차이를 구분할 수 없을 것이다. 구분하지 못하는 것이 문제는 아니다. 누구의 잘못이든 구분할 수 없다.

　자녀를 결혼 생활의 다툼 속으로 끌어 들이고, 그 자녀로부터 자신의 정서적 필요를 채우려 하는 것은, 워이티즈(Woititz, 1985)를 비롯한 많은 전문가가 은밀한 근친상간이라고 부른 정서적 학대의 일종이다. 부끄럼을 잘 타는 아이에게 부끄러워한다고 비난하는 것은 정서적 학대이다.

　너무 힘들거나 술 취했다고 해서 아이에게 소리 지르는 것은 정서적 학대이다. 또한 자녀 주변을 맴돌면서 아직 어리기에 저지르는 실수를 조금도 용납해주지 않거나, 그들의 문제를 스스로 극복할 때까지 곁에서 지켜봐주지 않는 것도 정서적 학대이다. 많은 사람이 성급히 이렇게 말한다. "나는 행운아다. 내가 어릴 때 부모님이 싸우는 것을 본 적이 없고, 빌리네 아빠는 매일 술 취하고 싸우잖아." 그것이 사실일지도 모른다. 하지만, 다른 사람의 최악의 예를 들어 자신을 비교하는 것은 자신의 부정(denial)을 유지하려는 가장 좋은 방법일 뿐이다. 이러한 문제를 지니고 있지 않은 가정이 거의 없다는 것이 사실 아닌가! 당신의 가정에는 어떤 문제가 있었는가? 빌리네집 이야기는 잊어라. 그건 빌리가 처리해야 할 문제이다. 당신은 당신 자신의 문제를 처리해야 한다.

　만일 당신이 누군가가 학대당하는 것을 목격했다면, 당신 또한 이미 학대의 희생자이다. 여동생이나 오빠가 엄마 또는 아빠로부터 상처받는 것을 목격하게 되면, 당신 또한 정서적으로 폭행을 당하게 되는 것이다. 당신이 **"더 나은"** 대우를 받은 것에 대해 죄책감을 느낄 것이다. **"더 나은"** 대우를 받았다는 건강치 않은 우월감을 느끼게 되면 다른 사람과의 동등한 관계를 갖기 어렵게 된다. 또 만일 숨죽이고 무서움을 느끼게 되어 그 다음의 희생자가 될 수도 있다. 다른 사람이 학대당하는 것을 보는 것을 대리적 학대(vicarious abuse)라 하는데, 다른 형태의 학대와 마찬가지로 고통스럽고 상처를 주며 해로운 것이다. 다음은 그 목록이다.

정서적 학대

이중 구속 (자녀에게 주어진 선택권은 부정적인 것이다)
비난을 자녀에게 투사하고 전이
자녀의 진실을 왜곡 (지적 학대) 예를 들어 "아빠는 취한 것이 아니고 피곤할 뿐 이란다"
과잉보호, 감정 억제, 변명, 자녀의 잘못에 대해 다른 사람 비난하기
낮은 자존감의 조성
이중 메시지: "물론 당신을 사랑해요." (엄마가 바짝 긴장하고 이를 갈면서)
학대에 대해 전혀 말하지 않음

정서적 태만

자녀에 대한 배려, 보살핌 또는 사랑의 불이행
구조나 한계에 대한 설정 불이행
자녀에게 귀 기울이거나 듣거나 또는 믿지 않음
자녀가 부모를 정서적으로 배려하거나, 기분을 좋게 해 주기 기대함
정신적 질병, 약물 의존, 우울증 또는 강박증 때문에 정서적으로 함께 해주지 못함
교육과 지적 발달에 대한 격려 불이행

신체적 태만

의, 식, 주의 결핍

나이에 걸맞지 않은 방식으로 자녀를 혼자 있도록 함

너무 어린 자녀를 다른 사람에게 맡김

건강관리의 불이행

마약이나 알코올 사용을 허용하거나 장려

배우자를 포함한 다른 사람의 학대로부터 자녀를 보호하지 않음

언어적 학대

지나친 정죄, 야단, 수치를 줌

비난, 혹평, 비교

놀리기, 희롱하기, 비웃기, 얕보기

잔소리, 길게 훈계하기, 소리 지르기, 언어폭력

신체적 학대

찰싹 때리기, 흔들기, 할퀴기, 껴안기, 나무, 막대기, 벨트, 주방용품, 자, 전기선, 삽, 호스 등으로 때리기

내던지기, 밀기, 제치기, 벽이나 물건에 밀어붙이기

그을리기, 데게 하기, 얼리기

강제로 물이나 음식을 먹이거나 굶기기

다른 사람의 신체적 학대를 보도록 하기

과로시키기

성적 학대/태만

희롱하기, 접촉하기

빈정거리기, 농담, 비판, 빤히 쳐다보기, 곁눈질

앞에서 노출, 자위행위

서로 자위행위

오럴섹스, 항문섹스, 성교

손가락이나 물건을 삽입하기

옷을 벗기고 성적 체벌/관장

포르노 사진을 찍거나 보도록 강요

어린이끼리 서로 섹스 하도록 강요

수간하도록 강요

다른 사람의 섹스나 학대받는 것을 목격

성적인 "게임"

성적 "고문" - 그을리기 등

성(性)에 대해 가르치지 않음 - 성에 대해 단순하게 됨

사춘기, 생리, 몽정 등에 관해 이야기하지 않음

대리적 학대

학대의 특별한 형태로서, 이 경우에는 누군가가 특정한 방식으로 학대를 받고 있는 가정 또는 다른 체계의 일원이 그 희생자가 된다. 이 형태의 학대는 위에 언급된 여러 형태의 학대에 의한 것과 같은 상처를 받게 된다.

2) 완벽주의

완벽주의는 어느 가정에서나 흔히 일어나고, 가장 쉽게 부정되며 변명될 수 있는 것 중의 하나이며 또한 쉽게 잘못 이해되기도 한다. 이 완벽주의는 자신이나 다른 사람에 대한 비현실적인 기대를 포함하는데, 이것은 드러나게 비판하거나 얕보는 것 뿐 아니라 적당한 때에 눈살을 찌푸리고 내려다 보거나 야릇하게 쳐다보며 이해를 못하겠다는 식으로 히죽거리는 행동으로 드러난다.

"너 파티에서 당황했었지?" 아빠가 경멸하는 듯한 목소리로 아무 생각 없이 묻고는 "왜 당황했었어?" 라며 덧붙인다. 이것이 바로 덫이다. 아빠는 당황했었는지 정확히 알지 못하면서 왜 당황했는지 알고 싶어 하다니! 이 순간에는 무슨 말을 하든 이미 사정은 곤란해졌고, 무슨 말이 나오건 그것은 강하고 명확하다. "**우리** 집안은 당황하지 않는단다." 당신은 그 점에서 실패한 것이다. 당신은 기대를 저버린 것이다.

다시 빌의 예를 들어보자. 아빠와 함께 차를 고치며 일할 때 자동차 엔진에 대해 엄청나게 많이 배웠다. 13살에는 엔진을 분해했다가 조립하곤 했다. 하지만 그렇게 자동차와 씨름하고 난 주말이면 지나치게 "완벽"을 추구하는 아빠의 그 완벽주의 때문에 위가 꼬이며 무력감을 느끼곤 했다. 빌의 엄마에게 "빌이 오늘 일을 아주 잘 했어"라고 사실을 말하기 보다는 대체로 "글쎄, 빌이 차고를 깨끗하게 정리할 줄 알면 언젠가는 제대로 된 정비사가 될 수 있을 거야."라고 말한다.

우리의 의견으로 완벽주의는, 행복하지 않은 사람이 자신의 삶이 제대로 가고 있다는 환상을 붙잡는 방식이다. 완벽주의는 불행으로부터 자라나며, 끊임없는 비판의 서식지이다. 또 끊임없는 비판은 아이에게 무력감과 수치심을 깊게 새겨주는 가장 확실한 방법이다. 당신이 부모나 선생님 혹은 상사로부터 받았거나, 또는 당신이 당신의 자녀에게 하는 완벽주의적이고 비판적인 말들을 생각해 보라.

"수지! 왜 우유를 엎질렀니? 제대로 하는 게 없구나?"
"꼭 그 넥타이를 매야겠어요?"
"네가 큰 형 좀 닮았으면 좋겠다. 형은 말야…"
"A를 세 개 받고, B를 한 개 받은 것은 좋은데 이 C는 뭐냐?"
"왜 미술을 전공하려는 거니? 그걸로 돈을 어떻게 벌겠어?"
"왜 그렇게 했어?"
"너는 네 자신 밖에 모르는구나?"
"그런 식으로 세척기에 접시를 넣으면 안돼."
"너 좀 봐라, 엉망이구나."
"말이 되는 소리 좀 해라."

목록은 얼마든지 더 작성할 수 있다. 하지만 요점은 이미 나왔다. 끊임없는 비판과 완벽주의는 그렇게 비판하는 사람을 포함한 가족 모두에게 영향을 미치며, 수치뿐만 아니라 결국 비판하는 사람과의 거리를 멀게 만들어 우리를 불행하게 만들고, 우리가 느끼고 행하고 말하는데 선명하지 못하게 만든다.

비판적인 가정에서 자라난 사람은 결국 모든 메시지를 주관화하게 되어서 성인이 되어도 무의식적으로 그렇게 하게 된다. 내면의 작은 목소리가 언제나 이렇게 말하게 된다. "이것은 별로 좋지 않아. 제대로 하지 못했어. 네가 무언가 잘못했어." 그렇다. 무언가 잘못되었다. 우유를 엎질렀기 때문에 **내가 잘못된 건가? 내 존재 자체에 문제가?**

내 정체성에 문제가? 이해가 되는가? 이해를 할 필요는 없지만 실제 일어나는 상황이다. 그리고 아주 슬픈 일이다. 실수의 여지가 없는 것이다.

3) 경직된 규칙, 라이프스타일/또는 신념 체계

존재를 위한 오직 한 가지 방법만 있다. 그것을 할 수 있는 방법은 단 한 가지이다. 언제나 스스로를 제어할 수 있어야 한다. 그렇지 않으면 인생은 흔들릴 것이다. 엄청나게 많은 강박적 행동과 강박사고는 이러한 전제에 이어서 나타나게 된다. 선명한 신념과 가치를 갖는다는 것과, 그 신념에 노예가 되고 다른 사람에게 그 신념을 강요하는 것은 다른 것이다.

가정의 의례는 중요한 것이다. 그러나 강박적인 가정의 의례는 파괴적이다. 미국만이 유일하게 개인의 존엄성을 허용하는 존재인가? 교회나 종교만이 유일하게 영성에 대한 개인의 필요를 채워주는 것인가? 당신의 정치적 신념만이 유일하게 옳은가? 고교를 졸업하자마자 대학에 입학해야만 자신의 삶을 성공적으로 이끄는 길인가? 남자 아이들은 울면 안 되는 것인가? 여자 아이들은 엄마가 되어야만 만족 하는가?

지치고 피곤한 힘든 것이 문제가 아니라, 오늘 중으로 플로리다에 도착하기로 했으니 계속 운전해야 한다. 엄마가 피곤하거나 지친 것이 문제가 아니라, 집안이 깨끗해야 하기 때문에 청소해야 한다.

강박적이고 엄격한 의례는 삶의 자발성을 빼앗는다. 재미, 삶의 놀라움, 예측 불가능성 그리고 기적은 위험하고 위협적인 것으로 보이게 된다. 기쁨은 기계적 일상으로 대체된다. 행복은 활기 없고 따분한 라이프스타일로 대체되어 깔끔하고 단정하지만 공허하고 외롭다. 엄격한 가정에서 자라난 사람은 인간관계의 혼란, 친구 관계의 기복 그리고 사회적 관계의 통상적 예측 불가능성에 대해 보통 이상으로 힘들어한다. 그리고 성인이 되면 엄격하고 제어된 관계와 사회 체계에 대해 흑백 논리로 대하게 된다. 그러나 불행히도 삶이 언제나 그런 방식인 것이 아니다. 그리고 삶 가운데 예측하지 못한 작은 변화가 일어나면 그 상황을 받아들이지 못하고 무서워하고 속았으며 교묘히 당했다고만 느낀다. 충만하고 행복한 삶이란 그렇게 어쩔 수 없는 상황이 오더라도 받아들이며 나가는 것이기도 하다. 엄격하고 강박적인 가정에서 자라나면 그렇게 받아들이는 법을 전혀 준비하지 못한다.

4) "말하면 안 돼!"라는 규칙/"가정의 비밀"을 지키는 것

옛말에 "사람이 보는 곳에 빨래를 널지 말라."는 말이 있다. 기지와 분별력에 대해 말하고 있는 이 옛말이 역기능 가정의 슬로건이 되어 버렸다. 어느 지방 신문에 엉클 조(Uncle Joe)가 알코올 중독자라 알리는 광고를 한 면 가득히 내는 것은 너무나도 이치에 맞지 않을 것이다. 우리의 예가 너무 멀리 나갔는가?

역기능 가정에서 이 규칙은 "물에 빠졌을 때 도와달라고 소리치지 말라"는 것을 의미한다. 또 그것은 밤새 부모님이 돈이나 알코올, 친척의 일로 인해 심하게 싸우는 바람에 배가 많이 아픈 아이에게 학교에서는 언제나 웃어야 한다고 하는 것을 의미한다. 그리고 그것은 아이가 "가정의 비밀"을 외부에 누설함으로써 정서적 또는 신체적으로 매맞고 수치를 당해야 하기 때문에 결코 친구나 학교 카운슬러에게 고통을 나누어서는 안 된다는 것을 의미한다. 무엇보다 그것은, **우리 가정의 일은 우리 스스로, 우리 혼자 그리고 고립적으로 해결해야 한다고 믿으면서 자라나게 된다**는 것을 의미한다.

"스미스 부인에게 우리 문제에 관해 말하지 마세요."
"그것에 관해 말하고 싶지 않아요."
"우리는 가정에서 그런 일에 관해 말하지 않아요."

모두 그 감정을 안다. 무엇인가 가정에서 어긋났다. 누군가와 이 문제를 나누고 새로운 시각이 열리기를 원하지만, 자신 안의 작은 목소리는 이렇게 말한다. "그들이 우리의 일을 알면 우리보고 미쳤다고 할 거야." 또는 "어쨌든 그들은 우리를 믿지 않거나 이해하지 못 할 거야 아니면..." 이 규칙은 가족 체계를 완전히 폐쇄시키기 때문에 특별히 위험하고 파괴적이다.

샌디의 어머니를 기억하는가? 그녀가 익명의 단주모임에 참여하고 있는 남편을 둔 친구에게 말하려 할 때 남편이 심하게 위협하는 바람에 다시는 친구에게 말하지 못했었다. 극단적으로 표현하면 이러한 유형의 규칙이야말로 가장 악한 형태의 횡포이다. 조금 관대한 형태로는, 자녀로 하여금 무엇을 말하고 무엇을 말하지 말아야 하는지에 대한 가족의 규칙에 부합되지 않는 한 자신의 내면이 잘못되었다고 믿도록 만든다.

생리? "그건 그냥 하는 거야. 그것에 대해 말하지 마." 분노? "우리 가정에서는 서로에게 분노하지 않아." 그리고 가슴 속에는 이것은 옳지 않다고 말하는 묵직한 느낌이 남는다. "말하지 않으면 사라질 거야"라고 자신에게 말하지만 결코 그렇게 되지 않는다.

티나와 프랭크는 티나 안에 있는 것 때문에 완전히 미쳐서 폭발할 것 같았던 그 날까지는 서로 자신의 내면에 있는 것에 관해 이야기하지 않았다. 저명한 심리치료사 칼 로저스(Carl Rogers, 1973)에 의하면, 아무리 하찮은 것일지라도 **끊임없이 일어나는 감정**은 관계 속에서 표현되어야 한다. 그렇게 하지 않으면 쌓인 분노는 결국 파괴적이 되어서 더 이상 손을 쓸 수 없게 된다. "말하면 안 돼!"라는 규칙을 가지고는 결코 표현할 수 없다.

역기능 가정에서는 자신의 문제를 가족 내의 누군가와 나눠야 할지 고민할 것이다. 그러나 역기능 가정 체계 내에 있는 구성원끼리만 문제를 나누는 것은 아무 도움이 되지 못할 뿐 아니라 오히려 상처만 주게 된다.

역기능은 역기능을 낳는다. 가정 내의 누구도 해결책을 가지고 있지 못하기 때문에 문제의 수렁에 빠지게 된다. 이것은 마치 소경이 소경을 인도하는 것과 같으며, 무기력한 사람이 무기력한 사람을 돕지만 아무 도움이 되지 못하는 것과 같다. 누군가 체계를 깨지 않는 이상 이런 체계에서는 건설적인 변화가 일어나지 않는다. 아주 드물게 그 누군가는 음주운전 중에 사람을 죽이거나, 마약을 팔다가 잡히거나, 외도하다가 걸린 남편 또는 아내일 수도 있다. 무엇인가 "말하면 안 돼!"라는 두꺼운 벽을 부수지 않는 한, 신선한 공기가 이 체계 안으로 들어올 수 없다.

5) 식별 능력/또는 감정 표현의 결함

이것은 "말하면 안 돼!"라는 규칙과 가정에서의 비판과 통제의 부산물이다.

"착한 아이는 형제를 미워하지 않는다."고 들어 왔다. 그래서 형제에게 분노가 일어나면 어떻게 해야 할지 모른다. 분노는 규칙 밑으로 파묻힌다. 결국 슬픔, 상처, 두려움 그리고 수치 등의 여러 감정이 그 분노와 함께 따라서 파묻힌다. 성인인 우리는 가면을 쓰고 다니면서 적절하며 행복해지는 길이라고 **생각하는** 방식으로 행동하고 그런 느낌으로 표현한다. 그 대신 우리는 자신이 누구인지를 부정하는 것을 배우고, 자신이 느끼는 것을 부정하며 현실을 부정하게 되는 것이다. 이것이 아마도 우리가 계속 덫에 빠져 들어가면서 저지르게 되는 가장 큰 실수일 것이다. 자신의 경험에 대한 실제 감정이 인정하기에 너무 고통스럽기 때문에 그 경험으로부터 배우려 하지 않는다.

"맞아요. 곰덫에 걸렸었죠. 아시다시피 모든 곰덫이 나쁜 건 아니에요. 내 말은 곰덫이 없으면 갈 데가 없다는 거죠. 안전한 공원도 없고, 곰 가죽 융단도 없다고요." 발에 피가 흐르고 발목은 부서진 채, "아뇨. 그렇게 많이 아프지는 않아요. 그냥 다쳤을 뿐이에요."라고 말한다.

이 말이 억지처럼 들릴지 모르지만, 우리의 필요가 채워지지 않는 관계에 있을 때 우리가 어떻게 말하는지 생각해 보자. "그녀가 나를 다섯 번이나 바람 맞췄어요. 물론 이해해요. 그녀는 늦게까지 일해야 했거든요. 그녀는 자기 친구와 시간을 가질 필요가 있었어요. 그녀는…" 이런 상황에서 실제 감정을 인정하는 것은 고통스러운 현실 즉, 곰덫 때문에 발목이 부서져 무척 아프고, "그녀"는 착하지도 자신을 존중하지도 않는다는 것을 인정해야 한다.

가정에서 외로움을 느낀다는 것을 인정하는 것은 무엇인가 **문제**가 있다는 것을 의미한다.

"말하면 안 돼!"라는 폐쇄된 가족 체계에 있기 때문에 잘못된 것이 자기 자신인지 아니면 가족인지 알 방법이 없다. 더욱이 아주 현명해서 자신의 가족 체계에 문제가 있다는 것을 깨달아도, 의식적이든 무의식적이든 자신이 가족 체계의 일원이기 때문에 자신에게도 이미 틀림없이 문제가 있다. 그렇기 때문에 차라리 이렇게 말하는 것이 훨씬 더 쉽다. "내가 틀렸다" 또는 "내가 나쁘다", 또는 "내가 미쳤다." 그렇게 말하게 되면 이렇게까지 발전할 수 있게 된다. "이런 감정이 너무 싫다. 그냥 아프지 않은 척 할 거야. 그러면 아마 없어지겠지."

우리는 자신의 **현실**인 **감정**을 부정한다. 그리고 주변의 객관적 현실을 부정한다(아빠는 자주 화를 내지는 않았다, 정말로). 그리고는 주변에 괜찮아 보이는 조개껍질을 세우고 밖에서 보기엔 **대단해** 보이지만 그 안에서는 숨막혀한다. 우리 인간은 곰과는 전혀 다르게 지나치게 영리하다.

6) 삼각관계(Triangulation; 한 사람을 중개자로 하는 의사소통 방식)

이것은 가족 내에서 의사소통의 양식과 관련된다. 이렇게 하는 가족은 한 구성원을 메신저 또는 중개자로 세우며, 의사소통하기 원하는 가족과 직접 대화하지 않는다.

예를 들어, 방금 엄마와 아빠가 싸웠다. 아빠는 10살짜리 아들 바비(Bobby)를 통하면 엄마와 소통할 수 있다고 생각하고는, "바비, 엄마에게 가서 아직도 아빠한테 화났는지 물어볼래? 아빠가 한 말은 그런 뜻이 아니었으니 같이 저녁 먹으러 가겠냐고 물어보렴." 착한 작은 병사는 시키는 대로 한다. 엄마는 "바비, 아빠한테 가서 그 사람이 지구의 마지막 사람이라 할지라도 저녁 먹으러 같이 가지 않겠다고 전해라. 그리고 네 방으로 올라가 아까 말한 것처럼 청소해라."

바비는 착한 아이가 되려고 노력하고 있었다. 엄마와 아빠가 다시 하나 되게 하려고 했지만 엄마는 아빠를 향한 분노를 그에게 쏟아 부어서 그들의 일에 말려들었고, 그들의 결혼생활 문제의 일부가 자신의 것이 된 것으로 느꼈다. 그는 자신의 임무에 실패했다. 아빠를 실망시켰다. 일을 망쳤다. 또는 망쳤다고 느꼈다. 바비가 어떻게 느꼈는가하는 것만이 문제이다. 삼각관계가 가정에서 자리를 잡게 되면 의사소통이 껄끄러워지고, 가족은 자신의 문제가 아닌 문제에 빠지게 되며 특히 자녀는 부모의 힘겨루기의 인질이 된다. 당신이 누군가의 게임에 의한 인질로 오래 있게 되면, 나중에는 스스로에게 인질이 된다. 당신이 대상(object)이 된다. 당신은 다른 사람의 감정, 죄책감 그리고 무력감을 떠맡는다.

자녀와 어른 사이에서, 그리고 어른과 어른 사이에서 많은 삼각관계가 존재하는 가정에서 성장한 아이는 이것이 "정상"이라고 느끼고 믿게 되어서 성인이 되어도 같은 형태를 반복한다. "정상"이라고 느끼기 때문에, 역시 이렇게 의사소통하는 다른 성인에게 끌리게 된다.

사실, 이런 식으로 의사소통하지 않는 다른 사람을 만나게 되면 무엇인가 잘 못 되었다고 생각한다. 그래서 건강한 방법으로 의사소통하는 사람을 보면 수줍어하며 물러서고, 자신이 자라난 역기능 체계를 어떻게 하든지 다시 만들려고 한다. 이것은 모든 역기능 가정 형태에 포함된 한 가지인데, 사실이다.

7) 이중 메시지/이중 구속

토미(Tommy)는 아빠가 일을 마치고 집에 오시면 아빠에게 달려가 "아빠, 저를 사랑하세요?" 라고 묻는다. "물론이지 아들아" 라고 말하면서 신문에 머리를 박고, 저녁을 먹고, TV 앞에 앉아서 세 시간을 보낸 후에 잠자리에 든다.

벳시(Besty)가 잠자리에서 엄마에게 달려가 팔을 감고는 "사랑해요" 라고 한다. 엄마는 자라는 동안 가족 중의 누구로부터도 안겨보지 못했기 때문에 등이 뻣뻣해지고 몸이 긴장된다. 그러면서 "나도 사랑한단다 애야"라고 한다. 엄마의 이중 반응이 전혀 드러나지 않았기 때문에 벳시는 알아채지 못했지만 무의식적으로는 알 수 있었다.

이중 메시지는 일종의 "사랑해/저리 가"와 같은 것이다. "당신이 필요해/당신이 필요 없어", "네가 자랑스럽다/너 때문에 창피하다", "물론 우리는 너를 좋아해/조금 더 형처럼 될 수 없겠니?" 대부분 이중 메시지는 거의 드러나지 않는데, 그렇게 잘 드러나지 않을수록 그런 일이 있었는지 확인하는 것이 어려워진다.

우리가 상담했던 한 가정에서, 엄마와 아빠는 늘 그들이 얼마나 민주적이며 모든 아이를 평등하게 대하려 애쓰고 있는지에 대해 말했다. 그러나 그렇게 폐쇄된 가정 체계에 있기 때문에 실상은 그들이 말한 바와는 정반대였다. 큰아들은 "스타"였고, 둘째딸은 얌전하고 부끄럼을 잘 타는 소녀로서 학교에서는 좋은 성적을 받았지만 집 안팎에서 다른 사람과 사귀는데 어려움이 있었다. "문제아"이던 막내아들은 학교에서는 활개를 치고 다녔고 집에서는 문제를 일으키고 있었다. 집에서 군림하는 것처럼 보이는 아빠의 옆에 큰아들이 앉아 있었다. 엄마와 아빠는 큰아들이 이룬 것에 대해 신나게 이야기하고 있었다. 둘째 딸이 잠시 그 옆에 앉았는데 엄마와 아빠는 딸에 대해서는 덜 신나게 이야기했다. 그들은 딸이 "조용한 아이"라고 했다. 막내아들이 얼마간 우리 사무실의 벽에 기대 서있었는데 모두 유머로 생색을 내듯이 이구동성으로 그에 대해 말하며 웃었다. "저 아이는 우리 집의 매력덩어리 면서 문제아야."

"우리는 애들을 잘 키운 것 같습니다. 아이들을 모두 똑같이 대해줘요."라고 아빠가 말했다.

이 가정에서 실제로 일어난 일은, 큰아들이 언제나 아빠처럼 대해졌다는 것이다. 그에게는 모든 힘과 영광이 주어졌다. 둘째딸은 꼭 엄마처럼 대해졌다. 조용하고 부끄럼을 잘 탔으나 전혀 힘이 없었다. 막내아들은 장난감처럼 여겨졌으며, 집안에 있는 실제 역기능과 아빠의 편애에 눌려있는 가족의 실제 긴장을 잘 드러내고 있었다. 물론 여기에서의 이중 메시지는 "우리는 너희를 모두 똑같이 대한단다. 우리는 누구도 똑같이 대하지 않는단다." 이다.

어느 가정이나 두 아이가 똑같을 수는 없으며, 각자 자신의 개성을 계발하게 되며 또 그렇게 해야 한다. 그러나 한 아이가 그 가정의 모든 힘과 집중을 모으거나, 배우자 중 한 사람이 모든 힘을 지니게 되면 역기능적이 된다. 이런 가정에서 평등하다는 생각은 독재적인 남편이나 아버지 그리고 그에 동조한 어머니에 의해 저질러진 허무한 공상이었을 뿐이다.

8) 놀이를 하거나 즐기지 못함

이것은 역기능 가정의 성인 아이에게 나타나는 핵심적인 특징 중의 하나이다. 예를 들면, 알코올 중독이 되는 사람 중의 많은 수가 지나치게 "재미를 추구하거나 무책임"하게 보이지만, 사실은 강박적이거나 중독적인 가정에서 자랄 때 이 세상은 살기에 너무도 심각했었기 때문이다. 우리는 언제나 쇠진해지기 직전이다. 우리는 언제나 단순히 내가 누구인가를 받아들이기 보다는 내가 무엇을 하는가를 통하여 자신의 가치를 증명하려고 한다.

프랭크도 이런 문제가 있었다. 그는 "열심히 일했고 열심히 놀았다", 하지만 그의 놀이는 매우 조직적이고 경쟁적이었다. 놀 수 있다는 것은 곧 "내버려 둘" 수 있다는 것을 의미하고, 내버려 둘 수 있다는 것은 심지어 바보 같은 실수를 할지라도 괜찮다고 신뢰할 수 있다는 것을 의미한다. 제대로 놀면서 바보처럼 되지 않기는 쉽지 않은 일이다.

애니타처럼 자랄 때 "작은 부모"의 역할을 했거나, 샌디처럼 집은 무섭게 폭력적이고 혼란스럽지만 학교에서는 "남부끄럽지 않게" 보이기 위해 많은 에너지를 쏟았던 아이에게는 자연스러운 웃음과 유머가 가장 어려운 일이다. 건강한 가정에서는 편안히 놀 수 있으며 안정감을 느낄 수 있다. 무엇인가를 다 쓰고 나면 누군가 확실하게 그리고 부드럽게 채워줄 것이다. 그러나 건강하지 않은 가정에서는 비록 건강하게 놀기 시작하지만 끝날 즈음에는 반드시 누군가가 신체적이나 정서적으로 상처를 받게 된다. 아무도 언제 끝내야 할지 알지 못한다. 언제나 만족하지 못한다. 유머는 자주 상처를 입히고 만다. "내버려 두면" 혼란으로 치닫는다. 경계와 한계는 존재하지 않는다. "축구하자"는 "누가 더 잘하는지 보자"로, "레슬링하자"는 "누군가를 괴롭히자"로 바뀐다. 또 "가볍게 사귀어도 돼"는 "바람피우고 싶다"로 바뀐다.

위에서 언급한 다른 것과 마찬가지로, 놀이와 자발성의 문제도 역기능 가정에서 극단적인 형태로 나타난다. 즉, 온 가족이 매우 심각하고 시무룩해서 그런 것이 전혀 나타나지 않든지 아니면 온통 혼란과 상처가 되든지 둘 중의 하나로 나타난다. 진부하게 들릴지 몰라도 건강하지 않은 가정에서 성장한 어른에게는 중간 지대를 발견하는 것이 가장 힘든 일이다.

9) 부적절한 행동/고통에 대한 과도한 관용

이것은 우리가 어떻게 어릴 때 성인(saint)이나 순교자가 되며, 성인(成人)이 되어서는 어떻게 성인(Saint)이나 순교자로 남으려 애쓰는지 말해 준다. 이것은 우리가 어릴 때 경계 침범과 정서적, 신체적 학대로부터 자신을 지키기 위해 감정을 부정하는 것을 배우면서 생성된다. 또 이것은 부모 중 한 분 또는 두 분이 계속해서 필요를 채워주지 않으려 하는 것을 보면서 생성된다. 그리고 이것은 다른 사람이 가장 중요하다고 하는 종교적 또는 문화적 규칙에 의해 생성된다. 또 이것은 일을 너무 많이 하거나, 너무 많이 마시거나, 남을 너무 많이 돕거나, 너무 많이 먹거나, 너무 소리를 많이 치거나, 너무 거짓말을 많이 하거나, 조깅을 너무 많이 하거나 심지어는 너무 많이 노는 삶을 살았던 부모님의 자아 파괴적인 모습을 보면서 생성된다.

오랫동안 다른 사람을 먼저 챙기면서 자기 부정(self-denial)과 감정을 부정해 온 사람은 "아이쿠" 하기 전에 그렇게 잘 인내하는 자신에 대해 자부심을 갖는다.

"엄마가 그렇게 늘 당신을 비난하는 것이 괴롭지 않니?"라고 건강한 친구가 물으면 잠시 머뭇거린 후에 "아니, 엄마는 너무 힘들게 사셨어. 나는 엄마가 왜 그러는지 이해해"라고 대답한다. 엄마가 왜 그러시는지 이해하는 것은 좋다. 하지만 날이면 날마다 당신 자신을 그렇게 학대에 매이게 하는 것이 건강한 것인가? 그 학대 때문에 수년 동안 한 사람에게 무슨 일이 일어났는가? 대답은 정말 간단하다. **그것을 통해서 우리는 자신의 가치를 떨어뜨리고, 자신을 학대하는 것을 배운다.**

많은 가정에서, 적절하지 않은 행동에 대한 관용만 배우는 것은 아니다. 많은 신체적 고통을 참아내는 것도 배운다. 한 친구는 어릴 때 만성적 중이염을 앓았는데, 그의 가족이 워낙 혼란스러운 가운데 있어서 거의 병원 치료를 받지 못했었다. 아빠는 전형적인 "사나이 다운(macho)" 남자였고, 자주 이렇게 말하곤 했다. "빌리, 괜찮아. 잘 참아보거라." 엄마는 보다 동정적이었지만 워낙 스트레스를 많이 받고 계셨기 때문에 적절하게 돌봐주시지 못했었다. 엄마는 거의 모든 시간을 아빠와 그녀가 말하는 "친밀함" 때문에 싸우셨다.

그래서 빌리는 고통을 참는 것을 배우게 되었고 점차 그렇게 참을 수 있는 "힘"을 자랑스럽게 여기게 되었다. 그가 성인(成人)이 되었을 때 많은 사람이 그가 고통을 참는 것에 감동을 받았다. 빌리가 36세에 암으로 죽기까지 누구도 그것이 건강치 않은 것이라고 생각하지 않았다. 그러나 빌이 18개월간 증상으로 고통스러워하다가 의사에게 진찰을 받으러 갔을 때는 이미 너무 늦고 말았다. 그는 3개월 후에 죽고 말았다.

다른 사람의 많은 부적절한 행동을 참아야 한다고 배우며 자란 사람은, 현재의 대인 관계에서도 어린 시절을 재연하고 있는 자신을 발견하게 된다. 상대가 계속해서 거짓말을 하거나 신체적으로 상처를 주거나 혹은 무자비하게 비난하는 학대받고 속는 관계를 맺게 되고, 또 그런 사람으로 머무른다. 그러면서 그들의 행동에 대해 너그러이 봐주면서 자신이 얼마나 너그럽고 참을성 있는지 스스로 자랑스러워한다. 우리는 자신이 다른 사람에 비해 나은 사람이라고 믿기 시작하는데, 이는 자신이 학대하는 사람만 자신의 삶 가운데 들어오도록 허용하기 때문이다.

"인생이 별거야(Life is bitch and the you die)? 라는 유행어가 우리의 신조가 되었다. 우리가 기도는 많이 하지만, 파괴적인 관계를 없애는 데는 아무 것도 하지 않는다. 그 사람이 오늘은 변할까 희망하며 다른 사람을 변화시키려 노력하지만 저절로 변하는 것은 거의 없다.

컵이 가득 찬 사람이 학대받고 속는 관계를 만나게 되면 어떻게 할까? 9살 난 우리 아들이 가장 적당한 표현을 했다. 영화 "컬러 퍼플(The Color Purple)"이 처음 상영되었을 때 나는 아들과 두 딸을 데리고 영화를 본 적이 있다. 그날 저녁 주방에서 그 영화에 대해 이야기할 때 데이비드가 잠시 일어서더니 심각하게 물었다. "그 여자는 왜 떠나지 않았어요?" 바로 그것이 컵이 가득 차 있는 사람이 하는 행동이다. 그들은 그냥 떠나 버린다.

10) 밀착(Enmeshment)

밀착은 가족 체계 이론에서 나온 용어이며, 실제로 경계선 정의에서 문제가 되는데, 오늘날 일반적으로 사용되고 있기 때문에 그 자체로 가치 있는 논의라고 생각한다.

간단히 말해서 밀착은 뒤죽박죽 엉킨 것이다. 누군가가 다른 사람과 밀착되어 있으면, 그 사람의 정체성의 끝은 어디이며 다른 사람의 정체성의 시작은 어디인지 분간하는 것이 거의 불가능하다. 나의 문제가 당신의 문제가 되고, 당신의 문제가 나의 문제가 된다. 나의 불행에 대해 당신을 탓하고, 당신의 불행에 대해 나를 탓한다. 당신에게 말하거나 무슨 말을 듣기 전에는 한 발자국도 움직일 수 없다.

밀착된 가정에서, 온 가족은 서로의 일 "속으로" 들어간다. 밀착된 가정에서는, 다른 가족에게 알리지 않고는 화장실에도 들어갈 수 없다. 삼각관계(Triangulation)는 밀착된 가정에 만연한다. 모두들 목이 잘린 닭처럼 이 사람 저 사람을 찾아 "소식을 퍼뜨리고", 문제를 해결해 보려 하고, 삶에 대해 말하면서 분주히 뛰어다닌다.

아무도 자신만의 정체성이 없다. 구분도 없다. 명확한 경계도 없다. 무수한 정서적 근친상간만 있다. 누구도 자신의 삶에 대한 책임감이 없다. 누구도 평화롭게 살도록 허용되지 않는다. 누구도 스스로의 잘못을 통해 존엄성을 배우도록 허용되지 않는다. 모두가 서로에게 엉켜 있기 때문에 누군가가 우울해지면 온 가족이 우울해지거나, 그것을 보상받으려 흥분한다. 또 누군가가의 기분이 들뜨면 모두의 기분이 들뜨거나 아니면 침울 또는 우울해진다.

우리는 마치 항상 변하는 바다 물결을 따라 움직이는 뗏목을 함께 타고 있는 것과 같다. 끝이 없는 감정과 문제의 사슬에 매여 있는 한 크고 행복한 가족이 상하, 좌우로 흔들리며 간다.

주(NOTE)

앞서 말했듯이, 불행한 성인(成人)으로 이끄는 가정의 특성을 묘사하는 방법은 많이 있다. 우리는 우리의 범주를 통하여 당신으로 하여금 기본적인 개념을 갖기를 바란다. 우리가 기억해야 할 가장 중요한 것은, 당신이 자신의 감정과 가족사를 가지고 살아가는 것이다. 자신의 경험을 다른 사람과 나누는 것이 매우 중요하기도 하지만, "왔다 갔다" 증후군을 피하는 것이 또한 매우 중요하다. 다른 친구와 비교할 때, 자신의 어린 시절이 비참했다는 것이 사실일 수 있다. 그러나 바로 가까이에, 당신과 비교할 때 그 삶이 더 비참한 그 누군가가 기다리고 있다는 것 또한 사실이다. 이 모든 것의 역설은, 우리가 자신의 삶을 다른 사람과 나눌 필요가 있다는 것과, 다른 사람과 구별된 개인으로서 우리 자신을 정의내릴 필요가 있다는 점이다. 가족사와 감정 계발의 세계에서, 동등하게 창조된 사람은 아무도 없다. 최소한, 겉으로는 삶은 공평하지 않다. 당신 자신을 평가하라. 그리고 친구들로 하여금 스스로를 평가하도록 하라.

에피소드

9. 거위 이야기

　옛날 옛적 북부 미네소타(Northern Minnesota)라는 곳에 작의 마을 외곽에 있는 조용하고 작은 연못에 거위 가족이 살고 있었다. 거위 씨(Mr. Gander)와 거위 부인(Mrs. Goose) 그리고 새끼들은 호수에서 많은 시간을 보냈고, 이웃인 비버 씨(Mr. Beaver)와 아비새(Loon)부부와도 즐겁게 지냈다.

　바람이 잦아들고 햇볕이 따스한 어느 오후에 모두 비버 씨의 집 근처에 모여 아이들과 앞으로 닥쳐올 겨울 지내기에 대해 이야기하고 있었다. 평범한 미네소타 주민과 마찬가지로 날씨가 항상 모든 대화에 최우선했다.

　"날이 참 덥죠, 거위 부인?" 아비새 씨가 묻자, "네, 정말 그렇네요." 라며 거위 부인이 더운척하며 대답했다. "글쎄, 난 잘 모르겠지만 이런 날씨를 좋아해요." 비버 씨가 담뱃대를 물며 말했다.

　거위 씨는 한 쪽 귀로는 그들의 이야기를 들으면서 연못을 바라보고는 그 동안의 삶이 얼마나 멋졌는지 생각했다. 그의 자식들은 생각보다 빠르게 자라줬고, 모두 함께 몇 달에 걸쳐 남쪽으로 떠날 여행까지 생각하고 있었다. 그리고 긴 여행을 마치고 오면 미네소타의 길고 추운 겨울이 이미 지나가고 난 다음이라는 데까지 생각이 흘러갔다. 그

Episode

는 이 땅을 사랑했다. 이런 어른들의 대화가 계속되는 동안, 세 마리의 거위 새끼는 연못 중앙에서 나와 수면을 스치고, 발을 빨리 저으면서 처음으로 날기를 시도했다. 그 중에 누구도 오늘은 날기에 성공하지 못했지만 곧 충분히 날게 될 것이다. 막내 거위가 형과 누나에게 말했다. "알다시피 지난 며칠 동안 기분이 별로 좋지 않았어. 속이 조금 메스껍고 머리가 좀 아팠어."

"그래, 이번 겨울의 남쪽 여행 때문에 염려하고 있구나. 아무튼 먼 길이 될거야."라고 누나가 말했다.

"그래, 너는 날아보려고 열심히 했어. 잠시 엄마와 아빠에게 가서 쉬지 그래?" 형이 덧붙였다.

막내 거위가 인상을 찌푸리며 말했다. "모르겠어. 뭔가 잘못 됐나봐. 날개 끝을 세울 수가 없어. 뭔가 잘못된 게 틀림없어."

"이런 바보!" 형과 누나가 한 목소리로 말했다.

막내 거위는 부모가 있는 곳으로 헤엄치기 시작했다. 부모에게 도착하기 전에, 왼쪽으로 방향을 바꾸어 해안 낭떠러지의 작고 후미진 곳으로 들어갔는데, 거기에는 부들과 수선화가 즐비하게 피어 있었다. 그 때 특별한 냄새가 나면서 두 마리의 죽은 물고기가 물 위로 배를 드러낸 채 떠 있는 것을 보았다. 순간 막내 거위는 이 연못에 문제가 있는 것이 아닌지, 그래서 자기 배가 아팠던 것은 아닌지 생각했다. 그리고

그 곳을 나와 발을 저어서 부모, 비버 씨 그리고 아비새 부인이 있는 곳으로 갔다.

"엄마, 아빠. 이 연못에 문제가 있나 봐요. 뭔가 있어서 제 배가 아픈가 봐요." 그들의 눈을 바라보면서 자기가 발견한 것에 그들이 관심이 있다는 표현을 하면서 자신을 인정하고 자랑스러워하기를 희미하게나마 기다렸다.

그 대신 거위 부인이 투박하게 말했다. "이 바보 같은 녀석! 그게 무슨 소리냐? 넌 가끔 아주 쓸데없는 소리를 한다니까."

실망스러웠지만 여전히 희망을 가지고 아빠를 쳐다봤다. "그래 얘야, 넌 가끔 이상한 말을 하더구나."

"바보 같은 거위" 라며 비버 씨와 아비새 부부가 한 목소리로 말했다.

그것이 막내 거위의 참을 수 있는 한계였다. 기분은 상했지만, 어른 거위처럼 되고 싶어서 머리를 높이 쳐들고는 천천히 돌면서 이렇게 말했다. "나도 그렇게 생각해요." 그리고는 멀리 헤엄쳐 갔다.

그날 저녁 부모님과 형, 누나는 모두 즐겁게 웃으면서 막내 거위의 "발견"에 대해 말했다.

"내 기억에 우리는 매년 봄마다 이곳에 왔었어." 거위 씨가 말을 꺼냈고, 거위 부인이 이렇게 덧붙였다. "그런데 우리가 여기에 온 이후로 아무도 그렇게 아프진 않았어."

"알았어, 알았어요. 이제 충분히 됐어요." 막내 거위가 소리쳤다.

며칠 동안 모두 그 사건을 잊었고 모든 것이 일상으로 돌아갔다.

약 2주 후에 막내 거위가 다시 아프기 시작했는데, 지난번의 일 때문에 누구한테도 그 일에 대해 말할 생각도 할 수 없었다.

처음에는 무엇을 해야 할지 잘 알지 못했다. 전의 그곳에서 더 많은 물고기가 죽은 것을 보았고, 같은 냄새를 맡았다. 그 다음에 연못의 다른 곳도 가 보았는데, 비슷한 일이 벌어지고 있었다. 죽은 물고기 몇 마리가 여기저기에 있었고 이상한 냄새와 약간의 두통 그리고 속이 메스꺼웠는데 그것이 좀처럼 사라지지 않을 것 같았다.

그 즈음에 막내 거위는 날 수 있었고, 비록 약하다고 느끼고 있었지만 아버지가 자신의 형제에게 세웠던 규칙을 깨기로 결심하고는 연못의 가장자리를 지나 멀리 날아갔다. 점점 높이 올라가면서 멀리 큰 호수가 있는 것이 보였는데 거기에는 많은 거위, 오리 그리고 아비새(loon, 역자 주: 물새의 일종)가 있었다.

몇 분 후에, 막내 거위는 저녁노을을 즐기면서 이러 저리 수영하고 있는 많은 거위 떼로부터 약 50야드 떨어진 호수의 수면에 평화롭게 내려앉았다. 부모님이 호수를 떠나지 말라고 했었고 이 거위들은 낯설었기 때문에 처음에는 주저했지만, 그들은 매우 친절했고 그들의 대화에 참여하도록 초대했다.

그들이 말하기 시작하자 곧 막내 거위는 최근에 자신에게 있었던 일을 말했다. 그가 말하자, 그 중에 가장 나이 많은 거위가 매우 심각해했다. 그의 얼굴이 잠시 찡그려지더니 갑자기 미친 듯이 소리 지르기 시작했다. "얘야, 네가 정확히 어디 산다고 했지?" 막내 거위에게 물었고 막내 거위는 "거위 날개 짓으로 몇 분 걸리는 거리에요" 라고 대답했다. "버려진 농장 뒤의 호수에요." 그러자 나이 많은 거위가 더욱 크게 소리쳤다.

"너는 지금 당장 집으로 돌아가서 가족과 그곳에 사는 모든 이에게 경고해라. 그 연못에는 독이 가득하다. 나를 믿거라. 우리도 전에 그곳에서 살았었어. 그리고는 얼굴에 슬픈 기색을 띠며, "내 두 아이를 그 연못에서 잃었단다."

막내 거위는 지체하지 않고 부모님이 헤엄치고 있는 곳까지 단숨에 날아갔다.

"엄마, 아빠!" 소리 질렀다." 내가 이 연못을 떠나면 안 되는 줄 알지만, 어디를 다녀와야 했어요. 몸이 아팠고 또 궁금하기도 했었어요. 이 근처의 호수에 있는 다른 거위에게 말했는데 그 중에 가장 나이 많은 거위가 이 연못에 독이 있고 그 때문에 자식을 둘이나 잃었다고 했어요. 당장 여기를 떠나야겠어요." 아주 흥분해서 말을 했다.

거위 씨는 엄한 표정으로 아들을 보고 말했다. 우리 모두가 겨울을

Episode

지내기 위해 남쪽으로 떠날 때까지 이 연못을 떠나지 말라고 네게 말했다. 너는 우리의 가장 중요한 법칙을 어겼다. 네게 많이 실망했다. 이제 둥지로 가서 네게 말할 때까지 거기에 있거라."

막내 거위는 마음이 아팠고 무서웠다. 어떻게 해야 할지 몰랐다. 가족을 사랑하고 좋은 거위가 되기를 원했지만, 가족이 죽는 것은 원치 않았다. 막내 거위가 둥지에 거의 도착했을 때, 다시 돌아서서 하늘을 치켜보고 나이 많은 거위의 말을 떠올리며 큰 호수를 향해 날아갔다.

막내 거위는 죽는 것보다는 사는 것을 택했지만, 너무나도 슬퍼서 4일 내내 울었다. 큰 호수의 거위 식구들이 그가 올바른 결정을 내렸다며 위로했지만, 여전히 내면 깊이 고통을 느꼈다. 낯선 거위들과 함께 지내기보다는 가족과 함께 죽는 게 낫겠다고 생각하면서 몇 번이나 일어나서 그 연못으로 돌아가려 했지만, 그 때마다 마음 속 깊은 곳으로부터 그곳에 있으라는 소리가 들려왔다.

그리고 나서 일이 벌어졌다. 그가 집을 떠난 지 3주 후에 한 마리 새끼 거위가 호수를 향해서 날고 있는 것을 보았다. 막내 거위의 눈은 그 거위에 고정되었고, 그것이 형이라는 것을 알았을 때는 가슴이 뛰었다. 그의 형도 아프기 시작했다. 그 동안은 거위 씨의 큰 날개 깃 안에 있었지만 마침내 막내 거위와 함께 하기로 결심했다. 3일 후에 누나가 그들과 함께 하게 되었고, 1주일이 지나서 거위 부인이 그렇게 했다.

　마침내 1주 후에 거위 씨가 속이 아프고 관자놀이가 흔들리며 머리가 아파서 큰 호수에 있는 가족에게 합류하게 되었다.
　그들의 입장에서는 많은 용기가 필요했지만, 일단 새로운 집에 정착이 되자 거위 부부는 모든 물새의 모임을 소집했다.
　호수 위로 침묵이 흐를 때 거위 씨는 날개로 막내 거위를 감싸 안고 말했다. "이 아이가 나의 막내 아이입니다. 잠시 동안 나는 이 아이가 못되고 이기적이며 바보 같은 녀석이라고 생각했었죠. 하지만 그렇지 않았습니다. 우리가 바보 같은 거위였습니다. 그리고 이 막내가 우리를 구했어요. 이 아이가 자랑스럽습니다."
　눈물이 거위 부인의 부리에 떨어졌다. 그것은 자부심과 안도와 감사의 눈물이었다. 모든 오리, 아비새 그리고 거위가 큰 호수에서 가장 큰 소리로 소리치고, 목소리를 높여서 부르면서 그의 용기, 지혜 그리고 힘을 축하하기 시작할 때 막내 거위의 마음은 따스함으로 가득 채워졌다.
　겨울에 그들 모두는 남쪽으로 함께 떠났고, 봄에 그 큰 호수로 돌아왔다. 그들은 그 큰 호수가 맑고 안전하며, 친구들은 모두 진실하고 새끼들이 건강하고 강하게 자라날 수 있는 것을 알기 때문에 물새들과 함께 하는 것에 기뻐했다.

제3부 _ 내게는 무슨 일이 일어나는가

"사람은 인생의 다른 시기에 다른 사람이 되는데, 이는 용기를 내야하는 의지의 노력에 의해서가 아니라 매 십년마다 또는… 자연스럽게 변하게 된다. 사람이 시간의 흐름에 따라 이 방에서 저 방으로 옮겨지지만 그 방들이 한 집에 있는 것과 같이, 사람은 처음부터 끝까지 같은 사람이라고 생각한다. 만일 우리가 먼 과거의 방을 열면 우리 자신이 지금의 당신과 내가 되기 위해 그렇게 매진했었다는 것을 볼 것이다."

J.M Barrie, 「피터 팬」 초판 머리글에서

Adult Children

내게 무슨 일이 일어나는가?

10. 부정(The Denial)

"아무 도움도 필요 없어. 나 혼자 해결할 수 있어요."

"결혼생활 문제? 우리는 아무 문제도 없어요. 죠지(George)는 최근에 스트레스를 많이 받아서 지쳐 있을 뿐이에요."

"우리 가정에는 알코올 중독이라고는 전혀 없어요. 다만 할머니가 브랜디를 조금 좋아했지만…"

NBC 방송국의 "토요일 밤의 생방송"(Saturday Night Live)의 창의적인 스타 중의 한 사람인 마틴 쇼트(Martin Short)는 그 프로를 위해 발전시킨 인물들 중의 하나인 방어(defensiveness)와 부정(denial)의 전형적인 인물의 모습을 연기했다.

알코올 중독에서 회복 중에 있는 사람은 그 중의 한 사람이 쇼트의 연기를 심각하게 재연하면 매우 재미있어 한다.

"나도 알고 모두 그것을 알지. 내가 그것을 모른다고 생각하면 진짜 바보야. 난 그렇게 방어적이지 않아요. 오히려 당신이 방어적인데요. 나는 방어적이지 않아요."

부정(denial)은 우리의 현실이 너무 고통스러워서 의식 깊은 곳으로 들어갈 수 없기 때문에 우리 자신을 보호하기 위한 방법의 한 가지이며, 어떻게 사용하느냐에 따라서 건강한 방법일 수도 있고 건강하지 않은 방법일 수도 있다. 엄청난 재앙을 만났을 때는 잠시 동안 부정 상태(state of denial)에 들어가는 것이 적절하다. 그것은 마치 보호 방패를 드는 것과 같아서 나중에 우리의 자아가 비극을 이해할 수 있을 때 서서히 내려놓는다. 가까운 사람이 죽을 때, 집이 완전히 불탔을 때, 그리고 불치병에 걸렸다는 것을 알게 될 때 우리는 그 사실을 부정한다. 우리의 심리적 상처가 치유되기 시작하면서 우리는 점점 더 많은 사실을 현실로 받아들이고, 마침내 어느 날 우리의 남은 삶을 살아갈 준비가 된다.

역기능 체계에서 우리를 강타하는 재앙은 계속적으로 영향을 미치며, 부정은 극단적인 상황에서만 사용되는 보호 장치가 아니라 오히려 살아가는 방식이 된다. 역기능 체계에서의 고통스러운 삶은 갑자기 죽는 것이 아니라 그 반대로 천천히 고문을 당하는 것과 유사하다. 날마다, 해마다 그리고 매 십 년마다 우리는 점점 더 깊은 부정, 방어, 고립 그리고 공허의 껍질 속으로 기어 들어가는데, 이것은 누군가가 우리의 내면에서 일어나고 있는 것을 알게 될 것이라는 생각에 수치심과 당혹감으로 달아올라 있기 때문이다. 그것이 폐쇄적이고 내파적(內破的, implosive)이며 심지어는 자아 파괴적이기도 한 역기능 체계의 본성이다. 그런 의미에서 그것은 몸 안의 악성 종양과 같다.

부정(denial)은 또 아주 교묘해서 발견하기 어려울 때도 있다. 실제로 술이나 코카인 사용을 완전히 끊은 사람 중의 많은 수가 여전히 자신의 그런 질병에 대해 거의 완전히 부정한다. 그렇지만 현재 일 중독, 마약 중독 또는 관계 중독과 싸우고 있으면서도 아직 그 중독에 영향을 받고 있다고 말하는 사람도 분명히 있다.

그들은, "나는 부정하지 않겠습니다. 나는 알코올 중독자 맞습니다. 내가 어떻게 부정하겠습니까?"라고 말한다.

그럼, 당신은 어떤가? 눈을 열어서 봅시다. 당신의 삶에 계속 남기고 있는 파멸의 흔적을 보라. 공허하고 절망적인 관계를 보라. 당신이 대하는 방식 때문에 고통스럽게 씨름하는 배우자와 자녀와 친구를 보라. 그들은 당신을 사랑하지만 또한 미워한다. 그들은 당신과 함께 있고 싶지만 또한 당신을 두려워한다. 그들은 이런저런 종류의 중독자가 되고 있다.

우리 모두는 부정한다.

우리는 새 집을 사고, 아이를 더 낳으며, 새 도시로 이사하고, 위스키에서 맥주로 바꾸어 마시거나 다른 많은 무의미하고 쓸모없는 수단을 통해 "바로 잡으려고" 애쓰지만, 그런 것이 우리가 꿈꿔오던 것이 아니란 것을 인정하기까지는 아무 것도 더 나아지지 않는다. 그리고 중독 체계 안에 있는 사람은 세상이 모두 알고 있는 것 이외의 것에도 중독현상을 보인다.

엄마는 발륨(Valium, 신경안정제)을 복용하는 "확인된 중독자"일 것이다. 하지만, 그 체계 안에 한 동안이나마 같이 있었다면 당신도 역시 일종의 중독에 걸려 있다. 중독은 중독을 낳는다. 우리는 사랑하는 사람의 자아 파괴적인 중독에 관해 변명을 하는데, 이는 그 속에서 우리가 함께 같은 문제로 씨름하고 있기 때문이다. 단지 다른 사람을 손가락질 하는 것이 보다 안전할 뿐이다.

더욱이, 이미 어린 시절에 부정하는 법을 배웠고, 그것이 성인이 되어서도 몸에 배어있기 때문에 처음부터 코카인 중독, 성 중독 또는 TV 중독에 빠지는 것이다.

우리에게 어떤 일이 일어난 것을 마침내 깨닫게 되었지만, 그것이 어떻게 일어나게 되었는지 알 수 없는 것이야말로 부정의 일종이다. 건강도 그래프의 상위 5%에 속하며 모든 일을 잘 처리하는 정말 건강한 어느 여인의 예를 보자. 그녀는 유능해 보이는 남성과 데이트를 한다. 그 남성은 데이트 때문에 점잖은 행동을 한다. 그에게는 코카인 사용의 문제가 있지만 결혼을 생각하고 있는 그녀 앞에서는 거의 사용하지 않는다. 사실은 다른 사람과 있을 때보다는 그녀와 있을 때 덜 사용한다. 하지만 우리가 잘 알듯이 코카인 중독은 얼마나 많이 사용하느냐의 문제가 아니다. 그것은 훨씬 더 깊어진다. 코카인 중독이 진행되면서 다른 모든 것을 놓치고 있다는 것을 의미한다. 또 그것은 우리의 컵이 전혀 채워지지 않았다는 것을 의미한다. 생각해 보라. 건강한 여성이라면 무언가 잘못 되었다는 것을 곧 알아차리지 않겠는가? 물론 그녀는 알아차렸다.

맷슨 씨! 그것은 기본입니다. 그녀는 몇 번의 데이트 후에, 그와 함께 있는 것이 즐거운 것을 알게 될 것이다. 말로 표현하기는 어려워도 중요하지 않다. 건강하게 살면서, 오래 전에 사람에 대한 자신의 직감(gut feelings)을 신뢰하는 것이 몸에 배었다. 그녀는 그가 친밀한 대화를 할 때에 불편해 하거나, 의외로 기분이 많이 흔들리거나, 지워버린 것처럼 보이는 삶의 파편들이 드러나거나 또는 무언가 희미한 단서가 있는 것을 알게 될 것이다.

그녀가 정말로 건강하다면 곧 바로 뒤로 물러서지는 않겠지만, 자신의 과거 경험으로부터 배운 대로 직감이 말할 때까지는 충분히 관계를 자제할 것이다. 그녀가 10대 후반 또는 20대 초반에 이런 관계에 빠졌었고 결국 상처를 받기도 했었다. 하지만 건강하고 정서의 컵이 가득 채워져 있었기 때문에 사랑에 절망하지 않고 헤쳐 나올 수 있었다. 물론 한 동안 상처 때문에 아파했지만 세상이 끝났다고 여기지는 않았다. 그리고 가장 다행이었던 것은 그녀가 끊임없이 부정하는 태도를 취하지 않았고 그 때문에 그 경험으로부터 배우게 된 점이다. 그것이 가장 비극적인 부분인데, 부정하는 태도는 우리의 잘못으로부터 아무 것도 배우지 못하도록 가로 막는다.

그래서 그녀는 기다리면서 지켜본다. 조만간 그에게 잠재되어 있는 의존성이 드러날 것이다. 그는 그녀를 "붙잡기" 원할 것이다. 그녀를 소유하기 원할 것이다. 코카인으로 가득 채워져 왔던 쓸모없는 공허감을 대신 채우기 위해 언제나 그녀를 붙잡아 두기 원할 것이다. 그녀와 결혼하려 할 것이고, 더 많은 시간을 함께 보내려 할 것이다. 아니면 자신이 원하는 것을 채워주지 않는 벌로 이유도 없이 한동안 멀리 떠나 있을 것이다. 그는 이제 "아슬아슬"하게 되고, 관계는 건강하고 서로 존경하는 대신 체스 게임처럼 될 것이다.

결국 그는 큰 실수를 범하게 될 것이다. 화가 나서 토라지고 분노를 토하며, 생각지도 못했던 상황에서 떠들어대다가 그녀가 눈치 채게 될 것이다. 그리고 그녀는 직감적으로 정직하게 그리고 기술적으로 그를 피하게 될 것이고, 그의 심각한 의존 증세는 더 커질 것이다. 그녀는 조금 더 물러서서 건강하게 자기를 보호하려 할 것이다. 그런 다음 관계는 끝이 날 것이다. 그녀는 안도의 숨을 내쉬고, 그는 그녀에게 욕을 해 댈 것이다. 그녀는 현실을 굳게 할 것이고, 그는 다시 부정(denial)의 상태로 돌아갈 것이다.

그는 자신에게 이렇게 말할 것이다. "난 이제 내가 원할 때만 코카인을 사용할 수 있어", "그녀는 결혼 상대로서 별로였어"

그리고 계속되는 부정의 어둠이 다시 그를 감싸게 될 것이다. "마지막 날 그녀는 내가 코카인의 문제가 있고 도움이 필요한 것 같다고 말했었지. 흠! 내게 문제가 있다고? 장난친 게 틀림없어. 모두들 내게 문제가 없다는 것을 알고 있어. 문제가 있는 건 오히려 그녀라고. 모두들 그녀에게 문제가 있다고 하는데도 내게 문제가 있다고 하다니 정말 우습군."

마틴 쇼트는 우리의 가슴을 아프게 한다. 누군가가 당신을 다시 앞서려 하는데, 아주 잘 하기까지 한다(역자 주: 열심히 하는데 잘 하기까지 하는 사람과 자기를 비유할 때 사용).

많은 심리 치료사가 이런 말을 한다. "더 나은 기분을 느끼기 전에 더 나쁜 기분을 느껴야 할 것이다." 부정함으로써, 우리는 참으로 더 나아지는 느낌을 갖지 못한다.

그것은 손톱 밑이 미세하게 감염되었던 어느 친구와 같다. 손톱 밑이 부어오르기 시작해서 매우 고통스러웠다. 마침내 의사에게 갔는데, 그는 곧 걱정스럽게 보며 손가락에 주사를 놓고 손톱을 뽑은 다음에 염증을 파냈다. 얼마나 아팠을까! 그런데 이상하게도 며칠 후에 고통이 사라졌다. 그리고 몇 주안에 새살이 돋았다. 부정하는 것은 이것과 같다. 그것은 몸의 나머지 부분이 감염되지 않도록 종기를 싸고 있는 조직(tissue)과 같다. 부스럼과 같이 우리는 때때로 스스로 치유할 수 없다.

　여러 중독 현상에서 부정(denial)이 나타나는 것은 아주 보편적인 일이다. 심리적 "조직(tissue)"의 포장이 두꺼워질수록 종기는 더 커지고, 우리는 더 큰 고통을 경험하게 된다. 우리가 더 큰 고통을 느낄수록 부정(denial)은 더 두터워진다. 그리고 동일한 실수를 계속 반복되고, 종기는 점점 더 커져간다. 도움이 없으면 마침내 종기가 터져서 손등이 엉망이 된다. 중독에 있어서 이러한 곤경은 단지 몇 방울의 피와 고름(pus) 정도가 아니라, 이혼, 학대, 우울증 또는 죽음이다. 장기적인 부정은 어느 누구에게 어떤 도움도 주지 못할 뿐이다. 결코.

11. 감정(The Feelings)

모든 증상은 질병을 느끼고 있다.

　이 책을 읽어 오면서 아무 것도 기억이 나지 않는다면, 이것을 기억하기 바란다. 증상이란, 우리가 우리의 감정을 느끼지 못하도록 하는 건강하지 않은 방어기제이다. 증상은 우리의 감정을 질식시키고, 숨기고, 왜곡시키며 혼합시킨다. 증상을 통하여 두려움과 슬픔이 분노로 바뀐다. 분노로부터 우울증을 만들어 내고, 외로움으로부터 두려움을 만들어 낸다. 많은 경우에 독특한 왜곡을 일으켜 다양하고 풍성한 감정을 한두 가지의 압도적인 감정으로 바꾸어 놓는다. 이런 방식으로 외로움, 슬픔, 두려움, 수치와 거절감이 함께 한 그릇 안에 쏟아져 분노로 표현된다.

　그리고 그 분노는 누군가의 삶, 그리고 그 삶 안에 있는 사람에게 쓰

라림과 불행으로 명백하게 나타나고, 끊임없는 비난과 불만족, 완벽주의, 호전성, 논쟁 또는 싸우기 좋아하는 형태 그리고 여러 정서적 학대의 형태로 나타난다.

같은 식으로, 부드러움, 포근함, 따스함, 안전감, 가까움 그리고 관능성(sensuality)의 느낌이 모두 한 그릇에 쏟아 부어지고 그것이 정욕(lust)으로 나타나는데, 이 정욕 때문에 모든 유형의 중독자의 배우자가 때때로 그들의 성(姓)은 대단하지만 그 관계에 있어서는 외롭고 공허하게 느끼게 된다. 분노나 정욕 자체가 잘못된 것은 아니다.

여기서 말하고자 하는 것은, 이러한 것들이 우리가 느끼는 유일한 감정일 때 문제가 있다는 점이다. 인간은 이 두 가지보다 훨씬 더 많은 것을 느낀다.

많은 의사가 잘 알고 있는바와 같이, 감정을 이렇게 둔감하게 만들고 왜곡시키면 관계의 문제 이상의 대가를 치르게 된다. 계속 성급하고 분노하며 살면 심장병이나 심장마비의 위험이 증가된다. 스트레스를 많이 받고 이타적인 삶은 고혈압과 두통에서부터 위장병, 피곤 그리고 만성적 우울증에 이르기까지 스트레스 관련 장애를 일으킨다. 이 모든 것이 이런저런 "감정"의 문제이다. 그리고 이런 문제가 계속되고 또 널리 퍼지는 이유는 실제의 감정을 인정하는 것이 두렵기 때문이다.

우리에게 감정 때문에 생기는 질병이 더 심각한 결과를 낳기 까지는, 이런 부정 상태에서는 자신에게 문제가 있다는 것을 인정하기가 거의 불가능하다.

"친척과 떨어져 멀리 이사하면 우리의 결혼 생활이 더 나아질 거야. 그리고 나는 우리 가족에 더 헌신할 시간을 갖게 될 거야."

"나는 휴일 내내 이 발륨(Valium)만 있으면 괜찮을 거야. 그리고 난 다음에는 조금 덜 사용해야지."

"남편에게 성 중독 치료가 필요하다는 것은 알지만, 지금은 혼란스럽고 싶지 않아. 남편은 매일 밤 밖에 나가지 않을 거야. 이번 여름 시간과 에너지가 많을 때 할 거야."

"딸이 과식하고 있다는 것을 알지만 우리에게 말한 후 2주 동안은 그렇게 하지 않았어. 이제는 더 이상 문제가 되지 않는다고 생각해."

이 모든 것이 감정을 부정하는 것이다. 역기능 체계에서 살아남기 위해, 우리는 "작은" 대가를 치러야 하는 것을 일찍 배우는데 그것은 감정을 부정, 무시 또는 피하는 것이다. 우리의 내부에 있는 속을 끓이는 작은 목소리가 "이런, 너는 상처 받았어. 뭔가를 해야 할 시간이야"라고 계속 말할 때, 그것을 차단하도록 배운다. 그 작은 목소리(우리의 감정)가 계속해서 우리에게 메시지를 보내는 동안, 우리는 날마다 일하러 가고, 일이 더 잘 될 것이라는 "희망"을 배운다.

우리가 아주 오랫동안 무시할 때, 그 메시지는 우리 자신의 몸과 배우자나 자녀의 행동 속에서 명백해진다. 우리의 감정은 두통, 복통, 궤양, 피곤, 우울증 그리고 무기력 가운데 "활약하게" 된다. 그것은 아이들의 힘겨루기, 강박 장애, 부끄러움, 분노 그리고 약물 중독으로 나타난다. 그리고 우리는 고집을 부리면서 말한다. "내가 조금만 더 견디면 모두 순조로워질 거야."

치료 모임에서 가장 좋게 사용하는 말 가운데 하나는, "미친 짓이란, 같은 일을 하면서 다른 것을 기대하는 것이다"이다. 우리 자신과 다른 사람에게 우리의 진정한 감정을 인정하면 어떤 일이 일어날지 몰라서 두려워하지만, 오랫동안 인정하지 않으면 비참한 결과를 낳는다.

서로 분노하고 잘 싸우는 가정에서 성장했기 때문에 서로에게는 "너무 화내지" 않기로 맹세한 어느 커플이 기억난다. 15년간의 행복하고 잘 조화된 그들의 결혼 생활이 우리 사무실에서 걷잡을 수 없는 분노에 가득 찬 채 끝장이 났다. 15년 동안 잘 연출된 맹세 뒤에 부정하고 숨겼던 평범한 짜증과 화가 분노로 변한 것이다. 딸은 자살했고, 아들은 낙제 점수를 받아 퇴학당했지만 도대체 무엇이 문제인지 알 수가 없었다.

그들은 첫 모임 기간 내내 자신들의 맹세와 또 그것을 지키기 위해 얼마나 오랫동안 열심히 노력했는지를 알게 하려고 계속 반복해서 말했다. 덧붙이자면, 그들 내면의 작은 목소리는 그들의 결혼 생활을 깨지 않으면서 맹세를 깰 수 있는 길을 찾아 왔다는 것이 고통스럽게도 분명했다.

감정을 정의하고, 그것을 표현하는 능력이 없는 두 가지야말로 역기능 가정과 개인에 대한 진단적 특성이다.

"화나지 않았어요."라고 이를 갈며 소리 지른다.

"그래요…난 괜찮아요…." 단조롭고 감정 없이 우울한 목소리로 그녀가 말했다.

치료의 초기 단계에서 가장 흔하게 언급되는 말 중의 하나는, "왜 당신은 계속해서 내가 어떻게 느끼는지 묻습니까? 나는 내가 어떻게 느끼는지 몰라요. 나는 정말로 몰라요." 하지만 나중에 자신의 감정을 확인하기 시작했을 때 이렇게 말한다. "네. 나는 이런 관계가 너무 불행하지만 그것에 대해 뭔가 말하게 되면 그녀가 상처를 받을 거예요(혹은 떠날 거예요, 혹은 화를 낼 거예요 등등)." 가끔 내담자에게 자신이 내면에서 진정 무엇이 일어나고 있는지 알게 하기 위해서 제시하는 약 75개의 "감정 목록(feelings words)"이 있다. 사실 그 목록은 단 몇 개로 줄일 수 있는데, 많은 의존증 치료 센터에서 사용하고 있다.

외로움(lonely)　　　　기쁨(glad)
상처(hurt)　　　　　　분개(mad)
슬픔(sad)　　　　　　수치심(shame)
두려움(afraid)　　　　죄책감(guilty)

목록을 보면 너무 단순하지 않은가? "뭐가 대단한 가요? 이런 감정을 언제 느끼는지 알아요. 무슨 말을 하는 겁니까? 그런 감정 모두 가지고 있어요." 만약 그렇다면 당신은 대단하다. 역기능적 삶에서 감정을 갖는다는 것은 정말 대단한 것이다. 자신에게 정직하라.

외로움(lonely)

당신의 배우자가 2주간 먼 도시로 갔을 때, 당신은 **외롭다**는 것을 스스로 인정하는가? 아니면 외로움을 떨쳐 버리기 위해 지치도록 파티에 참석하거나 운동을 한다든지 또는 마약을 하는가 아니면 건강한 방법으로 대처하는가? 그리고 만약 당신이 외롭다는 것을 인정한다면, 그 감정에 대해 어떻게 하는가? 혹시 화가 나서 발을 걷어차며 그 동안 얼마나 힘들었으며 왜 그렇게 무책임하냐고 따지는가? 얼굴을 찌푸리고, 푸념하고 뽀로통해져서 수동적으로 상대가 죄책감을 느끼게 하는가?

당신이 정서적으로 정직하다면, 그런 감정을 단순하게 표면에 드러낼 것이다. 당신은 상처, 분노나 절망으로 반응하지 않는데, 왜냐하면 감정 영역에 있어서의 반응은 보통 건강하지 않은 방법으로 자신의 감정을 제어하지 못했다는 것을 의미하기 때문이다. 그런 감정은 표면에 남겨질 것이고, 그것에 대해 한 동안 생각할 것이다. 그(혹은 그녀)가 너무했던 것인가? 내가 지나치게 의존적인가? 여기 내 삶의 간격이 있다. 이것을 어떻게 채울 것인가? 이 간격은 나와 우리 관계에 대해서 무엇을 말해 주는가? 그것은 건강한가 아니면 건강하지 못한가?

상처(hurt)

상처의 감정을 어떻게 처리하는가? 낙심하는가?

"그녀 때문에 상처 받을 수 없어. 어른은 상처를 입지 않는 거야. 그래서 나는 상처를 받지 않아. 상처받는 느낌은 잘못된 거야. 그래서 나는 잘못됐어(아직 어려 등등). 그래서 상처받도록 내버려 두지 않을 거야. 아프지 않은 척 할 거야."

혹시 상처를 분노로 바꾸지는 않는가? "그래 제기랄, 뜨거운 맛을 보고 싶다는 거지? 보여 주지, 이 못된 인간아!"

아니면 상처를 소극적으로 속이는 방법으로 다루는가? 침울하고 멍한 눈으로 집 주위를 배회하고, 잠을 많이 자고 몸이 불편하다고 말하며 다른 사람이 얼마나 상처를 줬는지 끊임없이 불평해 댄다.

어느 쪽이든 극단은 역기능적이다. 감정에 대해서 지나치게 반응하는 것과 지나치게 반응하지 않는 것은 같은 동전의 양면이고 둘 다 최종적으로는, 진정한 감정에 대한 부정 그리고 타인과의 불만족스런 관계라는, 같은 결과를 낳게 된다.

슬픔(sadness)

당신은 장례식에서 불편을 느껴본 적이 있는가? 아니면 장례식에서 당신에 대한 다른 사람의 반응 때문에 불편을 느껴본 적이 있는가? 단순히 업무적인 이유로 장례식에 참석한 것이 아니라면, 당신이 가질 수 있는 가장 흔한 감정은 슬픔이다.

테리 켈로그(Terry Kellogg)는 슬픔을 "치유의 느낌"이라고 부른다. 슬픔을 느끼기 위해서 우리는 자신의 무력함을 느낄 수 있어야 한다. 슬픔은 상실에 대한 일반적이고 건강한 반응이다. 상실이란 부모를 잃거나 친구가 멀리 떠나거나 집이 불에 타는 것일 수 있다. 슬픔은 처음에는 공허함으로 다가오지만, 결국 새롭게 시작하고 존재하려는 열정으로 나타난다. 슬픔은 부끄러움 없이 울 수 있게 해준다. 그것은 또 우리로 하여금 "잘 가"라고 말할 수 있는 시간을 준다. 무엇보다도 슬픔은, 그 상황에 맞추기 위해 무엇인가를 많이 하지 않아도 된다.

장례식장에서 불편을 느끼는 이유는 슬픔을 느끼지 못하는 자신 때문이다.

만일 우리가 커다란 상실을 당했을 때 친구나 친척이 다가와 안으며 "슬프구나"라고 한다면 기분이 나아지지 않을까? "나도 슬프구나"라는 말이면 다 되는 것 아닌가? 그것은 당신이 나와 함께 한다는 의미이다. 그것은 당신이 인간이라는 의미이다. 그것은 우리 모두가 죽음 앞에서 무기력한 존재라는 의미이다. 그것은 우리가 다 똑같다는 의미이다. 그것은 긍정이며, 정직이며, 실제이고 깊다. 아무 말도 더 할 필요가 없다.

두려움(afraid)

두려움에 대해서는 어떠한가? 최근에 두려웠던 적이 있는가? "나는 아니야. 나는 남자야! 남자는 두려움을 느끼지 않아요!"

부부들과 상담할 때, 표현되는 분노의 많은 부분이 실제로는 **부정된 두려움**(denied fear)인 것을 본다.

"이 여자의 자유분방함에 진절머리 납니다."고 소리친다. "나는 평범하게 사는데, 이 여자는 아이들이 아직 학교에 다니고 있는데도 대학교에 다니면서 무책임하게 행동해요. 솔직히 말해서 나는 완전히 질렸어요." (이것을 많은 관계 속에서 달리 번역하면; "나는 그녀가 세상으로 나가서 나보다 더 매력적인 사람을 발견하고 만날까봐 두려워요.")

치료사로서 이런 이야기도 많이 듣는다. "이봐 죠지(George)! 당신 여태 그 바보 같은 모임에 다니는 거야? 나는 그 사람들의 허풍소리에 완전히 질렸어. 하루걸러 한번 씩 그렇게 다니니 언제쯤이나 남자답게 집안을 돌보게 될까?" (다른 말로 번역하면 이렇게 된다; "난 당신이 건강해져서 나의 분노가 실제로는 두려움인 것을 알까봐 두렵다.")

배우자와 싸우고 화해하기 전에 일터에 나가야 할 때 무서운가? 당신의 배우자가 둘 사이의 관계에 무엇인가 문제가 있다고 할 때 무서운가? 이번 달 공과금을 내지 못하게 될 경우에는 어떤가? 배우자에게 소리치고 아이를 소극적으로 무시하는가? 아니면 아이들이 잠자리로 돌아간 다음에 배우자와 함께 앉아서 "수(Sue)! 사실 우리 생활비가 걱정이 돼서 말하지 않을 수가 없어." 진부하게 들릴지 모르지만, 다른 식구들이 이해할 수 없는 분노 때문에 두려워하는 일은 분명히 없을 것이다.

기쁨(glad)

당신은 기쁨을 느낍니까? "물론 느낍니다!"

어떤 기쁨? "음....음....살아있는 기쁨....그게 어떤데?"

좋은 출발이다. 그 밖의 것은? "글쎄...모르겠는데...나는 기쁜데...."

우리 중 많은 사람이 실제로 기쁨을 느끼는데 어려움이 있다. "승진해서 기쁘기는 하지만 잘 될지는 모르겠어. 너무 기뻐하지 않는 게 더 좋을 거야."

"대학원에 들어가게 되어서 좋지만, 그들은 내가 진학하는 것을 원하지 않기 때문에 너무 기뻐하지 않는 게 낫겠어."

"지미(Jimmy)네 팀이 야구에서 이긴 것이 기쁘지만, 아직 프랭크가 어리고 너와 경쟁하고 있는데다가 한 번도 경기에서 이겨본 적이 없기 때문에 너무 기뻐하지 않는 게 낫겠어."

때때로 기쁨을 느끼는 것이 힘든데 그것은, 우리가 자라면서 주변의 가까운 사람이 기뻐하는 것을 보지 못했고, "기쁨"은 "나쁘다"는 감정을 가지게 되었기 때문이다.

개리슨 켈로(Garrison Keillor, 라디오 출연자 겸 저자)는 이런 미국 중서부의 금욕주의적 주제와 멀리 떨어져 있는 사람이다.

실제로, "기뻐하는 것이 나쁘다" 라기 보다는 오히려 삶이란 것이 존재하기에 매우 심각한 장소이고, 우리가 그것을 통과하려면 심각한 편이 더 좋을지도 모른다. 우리를 양육하는 사람이 "기쁨"과 같은 특정한 감정을 느끼지 못할 때, 우리 또한 그 감정을 느끼지 못함으로써 그 체계에 적응하는 것을 배운다. 그것은 큰 그림의 작고 하찮은 실수처럼 보인다. 나는 "기쁨" 외에는 다 느낀다. 그래서? 일곱 중에 여섯은 괜찮지 않은가? 그렇다. 그 "큰 그림" 외에는 다 괜찮다.

우리의 감정 중의 하나가 막히면 나머지도 막히는 경향이 있고, 우리가 가지고 있는 자발적인 감정이 허용되지 않으면 다른 감정의 적합성에도 의문이 생기기 시작한다. 그리고는 감정의 중심에 있는 것이 좋은 것인지 나쁜 것인지 전혀 확신하지 못한다. 우리가 우리의 감정(행동이 아니라)의 "좋고 나쁨"을 판단하기 시작하면, 우리는 감정적인 어려움에 빠진다.

우리의 감정은 단지 감정일 뿐이고, 그것은 항상 저절로 흘러나와 그 자리에 있을 것이다. 그것에 대해 우리가 생각하는 것과 그것을 처리하는 것은 별개의 문제이다.

감정적으로 정직한 사람은 "와 주셔서 감사합니다," 그리고 당신이 떠날 때 그들은, "가시게 되어서 섭섭하군요." 라고 할 것이다. 감정적으로 왜곡된 사람은 당신에게 "왜 이렇게 자주 오십니까? 내게 해준 것도 없잖아요. 존스 부인네 아이들은 한 달에 두 번 옵니다. 당신에게는 무슨 문제가 있는 거죠? 우리가 당신에게 해 드린 것에 한 번도 감사하다고 하지 않는군요." 이런! 무슨 기쁜 일이 있겠는가!

분개(mad)

분개. 많은 사람에게 있어서 이것은 유일한 감정이다. 다른 사람에게 있어서, 그것은 우리에게 허용되지 않는 유일한 감정이다. 분노는 역설적으로 두려움과 자유로움이다. 그것은 다른 모든 감정을 숨기기 위해 속이는 사기이며 속임수가 될 수 있다. 또 그것은 다른 것보다 빨리 우리를 곤란에서 빼낼 수 있고, 책임감으로부터 해방시켜 준다. ("내 자동차가 그를 친 것은 그의 실수이다"). 그것은 우리가 잘못했건 잘했건 우리가 옳다고 여길 수 있도록 한다. 하지만 만일 분노가 다른 감정을 덮고 있다면, 잠시 쉬어야 한다. 잠시 절대적이고 완전하게 멈춰 서서, 분노 밑에 덮여 있던 다른 감정이 모두 죽었는지 보라.

정말 그런지 알고 싶다면, 책, TV, 친구, 배우자, 연인 또는 아이와 떨어져서 한 동안 혼자 있어야 할 것이다. 잠시라도 그렇게 철저히 혼자 있음으로써, 자신의 삶에 가장 깊이 연관된 것은 바로 자신의 가슴 안에서 뛰고 있는 심장박동을 느끼는 것이라는 것을 깨닫게 될 것이다. 만일 그 안에 다른 감정이 있다면, 그것을 느끼도록 하라. 그렇게 하고 나서도 여전히 화가 난다면, 그 화를 느껴라. 다른 말로 표현하자면, 분노를 게임이라 생각하고, 그 분노와의 게임을 다른 방식으로 해 보도록 하라. 그렇지 않다면, 전체 무대에서 경기하기 위해 그 분노를 쏟아 버리는 것이 낫다.

중독의 집단에서, 화를 내고 그것에 편안해 하는 사람이 있는가 하면, 화를 내지 못하는 사람도 있다. 만일 당신이 화를 내는 것에 "능숙하다(good)"면, 상처나 슬픔, 두려움과 같은 새로운 것을 과감히 시도하라. 그리고 만일 당신이 화를 내는 것에 능숙하지 않다면, 그것을 한 방에 날려 보내라. 달리 말하자면, 우리 인간의 많은 수가 "능숙해" 지는 것을 너무 잘 배워서 오히려 자신에게 어떻게 해야 할지를 모른다.

"전형적인 중독자"는 고함치고 소리 지르는 것을 빼앗기고 싶어 하지 않는다. 우리가 자신에게 당당하지 못하기 때문에 당신이 대신 당당해 지기를 원한다. 왜냐하면 당신은 "화내는 것"에 능숙하기 때문이다. 그래서 우리는 우리 자신을 속이고 당신을 속이는데 말려든다.

게임은, "내 더러운 일을 해주면, 당신을 위해 더러운 일을 해 줄게!"가 된다. 그러나 이것은 또한 이런 말이 된다. "내가 무기력하기 때문에 당신으로 하여금 내 대신 나에 대한 분노를 표현하게 하고, 그리고 나서는 나를 무기력하게 만들었다고 당신을 비난할거야."

왜 이렇게 하지 않는가? "이 일로 인해 내 자신에게 화낼 필요가 있다고 생각한다. 그렇다고 내 자신을 사랑하지 않다거나 필요하지 않다는 게 아니다. 다만 내 자신의 능력을 주장할 필요가 있다는 것이다. 사실, 그렇게 하고나면 내 자신을 사랑할 능력이 더 생길거야." 그렇게 할 수 있겠는가?

수치심(shame)

수치심. 최근의 많은 치료사는 수치심이 모든 중독의 가장 밑바닥에 놓인 것이라고 생각한다. 거쉰 코프만(Gershen Kaufman, 1980)은 수치심에 대해 몇 개의 선구자적인 글을 쓴 심리학자인데, 그에 따르면 수치심은, 특히 한 사람이 다른 사람보다 더 힘이 있을 때 두 사람 사이의 상호 인격적인 관계에 손상이 생기는 데서 생긴다. 수치심은 다른 사람에게 의존할 수 없는 데서 생긴다. 그것은 무기력한 것이 드러날 때의 감정이다. 가치 없다(관계에 손상이 된다는 앞선 표현보다는)고 느낀다는 표현이 가장 적합할 것이다. 그것은 무가치함을 느끼는 것이다. "실수 했다"는 말이 "나는 문제야"가 된다.

부모에게 비판당하는 자녀를 생각해 보자. 비판은 부모와 자녀의 관계를 손상시킨다. 갑자기 관계가 문제시 된다.

"우리는 종종 자신에게 이렇게 말한다. " 이런 짓을 저지르다니… 엄마는 이제 나를 사랑하지 않을 거야. 이제 엄마가 필요할 때도 나를 도와주지 않을 거야."

우리는 자신을 부끄러워한다. 무가치하고 무기력하다고 느낀다. 무서움을 느낀다.

수치심 유발(shame induction)의 역학 관계를 명확하게 하기 위해서, 당신이 사랑하는 사람에게 둘러 싸여 있는 장면을 상상해 보라. 당신은 가운데 있고 그들은 당신을 둘러싸고 있다. 그들이 당신을 노려보면서, 손가락질 하며 이렇게 말한다. "이 창피한 녀석! 너는 나빠! 너는 멍청해! 너는 바보야! 너는 꼴사나워!"

이것이 수치심의 본질이다. 그것은 추방이다. 그것은 모임에서 잘려 나가는 것이다. 인류로부터. 당신의 가장 소중한 지원으로부터. 아이는 수치당하지 않고도 나아질 수 있다. 그러나 아이의 내면에 "나는 나빠"라고 떠나지 않고 말하는 목소리가 남아있다면, 그것이 우리가 말하는 수치심이다.

성인에게는 이 수치심의 핵심이 종종 자기 자신(남에게 아니라) 속에 잘 숨겨져 있다. 대부분 이것을 분노, 슬픔, 우울중 등 한두 가지 중독으로 숨긴다.

"왜 내가 보낸 문자에 답장을 안 보내는 거야? 내가 우습다 이거지. 나도 너 같은 여자 필요 없어. 에이, 나가서 술이나 퍼 마셔야겠다."

"사장은 왜 내 보고서를 인정해 주지 않는 거야? 따져야겠군. 아냐, 흥분하지마. 나중에 복수하는거야."

"엄마와 아빠는 내가 이런 식으로 옷 입는 것을 좋아하지 않지. 내 말투도 맘에 들어 하시지도 않고. 나도 엄마, 아빠 필요 없어. 그냥 아무 남자애하고 자버릴 거야. 그 애들은 적어도 내게 관심이 있다고."

"남편은 내가 수동적으로만 일한다고 생각하지만, 웃기지 말라고 해. 내가 자기처럼 일하면 적어도 세 배나 더 잘 할 수 있을거야. 일중독? 농담하고 있네. 난 그렇게 무능한 사람이 아냐!"

우리 친구 중의 한 사람인 존 홀츠만(John Holtzermann)은 수치심을 이렇게 묘사한다. "거울 옆을 지날 때, 거울이 내 이미지를 반영하려고 얼마나 나를 생각하는 지를 보고 놀랐다."

수치심은 또한 자기 의존과 자율을 배우지 못해 망가지면서 생긴다.

우리는 행복감을 누리기 위해 가족을 지나치게 의존하다가, 바깥세상을 직면하게 되면 무기력하고 마비되게 된다. 자녀에게 너무 많은 것을 주고, 너무 많은 것을 해주고 또 삶의 고통으로부터 지나치게 보호해 주는 것은 결코 자녀에게 호의를 베푸는 것이 아니다. 자녀를 망치는 것은 감정적 학대의 한 형태이다.

죄책감(guilty)

죄책감에는 건강한 죄책감과 건강하지 않은 죄책감이 있으며, 흔히 그 차이를 구분하기 어렵기 때문에 많은 사람에게 교묘한 것이 된다.

건강한 죄책감을 통해서, 언제 진정으로 다른 사람에게 상처를 주었는지 알게 되고, 에너지와 욕구가 생겨서 그 상처를 고쳐주기 원하게 된다.

건강하지 않으며 위장된 죄책감은 정말로 죄책감을 느끼지 않으면서 무엇인가 잘못 했다고 말하면서, 많은 에너지와 신경을 쏟게 하여 우리를 마비시킨다.

우리는 일상을 떠나 어떤 일을 저지르게 될 때 죄책감을 느끼도록 열려 있다. 학교로 다시 돌아가 졸업장을 받고 싶기 때문에, 남편이 매일 밤 자기 등을 긁어주기 위해 집에 있기 원하기 때문에 죄책감을 느끼는 것이 적절한 것인가? 부모로부터 신체적 정서적으로 학대당할 때 떨어져 있고 싶을 때 죄책감을 느껴야 하는가? 그렇지 않다고 생각한다.

감정을 인식하는 것(feeling sawareness)이 역기능 가정 체계로부터 회복되는 핵심적 요소이다. 당신이 자신의 감정을 가지기를 권하는데, 이 감정이야말로 배려되고, 사랑받고, 귀 기울이고, 인정받고, 용납되고 보호될 필요가 있는 내면의 어린 아이(The Little Child within)이기 때문이다.

당신의 감정을 존중하라, 그러면 당신 자신을 존중하게 될 것이다.

12. 비밀(The Secrets)

집마다 새나갈 까봐 두려운 비밀이 한 두가지 씩은 있다. 공공 영역에서 정치인이 이 사실에 가장 민감할 것이다. 정치인을 비롯한 많은 사람이 오래 전에 잊었던 과거의 부적절한 일이 공적으로 드러나게 되어 승진이 늦어지고, 다른 부서로 옮기게 되고 해직을 당하게 된다. 가족이나 친밀한 관계에서 우리를 죽이는 것은, 단단히 숨겨 두었던 비밀이다.

비밀은 우리의 감정, 생각이나 행동에 대한 것일 수 있다. 그것은 빈번하게 수치를 불러일으키거나, 지키기 위해서 너무 많은 에너지를 쏟아야 하기도 한다. 이러한 비밀을 드러낼 안전한 장소를 찾아내는 것이 중독과 가정의 역기능을 극복하는 열쇠이다.

알코올 중독을 회복하고 있는 어느 가정에게, 아빠의 알코올 중독을 숨길 방법을 찾느라 온 가족이 많은 시간을 허비했던 "옛날(in the old days)"이 어떠했는지 물어 보라. 아이들은 친구에게 왜 아무도 집에 데려오면 안 되는지 변명한다. 엄마는 아이에게 "아빠는 피곤하다"고 말한다. 아빠의 부모는 "그는 딱 한잔만 하러 주방에 갔을 뿐이야." 라는 독창적인 완곡어법에 능숙해진다.

비밀에 대해 난처한 것은, 그것은 단지 의식 차원(level of consciousness)의 비밀일 뿐이라는 것이다. 다른 차원에서는 모든 사람이 그 비밀을 알고 있으며, 가족 모두는 그 게임의 일부가 된다.

이번에는 건강한 분노로 인상을 찌푸리고 있는 가정을 살펴보자. 온 가족이 항상 미소를 가득 머금고 이리저리 걸어 다닌다. 내가 당신의 발을 밟아도, 당신은 미소 짓는다. 내가 가끔 혼자 있고 싶어 하지만 당신은 그렇게 내버려 두지 않고, 나는 미소 짓는다. 당신이 Suzy를 학교에서 데려오는 것을 잊어버려도, 나는 미소 짓는다.

경계를 세우기 위해 건강한 방법으로 분노를 표현하는 것이 허용되지 않는 가정에서, 비밀은 우리의 감정이다. 의식의 가장 표면적 차원에서 우리 모두는 행복하고 미소 짓는다. 그러나 그 밑에서 우리 모두는 맹렬하게 화가 나 있다. 마지막 결과는 미치는 것이다.

"미치겠어요. 정말 미치겠어요." 라고 비언어적으로 표현하고 있다. 다른 사람은 모두 이 비언어적(non-verbal language) 표현을 알아차리지만, 그들만은 그것을 무의식적이고 말없이 알게 된다. 그래서 모두 동시에 두 개의 세상에서 살고, 미쳤다고 느끼면서 이리저리 걸어 다닌다. 비밀이 점점 더 가족 구조에 파묻히게 되면서, 모두 "비밀을 연출(act out the secret)"하기 시작한다.

수지는 학교에 잘 적응하지 못하고 우울증에 깊이 빠진다. 아빠는 수지를 많이 걱정한다. 엄마는 모든 사람의 기분을 흥겹게 하는데 모든 시간을 미친 듯이 쏟는다. Jimmy는 마약이나 자위행위에 너무 많이 빠진다. 만일 그들이 치료 과정에 들어가면(표면적으로는 "진짜 문제"를 가진 것으로 확인된 한 사람을 돕기 위한), 치료사는 아마 누가 항상 화를 내는지 물어볼 것이다. 그러면 모두 한결같이 이렇게 말할 것이다. "아뇨. 우리는 서로에게 화를 내지 않는다고 생각해요. 우리는 서로 사랑해요."

비밀은 집 밖에서도 지켜진다. 전문가조차도 건강하지 않은 비밀은 지키라고 조언해 준다. 우리는 매주, 알코올 중독과 비만증이 분명하고 전에 그와 관련된 치료를 받은 적이 있기는 하지만 자신의 식사법과 음주 행동에 대해서는 어떤 질문도 받은 적이 없는 사람을 만나보게 된다.

우리가 아는 어떤 사람은 세 명의 치료사에게 치료비로 15,000달러를 썼는데, 그 중의 누구도 그의 몸무게가 325 파운드나 나가는 것에 대해서 묻지 않았다. 사실 이 사람은 어릴 때부터 자신의 비밀을 제어하는 법을 잘 배웠기 때문에, 42년 사는 동안 누구도 그의 몸무게에 대해 말한 적이 없었다는 사실을 발견하게 된 것이 놀라운 일이 아니다. "비만증에 대해 어떤 노력을 해 본적이 있나요?"라고 물었더니, "아니요. 나는 평생 이 몸무게가 너무 수치스러워서 누구에게도 도와달라고 해 본 적이 없어요."라고 대답했다.

그가 강박적 과식에서 잘 회복하고 있던 몇 개월 후에, 하나의 단순한 질문이 어떻게 자신에게 새로운 삶을 시작하게 했는지를 우리와 함께 나누었다. 그것을 통해서 비밀이 드러났고, 그의 삶으로부터 짐이 제거되었다.

숨겨진 행동

심리 치료사들은 숨겨진 것을 드러내야 한다고 말한다. 드러난 행동은 볼 수 있는 것이다. 숨겨진 행동, 생각 또는 감정은 직접 볼 수 있는 것이 아니다. 우리는 내담자들에게, 건강하지 않은 가정에서 가장 중요한 행동은 테이블 밑에서 행해진다고 설명한다. 우리 모두가 테이블 위에서는 밝으며 미소 짓는다. 그러나 밑에서는 화내고, 위협하고, 수치스러워 하고, 외롭고, 혼란스럽고, 등등이다. 테이블 위에서 우리는 잘 제어하고, 침착하고, 느긋하다. 테이블 아래에서 우리는 제어하지 못하고, 긴장하거나 두려워한다. 비밀과 연관된 수치심 때문에, 사랑하는 사람 앞에서 정서적으로 벌거벗은 것 같은 두려움 때문에 숨겨진 것을 계속 숨긴다.

"아빠의 우울증은 말하지 않으면 곧 없어질 거야."

"엄마의 알코올 중독증은 말하지 않으면 곧 없어질 거야."

"일에 중독된 것을 말하지 않으면, 결국 그는 집에서 더 많은 시간을 보내게 될 거야."

우리가 문제의 실제 근원까지 내려갈 때, 우리가 정말로 말하고 싶어 하지 않는 것은 그것에 대한 우리의 느낌이다. 어떤 가정에서는 다른 누군가에 대해 말할 때에는 대단해진다. "내 남편은 섹스를 좋아하지 않아. 그게 우리의 문제야." 하지만 어떤 느낌을 갖게 되는가? 그게 당신에게 무슨 의미를 주는가? 그가 당신을 사랑하지 않는다는 것에 두려웠던 적이 있는가?

아주 흔히 숨겨진 주제는 돈이나 섹스와 같은 주제를 둘러싼 관계에서 드러난다. 부부간에 지출 문제로 인해 수년간 싸우게 되는데, 겉으로 표출되어져야 하고 또 드러나게 되는 진짜 숨겨진 문제는 바로 그들의 관계에서 정서적인 필요를 채우지 못하고 있다는 것이다. 하지만 그것은 말하기 무서운 것이다. 만일 말을 하게 되면, 그녀는 아마 도망갈 것이다. 아마 너무 상처를 받아서 죽을지도 모른다. 아니면 너무 화가 나서 멀리 떠날 것이다. 아니면 그렇게 여기는 나를 불쌍하고 어리석다고 생각할 것이다. 만일 내 솔직한 감정을 표현하면, 그녀에게 수치를 당할 것이다.

섹스는 우리의 숨겨진 문제를 파괴적인 방법으로 표현해 내는 강력한 영역이다. 당신에게 화가 났기 때문에 같이 자지 않을 것이다. 당신에게 화가 났기 때문에 당신을 좌지우지하고 소유하고 싶어. 그래서 내가 원하는 건 섹스뿐이야. 나는 너무 의존적이고 내 자신에 대한 확신이 없어서 항상 당신과 잠자리를 하고 싶은데, 만일 못하게 되면 그것은 나의 무가치함을 확인하는 것이다.

우리의 증상을 유지하는데 있어서 비밀이 갖는 능력은 아무리 강조해도 지나치지 않다. 누군가가 일에 중독 되었을 때, 그 밑에는 비밀이 있다. 누군가가 TV나 운동에 중독 되었다면, 표면 밑에 숨겨진 정서적 비밀이 존재한다.

중독적 매개체를 제거하는 것은 중독으로부터 회복되는 초기 단계에 불과하다. 건강한 회복을 위한 열쇠는 비밀을 밝혀내고 그것을 수치나 비난 없이 드러나게 하는 것이다. 이 말이 사실이라면, 왜 이런 것을 깨닫고 드러내지 않는 것인가? 우리는 이런 질문을 초등학생으로부터 박사에 이르기까지 수많은 사람으로부터 반복해서 듣는다.

그녀의 남편은 수년 동안 아내를 구타해 왔는데, 우리는 전혀 그 사실을 몰랐다. 그런데, 그는 의사이다! 어떻게 그런 일이 일어날 수 있었을까? 그녀는 왜 아무 것도 말하지 않았을까? 자, 그것을 생각해 보자. 만일 당신이 350,000달러짜리 집에 살고, 재규어 자동차를 몰며 재키 오나시스처럼 옷을 입는다면, 당신은 그 모임 안에 있는 사람이 남편이 당신을 구타하고 있었다는 사실을 알기 원할까?

"어쨌든, 그 재규어 자동차의 엔진 조정을 마치고 나면 같이 앉아서 지난 10년 동안 날 구타해 온 것에 대해 이야기할래요?"

많은 심리학자가 우리의 모든 행동에는 목적이 있다고 생각하는데, 우리는 거기에 동의하는 경향이 있다. 우리가 지켜야 한다고 배운 비밀은 한번쯤은 유용하게 사용되었을 것이다. 7살 때, 긴 자동차 여행 중에 다음 주유소까지 기다리지 못하고 팬티를 적시고 만다. 모두 당신이 얼마나 기분이 좋지 않을까를 생각하며, 깨끗이 씻겨준 후에 여행은 즐겁게 진행된다. 아무도 그것에 초점을 맞추지 않고, 큰 일로 만들지 않으려 하는데 이는 당신이 얼마나 당황했는지 알기 때문이다. 가족은 빈틈없고 정중해서 그것으로 그 일이 끝이 난다. 그리고 그 일은 결코 다시 일어나지 않는다.

아니면, 아빠는 캠프 여행에 가서 술을 지나치게 마시고는 바보처럼 된다. 그런 일은 이전에 한 번도 없었고, 다시 일어날 것 같지 않다. 그는 그 일을 너무 부끄럽게 여기고 집에 돌아와서 가족에게 그 이야기를 하는데, 모두 그 일에 대해서 조금 웃고는 아무렇지도 않게 여긴다. 아무 문제가 없다.

건강하지 않은 비밀은 같은 방법으로 시작된다. 엄마와 아빠는 새벽 1시까지 시끄럽게 싸우고, 다음 날 당신은 걱정되고 긴장한 상태로 학교에 간다. 그리고 학교에서 누군가가 자신의 가족에게 무엇인가 잘못된 것이 있다(그러므로, 넌지시 당신에게 무엇인가 나쁜 것이 있다)고 생각할까봐 아무 말도 하지 않는다. 당신은 그 날 저녁 집으로 돌아온 후에, 엄마와 아빠가 그 문제를 해결한 것을 알게 되는데, 그것으로 끝난다. 큰일은 없다.

그러나 그들이 그 문제를 완전히 해결한 것이 아님이 드러난다. 5일 후에, 부모님은 또 다시 밤 늦게까지 싸운다. 그러고 나서 이틀 후에 또 그런 일이 일어난다. 그리고 나면 아빠는 며칠 동안 집을 떠난다.

당신의 위가 꼬인다. 집중할 수가 없다. 점수가 나빠지기 시작한다. 매우 슬프다. 사태가 더 나아지기를 원한다. 누군가와 이 문제를 이야기하고 싶다. 그러나 그렇게 하지 못한다. 속에서 수치심이 꿈틀거리고, 너무 당황해서 아무 말도 하지 못한다. 어쩌면 엄마 아빠가 아무에게도 말하지 말라고 했을 것이다. 어쩌면 오래 참으면 괜찮아질 거라고 희망하며 기도하기 시작할지 모른다. 하루가 지나고, 며칠, 몇 달이 지나서 그 비밀은 당신의 무의식에 새겨져 어쩌면 영구히 건강하지 못한 비밀이 된다.

또는 아빠는 TV 앞에서 지나치게 엄격하고 독단적일 수 있다. 그는 마지못해 당신이 TV를 볼 수 있도록 하지만, 당신과 함께 TV 보는 것이 즐겁지 않다는 사실을 은밀하게 드러낸다. 사실 별로 오랫동안 보지도 않는다. 잠시 후에, 계속해서 보고는 있지만 보기 싫은 것처럼 말한다. 그리고 또 계속 본다. 성인이 되어서도 TV에서 눈을 떼지 못한다. 진정한 친구 관계를 맺지 못한다. TV가 없으면 무엇인가를 잃어버린 느낌을 받는다. 그러나 그것이 문제로 떠오르면, 곧 바로 TV를 별로 보지 않는다고 말한다.

한 가지 비밀은 당신이 TV를 본다는 것이다. 그러나 더 깊은 비밀은 아빠가 당신을 부끄럽게 여기는 것이고, 당신은 그것 때문에 아빠를 미워한다는 것이다. 그렇게 신중하게 보호된 비밀은 수년 후에 당신의 아들을 통해 나타난다. 당신은 어떤 이유 때문에 그를 계속 비난할 것이다. 그것은 그의 헤어스타일이나 옷차림이거나, 음악이나 스포츠에 대한 그의 관심이거나, 그의 식사 예절이거나 또는 그가 보는 TV 시간일 수 있다. 왜 그렇게 끊임없이 비난하는지 알지 못할 것이다. 당신은 그것이 그에게 상처를 입히고 있다는 것을 알지 못할 것이다. 당신은 그저 그에게 아주 나쁜 문제가 있다고 느낄 것이다.

그리고 테이블 밑에서 실제로 진행되고 있는 것은 여전히 자신에게 끔찍하고 깊은 문제가 있다고 여기고 있다는 것이다. 비밀은 당신 자신의 수치에 관한 것인데, 그 수치심은 아빠에 의해서 당신에게 전수된 것이다.

가족 안에 있는 비밀은 밖으로 드러나기가 매우 어려울 수 있다. 근친상간이나 성적 학대의 경우에, 비밀이 드러나기까지는 몇 년 혹은 여러 세대가 지나갈 수도 있다. 그리고 많은 경우, 그 비밀은 적당한 때에 드러나지 않는다.

적어도 일 년에 한번은 지역 신문을 통해, 성공한 의사나 변호사, 또는 스타 고교생이 어느 날 집에 가서 총으로 자신의 머리를 날려 보냈는데 그 중에는 가족과 함께 있는 동안에 벌어질 때도 종종 있다는 기사를 접하게 된다. 이런 경우에는 가족 내에 숨겨진 아주 중요한 비밀이 있기 마련이다. 비밀은 "실패", 남성됨과 여성됨을 금기시하며, 우리 자신에게 허용할 수 있는 감정의 범위를 제한하는 것을 금기시한다.

시간이 지나면서 우리의 내면이 너무 분열되어서 우리가 참으로 어떻게 느끼는지 더 이상 알지 못한다. 즉, 외면의 자아(our outside mask)와 내면의 자아(our inner self)이다. 감정적으로 둘로 나누어지기 때문에, 우리는 결국 신체적으로 둘로 쪼개져(은유적 의미에서) 죽을지도 모른다.

12 단계 프로그램(AA와 같은)이 중독증을 가지고 있는 우리를 돕는데 그렇게 성공하는 이유 중의 하나는, 그런 프로그램을 통해서 우리가 자신의 비밀과 수치심을 파악하기 시작하기 때문이다. 누군가에게 처음에 AA 모임에 가거나, 코카인 중독을 치료받을 때, 어떻게 느꼈는지 물어 보라. 그들의 인생 가운데 가장 긴 걸음으로 느꼈다. 마치 죽음의 대열에 접근하는 것처럼 그것은 무력함, 무기력, 실패와 혼돈을 인정하는 과정이다. 이 때에 심한 수치심을 느낀다.

우리가 "이런 것을 하게 되서 너무 창피해."라고 하면 배우자가, "중독자와 결혼했다는 모욕을 참는 것보다는 나아요."라고 할 것이다.

그리고 보통 첫 단계를 시작한지 며칠 안에, 그 프로그램에 참여한 대부분의 사람은 용기 있게 놀라운 안도감을 느끼기 시작한다. 모든 수치와 창피함이 주는 두려움의 무게는 더 이상 무겁지 않다. 우리는 다른 사람이 자신을 둥그렇게 에워싼 가운데, 우리의 가장 깊고 두려운 비밀을 드러내는데, 그 누구도 우리를 부끄럽게 생각하지 않았다. 아무도 우리에게 손가락질 하지 않았고, "창피한 줄 알아라!"라고 말하지 않았다. 우리가 스스로를 알코올 중독자, 동반의존자 혹은 성중독자라고 인정했기 때문에 누구도 "우리는 멍청하고 바보이며 꼴사납고 무가치하고 나쁜 자들이다"라고 하지 않았다.

분명히, "밖에는(out there)" 우리를 쉽게 판단하고 비난할 사람이 많이 있을 것이다.

하지만, 12 단계 혹은 치료 모임과 같은 곳에서 볼 수 있는 대리 가족 체계(surrogate family system)의 힘으로, 우리의 비밀과 수치심 그리고 결국은 역기능을 물리칠 수 있다.

가장 일반적인 비밀은 다음과 같다;

1. 중독
2. 근친상간 또는 성적학대
3. 신체적 학대
4. 자살
5. 감지된 실패(perceived failure)
6. 정신질환

13. 우리 정체성에 어떤 일이 일어나는가?

지금까지 우리는 역기능적 라이프스타일에 대한 가족 체계 내의 근원을 묘사해 왔다. 하지만 전인(全人, whole person)의 의미에서는 무슨 일이 일어나는가? 가족의 역기능은 우리의 자의식, 내적 명료성, 우리가 누구인가 하는 감각에 어떤 역할을 했나? 이 모든 것이 정체성에 관한 질문이다.

정체성(Identity)은 자신에 대한 자기 정의(Self-definition)를 의미한다. 우리는 어떤 것에 대한 자기 인식과 관여를 통해 일련의 가치, 신념, 행동 그리고 라이프스타일을 알게 된다. 우리의 정체성에는, 좋아하는 것과 좋아하지 않는 것, 기꺼이 위험을 감수하는 것, 정치적으로나 과학적으로 뿐만 아니라 종교적 또는 철학적으로 믿는 것 등이 포함된다. 그리고 또 우리의 성적 행동이나 느낌, 직업 선택, 그리고 그것에 대한 만족 여부, 우리가 부모가 될 것인지 아닌지 등이 포함된다. 교회를 다닐 것인지의 여부 또한 포함된다. 그리고 또 배우자 관계로 있을 것인지 아니면 연인 관계로 있을 것인지도 포함된다. 우리가 자유로운 시간에 무엇을 하기 원하는지도 포함된다. 우리가 알코올 중독자나 코카인 중독자, 성 중독자 또는 달리기 중독자가 될 것인지의 여부 또한 정체성의 일부인데, 이것은 우리가 이러한 중독에서 회복되고 있거나 아니면 여전히 그것을 행하고 있거나 모두 포함된다.

유명한 발달 이론가 에릭 에릭슨(Erik Erikson, 1963, 1968)은 그의 대부분의 삶을 정체성 형성을 연구하는데 헌신했다. 그는 일련의 8개의 심리적 단계를 만들어서 인간의 인격이 탄생부터 죽음에 이르기까지 어떻게 성장하고 변화하는지 설명하는데 도움을 주었다. 이 단계들과, 에릭슨이 정체성 단계를 중심으로 이룩해 놓은 작업은, 우리가 역기능 가정에서 성장할 때 우리에게 어떤 일이 일어나게 되는지 볼 수 있는 강력한 매커니즘을 제공한다.

매우 건강한 가정이라 하더라도, 분명한 자신의 정체성을 가지고 성장해서 집을 떠나는 것은 대단히 어려운 과제이다. 18세에서 25세 정도 사이에서, 우리의 주요한 발달 과제는 독립된 성인으로서 자신이 누구인가를 이해하는 것이다. 에릭슨에 따르면 이러한 과제는 이전의 4개의 선행된 발달 과제가 비교적 성공적으로 이행되는 것에 따르는데, 실제로 선행 과제에서의 쟁점과 기술이 포함된다.

정체성 위기(Identity crisis)로 이끄는 4 가지 단계:

- 0 - 1½ 신뢰 대 불신 (Trust vs Mistrust)
- 1½ - 3 자율성 대 수치심, 의심 (Autonomy vs Shame, Doubt)
- 3 - 6 주도성 대 죄책감 (Initiative vs Guilt)
- 6 - 18 근면성 대 열등감 (Industry vs Inferiority)

이 단계는 심리적 위기 또는 과제를 나타내는데, 각 단계는 다른 단계 위에 세워진다. 이것은 마치 기초에 놓여 있는 돌이 약하거나 거의 존재하지 않으면 전체 구조가 약해지거나 나중에 실제로 무너지게 되는 것과 같다. 같은 식으로, 만일 우리가 어린 시절에 발달 단계에 대하여 이상적으로 다루어지지 않으면 성장해서 어른이 되는 시기에 많은 문제에 빠지게 될 것이다.

이러한 위기 또는 단계는 넓게 정의된다. 그것은 언제 **최초로** 우리 삶의 주요 과제가 되었는가에 따라서 구분된다. 이 단계에 대한 목록을 살펴보면, 단순히 최초로 나타날 때뿐만 아니라 우리 삶의 전반에 걸쳐 직면하게 되는 과제와 도전인 것을 알게 될 것이다. 그리고 결국 각 단계와 그 단계를 통과하면서 배우게 되는 기술은 다음 단계로 통합된다.

예를 들어, **주도성 대 죄책감**의 단계는 신뢰와 자율성의 주제를 포함한다. 이 신뢰와 자율성의 주제는 해당되는 나이의 적절함에 대한 것이기 때문에, 우리가 다시 유아기나 젖 먹던 시절 또는 막 걸음마를 배우던 시절로 되돌아가야 하는 것이 아니다.

1. 신뢰 대 불신(Trust vs Mistrust)

인간으로서 이 세상에서 최초로 직면하는 도전은 기본적인 신뢰감을 개발하는 것이다. 이것은 이 세상이 우리의 필요를 위해 의존할 수 있다는 즉, 안전하고 살아갈 수 있다는 감정을 갖게 된다는 것을 의미한다. 유아기에 의식(衣食)의 문제와 애정 그리고 신체적 접촉과 같은 기본적인 필요가 충족되면, 신뢰감을 개발시킬 수 있다. 그러나 신뢰라는 것이 그렇게 단순한 것은 아니다. 신뢰는 또한 우리의 필요를 올바른 방법으로 얻어내지 못한다 할지라도 결국은 제대로 될 것이라고 신뢰하는 것을 의미한다.

예를 들어, 2살짜리 아이가 자신이 원하는 것을 모두 얻어내기 위해 가정의 폭군이 될 필요는 없다. 2살짜리 아이가 저녁식사를 하기까지 몇 분을 기다려야 한다거나, 가게에서 눈에 보이는 모든 것을 가질 수 없다는 말을 듣는다고 해서 그 아이의 신뢰감이 부식되는 것은 아니다.

사실 자녀가 원하는 대로 사주면 실제로는 존재하지 않는 세상에서 살도록 자녀를 세우는 격이 되기 때문에 오히려 신뢰감을 해치게 된다.

실제로 자신이 원할 때에 그 모든 것을 가질 수 있는 사람은 거의 없다. 그래서 우리의 전 삶을 관통하는 발달이라는 주제에 관해 가장 중요한 것 중의 하나가 바로 이 첫 단계에서 시작된다. 그리고 그 주제는 이것이다. 즉, **필요에 비해 너무 많거나 너무 적은 것은 좋지 않다.**

아이에게 이 세상과 자신에 대한 기본적인 불신감을 주는 것은 공공연한 신체적 또는 정서적 학대, 무시 또는 유기를 포함한다. 이는 극단적인 것이다. 이 시기에 작용하는 더 은밀한 힘은 아이를 배려하고, 아이를 자연스럽고 편안하게 대하는데 문제가 있는 부모의 일관성 없는 보살핌(babysitting이나 탁아는 제외), 긴장 그리고 스트레스이다. 지나친 갈등과 과보호로 말미암아 아이로 하여금 평범한 방법으로 자신의 세계와 몸을 탐색하지 못하도록 하는 부모는 아이를 망친다. 아이는 부모를 의지할 수 있으며, 세상이 우리가 원하는 것을 언제나 주지는 않을 것이며 또한 그래도 "괜찮다"는 것을 배울 필요가 있다. 무섭거나, 마음 상하거나, 무시당하거나 또는 학대당할 필요가 없다. 기본적인 불신감은 우리에게 유기에 대한 두려움의 문제를 남긴다.

2. 자율성 대 수치심, 의심(Autonomy vs Shame, Doubt)

여기에서 해결해야 할 주제는 독립(separateness)이다. 한 살 반에서 세 살 사이에 아이는 움직여 다닐 수 있게 되고, 독립을 의미하는 언어(예를 들면 "no!")의 힘을 배우게 되는데, 그들에게는 세상에 대한 안전과 신뢰의 감정을 가지면서 자율적이 되는 것이 과제이다.

두 살짜리 아이는 스스로 사물을 탐색하기 위해 아장아장 걷는다. 우리와 힘을 겨루게 된다. 그리고 그렇게 하다가도 아직은 연약하며 부모를 의존하고 있기 때문에, 혼자 무엇을 하다가 무섭고 상처 받을 일이 생기면 다시 되돌아 올 수 있다는 것을 안다.

두 살 된 아이가 "큰 개가 뜰을 가로질러 오면서 내게 으르렁댔어요." 라고 소리치고, 눈물을 흘리면서 집으로 달려오는 장면을 상상해 보라. 그 개는 우리의 자율적인 의식에서 위협을 의미한다. "너무 위험해서 저 혼자서는 세상으로 나가지 못하겠어요"라고 느낀다. 만일 부모가 다만 "애야, 그게 무서웠구나"라고 말하면서 우리의 감정을 확인하고 안아주면서 안심시키고, 판단하는 대신 우리로 하여금 자신의 감정을 느끼도록 한다면 곧 우리는 다시 세상으로 돌아갈 준비가 될 것이다.

반면, 우리의 부모가 수치심을 주거나("다 큰 애는 울지 않는 법이란다." "밖에 혼자 나가지 말랬잖니"), 그 시기에 충분히 함께 해주지 않아서(함께 해주지 않았거나 무시해서), 우리는 수치심과 의심을 내면화하기 시작할 것이다.

마찬가지로, 우리가 독립된 개인이 되려고 하는 데에 너무 심한 제한을 받으면 수치심과 의심을 경험할 수 있다. 우리에게 호의를 가지고 있으면서 또 지나치게 보호하는 부모는, 우리가 부모로부터 떨어질 수 있는 기회를 전혀 주지 않는 것이다. 이와는 반대로 만일 부모가 지나치게 관대하고, 세상에서 어떻게 행동해야 하는지에 대한 조언을 거의 해주지 않는다면, 우리는 수치심과 의심에 휩싸이게 될 수 있다. 아이로 하여금 가구 위에 올라가고 물건을 많이 부수며, 가재도구를 마구 다루도록 키우면, 다른 집에 가거나 학교에 갈 때 많은 수치심을 느끼는 아이가 된다.

다시 정리해 보면, 으뜸 되는 규칙은 균형의 법칙이다. 우리는 이 나이에 있는 아이에게 제한과 경계선을 세울 필요가 있지만, 동시에 아이가 우리로부터 떨어지기 시작하고 싶도록 충분한 자유와 안전을 허용할 필요가 있다.

3. 주도성 대 죄책감(Initiative vs Guilt)

이 단계는, 일을 시작하고, 일을 벌이며 현재의 능력을 초과하기까지 확장하는 능력으로, 할 일이 많다. 우리 중에 '꼼짝 못하고', 틀에서 빠져 나오지 못하며 결정을 내리지 못하는 사람은 이 단계의 문제를 가지고 있는 것이다.

세 살에서 여섯 살 사이에, 우리는 조금 더 어른처럼 되고 싶어 한다. 엄마나 아빠가 하는 것처럼 주방에 가서 요리를 하고 싶어 하거나, 차고에 가서 톱을 들고는 무언가를 만들고 싶어 한다. 무엇인가를 주도(initiate)하고 싶어 한다. 이것은 자기 확장(self-expansion)과 넘어서는 것(going beyond)과 많이 관계된다. 만일 우리가 우리 스스로 무엇인가를 주도하려고 하면 누군가는 난처해지거나, 낙심하거나, 실망하거나 또는 "상처"를 입을 가능성이 언제나 있다.

아빠가 무엇인가를 골똘히 생각하고는 주방의 문을 부수기로 결정하고, 엄마가 사업차 집을 비운 사이에 무엇인가를 새로 만든다. 엄마가 집에 돌아와서는 그것에 마음이 들지 않아서 말한다. "당신은 애초에 나와 의논도 없이 어떻게 그렇게 큰일을 해버렸어요?" 아빠는 일종의 수치심도 느끼지만, 죄책감도 느낄 것이다. 그는 잘못된 것을 했고 일종의 도덕적 법칙을 위반했다.

세 살에서 여섯 살 사이에서의 과제는, 옳고 그름에 대한 법칙을 내면화하기 시작하는 것이지, 무엇인가를 주도하려는 능력에 손상을 끼치는 것이 아니다.

만일 내 아이가 자동차의 엔진을 분해하려고 하면 나는, 그것이 "그의" 것이 아니라 "나의" 자동차이기 때문이 아니라, 제대로 해내기에 아직은 어리기 때문에 적절치 않은 행동이라는 뜻을 전달할 것이다.

이것이 중요한 메시지를 전달하는 나의 방법이다.

만일 내가 "넌 아빠를 정말로 실망시키는구나. 네가 이런 짓을 한다는 게 놀랍구나. 내게 너무 상처를 주는구나"라고 하면, 내 아이는 실제로 다시는 그 일을 하지 않을 것이다.

만일 이런 식으로 계속 가르치면, 그 아이는 성인이 되어서도 자신을 나약한대로 내버려 두도록 잘 훈련된 아이가 될 것이다. 비록 "고상(nice)"해 질 수는 있겠지만, 겨우 그 정도일 뿐이다. 그들은 죄책감과 우유부단으로 가득 차게 될 것이다. 그들은 자신의 필요나 감정은 생각하지 않고, 자신의 행동에 누가 영향을 받게 될 지에만 관심을 가지게 될 것이다. 그들은 자신이 내면화하는 규칙을 위반하지 않으려 지나치게 집중할 것이다. 큰 규칙, 중간 크기의 규칙, 그리고 무의미한 작은 규칙.

4. 근면성 대 열등감(Industry vs Inferiority)

이 단계는 우리의 문화 가운데서 생존하기 위해 필요한 기술에 대한 유능성과 자신감을 개발하는 것을 포함한다. 이 기술은 세 개의 R, 즉 읽기(reading), 쓰기(write), 셈하기(arithmetic)를 포함하지만, 그것을 훨씬 초과한다. 분명히도 이 세상을 헤쳐 나가려면 학문적인 기술이 필요하지만, 학교와 가정에서 요구하는 기술의 범위는 고통스러울 정도로 협소하다. 모든 아이가 수학, 영어 그리고 물리학에 도사가 되는 것은 아니다. 모든 아이가 피카소나 베토벤이 되는 것은 아니다. 허락만 된다면 뛰어난 기술자가 될 아이도 있다. 또 숙련된 회계사나 배관공 등이 될 아이도 있다. 이렇게 학교에 다니는 기간은 매우 중요하다. 또한 아이에게는 세상을 좀 더 많이 아는 어른들과 관계를 형성하고 교류하는 것이 매우 중요하다. 그래서 자신의 아이에게 운전하는 법을 가르쳐주는 친구의 아빠에게 애착을 갖는다면 축하해 줄 일이다. 만일 딸이 영어 선생님을 좋아하고, 선생님은 딸을 열정적으로 가르치게 되는 것은 괜찮은 것이다. 이 시기에 자신에 대한 좋은 느낌을 가질 여지를 가지지 못한다면 **괜찮지 않다**. 아이를 다른 형제와 비교하는 것은 **괜찮지 않다**. 아이가 친구의 엄마나 아빠를 좋아한다고 해서 질투하거나 독점하려 하면 **괜찮지 않다**. 만약 질투를 느낀다면 우리가 경험한 역기능에 대한 심리 치료를 받을 필요가 있다.

한 아이는 수학에, 다른 아이는 미술에, 그리고 또 다른 아이는 자동차에 뛰어나다면 괜찮은 것이다. 아이가 A 또는 B 학점을 받지 못하거나 어떤 기준에 미치지 못하게 되는 경우가 있더라도 자신에 대해 괜찮다고 여기는 것은 괜찮은 것이다. 고등학교나 대학교를 졸업하지 않고도 부유하며 성공한 사람을 우리는 많이 본다. 그리고 "부유하지는 않지만" 행복하고 성공한 사람도 많이 본다. 그들 중에는 고등학교만 졸업했거나, 대학교 졸업 또는 박사 학위를 가진 사람도 있다.

이 시기에 배우는 것은 어떻게 일하고, 다른 사람과 어떻게 지내며, 어떻게 사회적 정치적으로 행동하며, 다른 사람과 함께 지내면서 필요한 것을 어떻게 얻으며 또 자신이 하는 일에 대해 어떻게 해야 괜찮게 느끼는지 등과 같은 기본적인 기술이다. 이러한 것들을 어떻게 해야 하는가 하는 구체적인 것은, 실제로 행하는 것보다는 덜 중요하다.

정체성 대 정체성 혼란(Identity vs Identity Confusion)

앞서 말한 바와 같이, 위에서 서술한 4 단계는 18세에서 29세 사이의 어느 시점에 발생하는 **정체성 대 정체성 혼란**(Identity vs Identity Confusion, 또는 정체성 분산이라고도 함)이라는 발달 과정 중 1차 성인기(초기 성인기)에 관한 것으로서, 이는 우리가 받은 공식 교육의 정도, 경제 및 가족 체계의 요소에 의해 좌우 된다. 에릭슨과 그의 이론을 연구한 학자는 분명한 정체성을 가지게 되는 데에는 두 개의 핵심 부분이 있는데 그것은 위기(Crisis)와 책임(Commitment)이라고 믿는다. 에릭슨은 **심리적 유예기간**(psychological moratorium)을 거치지 않고 분명한 자아의식을 가진 건강한 성인이 되는 것은 가능하지 않다고 생각했는데, 이 심리적 유예기간이라는 용어는 질문하고 반항하는 시기를 단지 비현실적으로 표현한 것일 뿐이다.

우리는 자신의 종교적 신념, 우리를 키워 낸 가치관, 부모가 은밀히 또는 공공연히 만들어 놓았을지 모르는 삶의 여러 선택 그리고 좋아하는 라이프스타일 등을 질문해야 한다. 이 질문의 시기가 지나고 나면 다시 어린 시절의 신념으로 돌아갈지는 모르지만, 다시 어린 아이가 되지도 않거니와 "누군가가 그렇게 사는 것은 옳지 않다고 말했기 때문에" 그렇게 하지도 않을 것이다. 아니면 부모로부터 전수된 것과는 다른 방식으로 생각하고 행동하는 것을 선택함으로써 어린 시절의 신념으로 다시 돌아가지 않을 지도 모른다.

이제 한 가지 사실이 남는다. 즉, 우리가 이러한 반항과 질문의 위험한 시기를 거치지 않고서는 정체성의 단계를 통과하지 못할 것이라는 사실이다. 이 사실 때문에 역기능 가정의 자녀가 성인이 될 무렵에 많은 문제를 일으키게 된다. 정체성의 **책임**(commitment) 부분은 우리가 결국 자신의 신념과 라이프스타일에 대한 선명한 선택을 해야 하며, 그 선택은 단순히 말로만 하는 것 이상이 되어야 한다는 것을 의미한다.

실제로 그에 따라 행동해야 한다.

일부일처제를 선택했지만 늘 혼외정사를 가지는 사람은 라이프스타일에서 일부일처제에 책임을 이행한 것이 아니다. 자신이 기독교인이라고 주장하지만 가족이나 종업원을 걸레처럼 대하는 사람은 자신의 신념대로 사는 것이 아니다. 다만 그것에 대해 말할 뿐인 것이다. 이런 공허한 수사적 표현은 가족에 대한 이중 메시지 또는 이중 구속일 뿐이며 결국 실패하게 된다. 말과 행동이 일치하지 않는 부모는 결국 자녀로부터 존경을 받지 못하게 된다.

에릭슨은 우리가 경험한 위기의 깊이, 그리고 책임의 강도에 따라 이 단계에서 가능한 4가지의 정체성 유형 또는 산출물을 묘사했다. (이 유형에 대한 상세한 논의와 동반의존성과의 연관문제에 대해서는 Friel, Subby와 Friel, 1985를 참고하기 바람)

이 4가지 유형은 다음과 같다;

1. 확립된 정체성(Identity Achieved)

우리는 일, 종교, 성, 정치적 신념과 라이프스타일에 대한 정체성 위기를 겪어왔다. 또한 현재에 대한 선택에 분명한 책임을 가지고 있기 때문에 우리의 감정, 신념 그리고 행동은 일치한다. 즉, 조화를 이룬다. 우리는 우리 자신과 선택의 모든 부분에 대하여 선명한 책임을 다해야 하는가? 그렇지는 않다. 다만 책임을 적게 할수록 확립된 정체성은 적을 뿐이다.

2. 유예(Moratorium)

우리는 위기의 시기에 있다. 우리는 적극적으로 찾고 있다. 우리는 이런저런 모자를 써보곤 한다. 우리는 여러 사람과 데이트한다. 우리는 직업을 바꿔보고 전공을 바꿔보기도 한다. 하지만 체계적인 무엇인가가 있어서 그 방향을 조정한다. 우리는 아직 선명한 책임을 완성하지 못하고 있다.

3. 배제됨(Foreclosed)

우리 느낌에, 아마도 우리 중의 거의 50%는 이 상태에 있다. 만일 우리가 부정(denial)의 단계를 넘지 못한 성인 아이라면, 이 단계 또는 그 아래의 단계에 있는 것이 거의 확실하다. 배제(排除, foreclosure)란, 분명한 책임에 대한 의식은 있으나 그것을 감당하기 위한 위기의 시기에 들어가지 않는 것을 의미한다.

우리가 어릴 때 늘 쓰고 다니던 모자를 쓴 채 성인이 되지만, 모자는 성인의 몸에 쓰여 있다. 성인의 옷을 입고, 넥타이를 매고, 성인처럼 말을 하고, 성인의 일을 이야기하며 성인의 신념이라고 믿고 있는 것을 자신에게 말하기는 하지만, 아직 다 자란 것이 아니기 때문에 우리는 실제로는 성인이 아니다.

왜? 왜냐하면 무섭고 아프기 때문이다. 그리고 때로는 외롭다. 그것은 어린 시절과 굿바이하며, 자신과 같이 자라난, 악마와 같은 어린 시절의 환상과 화해하는 것을 의미한다. 성인 아이에게는 이와 같은 악한 것이 너무 많아서 배제(foreclosure)로부터 헤어나는 것이 너무나도 힘들다. 실제로, 부정(denial)과 두려움 때문에 계속 갇혀 있게 된다.

"남편은 우리 아빠 같지 않아요," 라며 주장한다. "아빠는 주정뱅이였지만, 남편은 열심히 일하고 책임감 있는 사람이에요!" (성인아이 식 번역: "내 남편은 쓸모없는 일중독자이지만 술주정뱅이는 아니기 때문에 더 나아요.") 이것이 우리가 부정(denial)하는 방식이다.

결혼하고 수년이 지나면 이렇게 말할 것이다. "내 남편은 정서적으로 내게 쓸모없지만, 어쩔 수가 없어요. 가정을 잘 돌봐요. 여자로서 필요한 것은 다 가질 수 있어요. 게다가 나는 스스로 돈 벌어 본 적도 없어요." 두려움은 이런 식으로 우리에게 역사한다.

배제로부터 빠져 나오는 것은 달도 없는 깜깜한 밤에 벼랑 위에 서서, 그 벼랑의 높이가 3 피트인지 100피트 인지 알지 못한 채 뛰어 내리는 것과 같다. 이것은 강력한 체계적 도움 없이는 할 수 없는 일이다.

이런 변화를 시도하는 것이 위험스럽기도 한 이유는, 보통 주변 사람으로부터 비난을 받기 때문이다.(죄책감을 느끼고 수치스러워 진다.) "미쳤군. 그 말이 딱 맞는 말이야. 그 남자와 결혼한다는 것은 죽음을 의미한다고." (그리고 그녀는 정서적으로 죽는다).

"어떻게 감히 다시 대학에 갈 수가 있지요? 아이와 나는 어떻게 하려고요? 음식과 세탁은 누가 하지요? 매일 밤 누가 나와 잠자리를 해주나요?" (번역: 아빠는 성적으로 중독 되어 있거나 최소한 여성 의존적일 것이고, 아이들은 세탁기와 건조기를 사용하는 방법이나 식사준비를 할 줄도 모른다고 말해도 좋을 정도로 망가져 있다.)

단순하게도 이때는 혼란의 시기이기 때문에, 배제를 내버려 두면 다른 사람으로부터 비난을 받게 된다. 전문 치료사가 사실 내담자는 자신의 삶 가운데 건강한 유예기간에 돌입하고 있는 때인데도 "역기능" 또는 "신경증세"가 있다고 분류하는 것을 보기도 한다. 번역: 그들은 성인이 되는데 큰 위험성을 지니고 있다. 그들에게는 더 큰 힘이 필요하다.

4. 정체성의 혼란(Identity Confused) 또는 분산(Diffused)

이 상태에 있을 때, 우리는 계속적인 위기 가운데 있지만 유예기간에 있을 때와는 다르다. 위기는 계속 반복되며, 그 방향성은 없다. 이 연인에서 다른 연인으로, 이 직업에서 다른 직업으로, 이런 신념에서 저런 신념으로 그리고 이런 라이프스타일에서 저런 라이프스타일로 옮겨 다닌다. 우리는 안전감을 찾아 가보지 않은 세상을 헤매는 상실한 영혼이다. 이 단계에 있는 사람은 그렇게 헤매는 동안에 많은 사람에게 상처를 주는 범법자이며 중독자이다.

대학 시절에는 파티 석상의 왕이나 여왕이었을지 모르지만, 그 역할에서 결코 헤어 나오지 못한다. 아니면 우리는 외부에 의해 정체성이 주어지고 제어되는 엄격하고 종교적인 원리주의자이다. 이 상태에 있으면서 자신이 영혼이 자유로운 편안한 사람이라고 여길지는 모르지만, 전혀 그렇지 않다. 자신과 다른 의견이 자신의 자아감을 위협할까 봐 참을 수 없어서 관용하지 못한다. 정체성이 확립되면 자신의 내면에 좋은 자아감이 편하게 자리 잡게 되고, 다른 사람의 시각에 위협받지 않는다.

사람들은 어떻게 그렇게 많은 사람이 짐 존스(Jim Jones)를 따라 가이아나(Guyana)에 가서 그의 명령에 의해 집단 자살을 하게 되었는지 의문스러워 한다. 우리는 그들이 정체성 혼란의 상태에 있었으며, 자신의 자아 정의(self-definition)의 핵심 즉, 자신의 삶을 완전히 포기하기까지 짐 존스를 필요로 하는 자아 정의 때문이라고 생각한다.

배제 또는 혼란을 뛰어 넘기 위해서는, 청년기에 이를 때 강하고 건강한 블록을 세우는 것이 필요하다. 또, 자신의 어린 시절을 되돌아보고, 그 시절에 대한 느낌을 지니고, "좋고" "나쁜" 것에 대해 재평가하며, 그 시절에 부모에게 가졌던 무조건적인 존경심을 내려놓는 것이 필요하다. 부모님은 성인도, 야만인도 아닌 인간이다.

성인 아이는 부모에게 너무 깊이 매여 있기 때문에, 자신의 부모를 무조건 존경하지 않고 인간으로 **여기는 것**이 매우 고통스럽다. 부모가 너무 방임하거나, 학대하거나 또는 무시하면 우리는 부모에게 깊이 매이게 된다. 후자의 경우에, 물을 마시러 계속 우물가에 가지만 거기에는 아무 것도 없기 때문에 매이게 된다. 우리가 바라며 되돌아가는 것은 아마도 부모가 학대하고 무시했기 때문에 받지 못했던 것을 얻기 위해서이다.

앨리스 밀러(Alice Miller)가 매우 적절하게 언급했듯이(1987), 우리의 부모가 (아주 건강한 방법으로) 우리를 사랑할 수 없었다는 것을 인정하는 고통은, 우리가 "나빠서" 사랑 받을 자격이 없었다고 생각하는 고통보다 훨씬 더 크다. 그 고통이 너무 커서 우리가 **변화되어야 할 때**까지, 우리는 적당히 부정하면서 배제한 채 있게 된다.

달리 말하자면, 우리의 증상, 중독 그리고 고통은 참으로 우리의 적이다. 어린 내적 자아(Little Child Within)가 강해져서 무엇인가를 필요로 할 때, 그 적은 다가온다.

14. 친밀성과 그 너머(Intimacy and Beyond)

에릭슨(Erikson)은 다음 단계는 친밀성 대 소외감이라고 불리는데, 친밀성의 영역에서 너무나 많은 성인 아이가 가장 고통스러운 위기를 경험한다.

우리는 친밀성을 "그 과정 가운데서 자신의 정체성을 희생시키지 않고 다른 사람과 관계를 맺는 능력"이라고 정의하고 싶다. 이 정의의 마지막 부분이 너무도 중요하다. 신체적, 성적, 지적, 사회적, 영적 그리고 놀이나 취미를 나누는 것과 같은 많은 종류의 친밀성이 있지만 기본적으로 자아의 상실을 동반하는 친밀성은 친밀성이 아니다. 즉, 그것은 의존(dependency)이다.

성(sex) 관계 중의 자아 상실은 정상이고 괜찮지만, 항상 다른 사람의 욕구에 맹종하고 자신이 좋아하는 것을 전혀 요구하지 못한다면, 그것은 괜찮지 않으며 건강하지 않다. 어떤 영화를 보든 상관없는 가운데 다른 사람으로 하여금 영화를 선택하도록 하는 것은 문제가 없다. 만일 가슴 속 깊이 원하면서도 여전히 좋아하는 것을 말하지 못한다면, 그것은 지나치게 의존적인 것이다. 관계의 건강성을 평가할 수 있는 가장 좋은 방법은 우리가 실제로 어떻게 느끼는지를 확인하는 것인데, 이는 감정이 표면으로 드러나도록 충분히 회복되어야 할 수 있다. 아래의 목록은 의존적 관계와 친밀성의 느낌을 비교한 것이다.

친밀성	역기능적 관계
(독립적)	(의존적/고립)
전체적인(whole)	절망적인(desperate)
즐거운(joyful)	두려운(fearful)
유능한(competent)	걱정스러운(anxious)
관심있는(interested)	거절당한(rejected)
강한(strong)	화난(angry)
선명한(clear)	혼란된(confused)
편안한(comfortable)	유기된(abandoned)

평화로운(peaceful)   지쳐버린(exhausted)
충만한(fulfilled)   보이지 않는(invisible)
감사하는(grateful)   억제된(controlled)
행복한(happy)   이용된(used)
흥분된(excited)   조작된(manipulated)
믿을만한(trusting)   공허한(empty)
혼자 있어도 됨(alone-ness)   외로움(loneliness)
함께 있어도 됨(together-ness)   정체성이 없는(identity-less)

믿거나 말거나, 우리에게는 왼쪽 목록으로 가장 잘 묘사할 수 있는 몇 커플과 오랜 친구가 있다.

다음에서, 성인 아이 간의 관계에서 가장 빈번하게 발생하는 것으로 여겨지는 주제와 문제를 간략히 설명했다.

대상화(Objectification)

우리의 컵이 "비어" 갈 때, 연인이나 친구로 하여금 자신에게 부족한 무엇인가를 채울 수 있는 것을 해 주기 바라는 경향이 있다. 우리는 친구를 치료사나 엄마와 아빠 또는 구세주로 만들려 하면서 서로를 대상화한다.

우리는 서로를 성적인 대상으로 만들어서 순간적으로 더 좋고 친밀하게 느끼려고 하지만, 건강한 관계에 필요한 보다 폭 넓은 관점에서 보면, 우리에게는 친밀하게 되는 능력이 모자란다. 심리 치료사와 인간 존재로서 저자는, 진정한 친밀성은 우리가 회복될 때까지 "지루하게(boring)" 보이기는 하지만 매일 조금씩 해 나갈 때 생긴다고 진지하게 생각한다.

빚진 것은 갚아야 하는 증후군(The Owe-Pay Syndrome)

대상화의 또 다른 형태는, 다른 사람이 우리에게 빚진 마음을 가지고 친절을 베풀 것이라는 기대로 탈진할 정도로 다른 사람을 위하여 많은 일을 하는 것이다. 그리고 나서, 우리는 다른 사람이 우리에게 "빚을 졌다(owe)"고 크게 또는 부드럽게 말한다. 우리는 "당신을 위해 내가 한 일을 보라!"고 말한다. 그러한 표현은 우리가 중독 관계에 있고, 우리의 정체성과 존엄성을 잃어버렸다는 것을 보여주는 붉은색 깃발이다.

감정 전달(Communicating Feelings)

유명한 심리 치료사 칼 로저스(Carl Rogers, 1973)가 제시한 바와 같이, 끊임없이 나타나는 감정은 비록 하찮아 보일지라도 모두 표현되어야 한다. 원만한 관계에서, 이러한 감정은 깊은 미움으로 자리 잡기 전에 날아가고 정리된다. 또 다른 사람을 존중하며 지혜롭게 처리한다.

예를 들어: "톰, 우리가 함께한 시간에 대해 이야기하고 싶어요. 나는 당신을 무척 사랑하지만, 최근에는 내 자신을 위한 시간이 너무 부족했고 그것 때문에 당신에 대한 감정에 방해를 받고 있어요."

배우자 선택(Partner Choice)

가족 체계 이론가에 따르면, 우리가 성인이 될 때 자신이 성장한 가정을 재연한다고 하는데, 이는 우리가 아버지나 어머니와 결혼한다는 프로이드의 오래된 생각에 어느 정도 생각을 같이 한다. 그러나 사람들은 자신과 엄마 그리고 아빠의 표면적 성격만 보기 때문에 이 견해로 말미암아 혼란스러워 한다.

　만일 엄마가 지나치게 감정적이고 남에게 의존한다면, 우리는 겉으로는 강하고 독립심이 강한 사람과 결혼할지 모른다. 만일 우리가 성장한 가정이 역기능적이라면, 그런 강하고 독립적인 여성은 자신의 품에서 살고 있는 의존적인 자녀 때문에 방해를 받을 것이다. 그녀의 의존성이 드러날 때, 그것은 요구하고 밀어내고 비판적인 형태를 띠게 될지 모른다. 그녀의 두려움으로 인해 그렇게 되고, 주변에는 이제 즐거운 일이 없게 된다.

　아니면, 그녀는 당신으로 하여금 자신을 좌지우지하도록 해서 의존성을 드러내는데, 이 경우에 당신은 가해자가 되고 그녀는 피해자가 된다. 그녀는 일하는데 있어서는 유능하고 독립적이 될 수 있지만, 당신과의 관계에서는 무기력할 것이다.

　여기에서 실제로 일어난 것은, 당신은 엄마의 무기력과 의존에 반응했고 아빠와 같이 가해자가 되었으며, 자신의 생각에는 엄마와 반대라고 생각했지만 사실은 그렇지 않은 사람과 결혼했다는 점이다. 우리가 성장한 가정에 반응하는 것은, 우리가 거기서 자유롭지 못하다는 것을 의미한다. 만일 우리가 분명한 정체성에 근거해서 선택을 하지 못하면, 우리는 여전히 지배당하게 된다.

불분명한 경계선 (Unclear Boundaries)

　우리는 서로의 삶에 지나치게 얽매이게 된다. 당신의 슬픔이 나의 슬픔이 된다. 아니면, 내게 필요하고 원하는 모든 것을 당신이 채워주기를 기대한다. 나로서는 나의 빈 컵을 채우기 원하기 때문에, 어떻게 이 끊임없는 질문과 요구를 중단해야 할지 알지 못한다. 당신이 원하지 않을 때 잠자리를 요구한다. "문제에 대해 이야기하면서" 당신을 뜬눈으로 밤을 지새우도록 한다. 당신이 친구, 특별히 이성 친구를 사귀게 되면 질투한다. 나는 행복해지기 위해 노력하기 보다는 불행한 것에 대해 당신 탓을 한다. 우리는 서로 만나기 전에 이미 각각의 존재로 출발했다.

만일 우리가 회복되지 않은 성인 아이라면 정체성을 잃었기 때문에, 서로 너무 빨리 얽매여서 친밀해질 수 없다.

독립의 문제(Separation Problems)

독립(separation)은 인생의 한 부분이다. 인생은 연대와 독립의 연속이다. 우리는 어떤 사람이 멀리 떠났다가 다시는 돌아오지 않는 것을 두려워하여 어려움에 처한다. 그래서 우리는 독립할 때 많은 갈등이 생긴다. 우리는 누군가가 4일간의 출장을 떠나게 되면 다툰다. 그리고 나서 그들이 돌아올 때 또 다른 사람에게 불평을 털어 놓는다. 하루 종일 떨어져 지내고 난 뒤 밤에 만나서는 친밀성을 함께 나누지 못한 것에 대해 다툰다.

시인 릴케는 사랑을, "두 명의 고독한 사람이 서로를 보호하고 접촉하고 감싸주는 것"이라고 묘사했다. 우리가 이렇게 할 수 없는 가장 큰 이유는 다음에 있는 주제 때문이다.

모든 계란을 한 바구니에 담기(All The Eggs In One Basket)

우리는 극히 적은 수의 관계에 지나치게 많은 것을 투자한다. 우리는 배우자나 파트너에게 너무 많은 것을 요구한다. 즉, 아버지, 연인, 친구, 테니스 파트너, 자녀의 부모, 단짝 친구, 치료사, 당구 파트너

(bridge partner), 베이비 시터(집을 지키며 아이를 돌보아주는 사람), 돈 벌어오는 사람 등... 이 모든 것을 할 수 있는 사람은 아무도 없다. 이 주제에 대한 책 중에 저명한 **스코트 펙**(Scott Peck)**의 '가지 않은 길'**(The Road Less Traveled(1978))에서 그는, "상대가 없이도 살 수 있는 사람만이 진정으로 사랑할 수 있다."고 했다. 나도 그 말에 동의한다.

통제 문제(Control Issues)

이것은 버려지는 것에 대한, 극단적으로는 죽음에 대한 두려움과 관련된다. 우리는 자신의 육체적 죽음을 막을 수 없으며, 누군가로 하여금 나를 사랑하도록 할 수 없다. 다른 사람과의 힘겨루기는 이와 같이 통제할 수 없는 것을 제어하려할 때 일어난다. 사실, 그것은 중독과 관련된 것이다. 우리가 혼자 있거나, 배우자나 애인이 4일간의 출장을 떠날 때, 일반적으로 훨씬 더 많은 중독을 행하게 된다. 그리고 그들이 집에 함께 있을 때에는 그들을 통제함으로써 상황을 통제하려고 하는데, 이는 그들을 더 멀리 밀어낼 뿐이다.

갈등 다루기(Handling Conflicts)

관계에서의 갈등은 피할 수 없는 것이다. 두 사람이 잠시 동안 가깝게 지낼 때마다, 자신들이 독립적 존재였기 때문에 의견, 필요 그리고 가치관에 차이를 보게 된다. 이것은 당연한 것이다. 건강한 관계에서는 이것이 잘 정리된다. 건강하지 않은 관계에서는, 두 사람이 질질 끌거나 너무 많이 타협해서는 곧 지치게 된다.

공통 관심사(Common Interests)?

이것은 자세하게 설명하는 것이 매우 어렵다. 우리 모두는 공통적인 관심사를 가질 필요가 있는가? 몇 가지만? 아니면 많이 가지는 것이 좋은가? 전혀 없는 것이 더 나은가? 어느 정도의 공통적인 성격적 특성을 지니는 것이 도움이 되듯이, 공통적인 관심사를 어느 정도 지니는 것은 분명히 도움이 된다. 그러나 그렇다고 해서 우리가 모두 같은 사람이 되어야 하는 것은 아니다. 관심사나 성격이 매우 유사한 성공적인 커플도 있지만, 전혀 같지 않으면서도 성공적인 커플도 많이 있다. 가장 중요한 것으로 생각되는 것은, 파트너 또는 친구에게 의미 있는 방법으로 서로의 필요를 채우고, "광범위한 삶의 견해"를 나누며, 자신을 위해 고갈되어지는 관계가 아닌 삶을 향상시키는 관계가 되도록 하는 것이다.

친밀성을 위한 대화(Dialogue on Intimacy)

우리는 때때로 사랑과 의존 사이의 알맞은 길을 걷는다. 진정한 친밀성은 묶인 끈 없이, 자유롭게 주어지는 소중한 선물이다. 동시에 우리는 관계에 있어서 상호성(reciprocity)을 가져야만 하는데, 이것이 처음에는 모순처럼 들린다. 잘못 해석하면 이 상호성은 위에서 논의한 "빚진 것은 갚아야 하는 중후군"이 된다. 실제로는 그렇지 않다.

분명한 것은, 관계에 있어서 주고받는 것(give-and-take)을 원해야 한다는 점이다. 많은 사람이 관계 가운데에서 되돌려 주기 원한다는 것은 틀림없는 사실이다. 또 다른 사람이 원하는 경우가 있기 때문에 돌려준다는 것이 그리 단순한 것은 아니다. 요청만 할 수 있을 따름이다. 이것은 분명히 역설적이다. 성인 아이인 우리에게 있어서 이 사실은 뛰어넘기에 가장 힘겨운 역설이다.

아래의 파트너 사이의 대화를 살펴보자.

B: 요즘 성인 아이 사이의 관계에 관련된 책을 읽고 있는데, 이 책에서는 두 가지 경향성을 이야기해요. 한 가지는 두 사람이 지나치게 얽매여 있는 관계이고, 또 다른 한 가지는 지나치게 멀리 떨어지는 관계에요. 우리는 어떤 경우에 해당한다고 생각해요?

R: 음...글쎄... 우리는 그 두 가지의 경우에 대해 균형을 잘 이루고 있다고 생각 되네요.

B: 아...나도 그렇게...

R: 왜 그래요? 왠지 슬프게 들리네?

B: 잘 모르겠어요. 가끔씩 우리가 너무 멀리 떨어져 있다는 생각 안 드세요?

R: 아니. 우리 서로 각자의 삶과 함께 있는 것에 잘 균형을 이루고 있다고 생각해요. 그런데 당신은 그렇지 않군요. 무슨 일이 있어요?

B: 우리 관계가 그렇게 훌륭하지만은 않다고 생각해요. 그게 바로 저의 생각이에요.

R: 그렇게 예민해질 필요는 없어요. 이야기 좀 나눌까요?

B: 예민하다고요? 당신은 또 판단하고 있군요.

R: 판단? 예민해지지 말라고 했을 뿐인데 왜 판단하고 있다고 생각하는 거요?

B: 예민해지는 것이 괜찮은 건가요?

R: 그러지 마요. 무슨 말인지 알면서 왜 그래요.

B: 네. 제가 불안정하다는 말이겠죠.

R: 잠시 생각할 시간 좀 주겠소?

B: 그게 무슨 말이에요?

R: 잠깐 대화를 멈춥시다.

B: 그래요.

R: 당신이 성인 아이에 관한 책을 읽던데, 무슨 찔리는 것이 있나요? 당신이 염려 되요. 무슨 문제인지 말해줘요.

B: 정말 내가 염려되나요?

R: 그래요.

B: 다행이네요. (긴 침묵이 흐른다.) 바로 그것이 제가 찔리는 것이에요. 때때로 우린 서로 너무 떨어져 있다는 생각이 들고, 당신이 저를 생각하지 않는 게 아닌가 하는 생각이 들어요.

R: 나는 당신을 염려해요. 그리고 당신도 알다시피 가끔 너무 멀리 떨어져 있다는 당신 말에 동의해요.

B: 훨씬 낫네요. 그것이 우리가 오래 전부터 해 왔던 "케케묵은 싸움"을 하게 했던 것이었어요. 난 그 때문에 무서웠구요.

R: 당신이 선명하게 문제점을 밝혀주니 좋군요. 무서움. 그래요 나도 무서웠어요.

B: 고마워요. 당신과 함께 있는 것이 필요할 때가 있어요. 아이도 없고 전화도 없이 말이에요.

R: 나도 그래요.

B: 언제 그렇게 할 수 있을까요?

R: 이 보고서를 월요일까지 마쳐야 해요. 하지만 부지런히 서두르면 내일까지는 쉽게 마칠 수 있을 거에요. 사실 하기 싫어서 미루고 있었거든요. 그런 다음에 이번 주말 내내 같이 지냅시다.

B: 어디라도 같이 갈까요?

R: 어디든 당신이 원하는 대로 갑시다. 당신이 정해요.

B: 그렇게 할게요.

R: 사랑해요.

B: 저도 사랑해요.

이 대화는 상처 없이 시작해서, 위험한 지경으로 치달았지만 잘 해결되었다. 여기에 상호성(reciprocity)이 있었고, 덕분에 해결되었다.

그러나 상호성이란 무엇인가? 어떻게 해서 그것은 역할을 할 수 있었는가? 이 두 사람은 동일한 능력, 필요, 영향력, 의존성, 독립성, 동반 의존성, 독립, 힘, 용기, 존엄성, 자기 존중 등등...그들의 컵이 상대적으로 가득 채워졌기 때문이다. 이 특별한 커플은 역설을 넘어 섰기 때문에 더 이상 "역설적"이지 않은 것이다. 그것을 넘어 선 것이다. 이 특별한 역설은 더 이상 이들에게 상처를 줄 수 없다. 최소한 지금은. 어느 정도 해냈다.

관계와 성장의 측면에서 다른 위치에 있는 또 다른 커플은 다른 방식으로 이 문제를 해결했다.

D: 요즘 성인 아이 사이의 관계에 관련된 책을 읽고 있는데, 이 책에서는 두 가지 경향성을 이야기해요, 한 가지는 두 사람이 지나치게 얽매여 있는 관계이고, 또 다른 한 가지는 지나치게 멀리 떨어지는 관계에요. 우리는 어떤 경우에 해당한다고 생각해요?.

L: 모르겠는데? 난 우리 관계에 어느 정도 만족해요.

D: 당신도 알다시피, 최근에 우리가 서로 진지하게 대화하지 않고 있는 것이 힘들게 느껴져요. 마치 서로 멀리 떨어져나가는 기분이에요.

L: 그래요?

D: 네, 슬픈 기분도 들어요.

L: 그랬군요.

D: 그리고 당신이 별 문제를 느끼지 못한다면, 그야말로 문제라고 생각해요.

L: 또 그 소리군요.

D: 무슨 말이에요?

L: 당신은 늘 함께하는 시간이 너무 적다고 하지만, 난 충분히 그리고 어떤 때에는 지나치게 많은 시간을 함께 한다고 생각해요.

D: 그렇군요.

L: 이제 그 정도로 합시다.

D: 그래요. 하지만 뭔가 결정해야 할 것 같아요. (D가 표면으로 서서히 올라오는 감정을 주시하는 동안 고통스러운 긴 침묵이 흐른다.) 내가 잔소리꾼이 되고 싶지는 않지만, 제 감정을 무시하고 싶지도 않아요. 이것을 너무 오랫동안 무시하면서 세월을 보냈어요. 당신의 말을 들어보면 마치 내가 잔소리꾼이 되어가고 있다고 느끼는 것 같은데, 난 그 때문에 슬퍼지는 거라고요.

L: 왜?

D: 저의 유일한 대안은 우리 관계를 근본적으로 바꾸는 것이에요. 당분간 떨어져 있을 필요가 있어요. 그래서 슬픈 거예요.

L: 떨어져 있어? 또 당신 자신의 감정으로 치닫는 거예요?

D: 아뇨. 지금은 감정에 휘말리는 게 아니라, 감정에 솔직해지는 것이에요. 잠시 떨어져 살고 싶고, 그래야 한다고 내린 결정 때문에 슬픈 거예요.

L: 어리석게 왜 그래요? 심각해질 필요 없어요.

D: 어리석지 않아요, 그리고 난 심각하고 슬프다고요.

L: 정말 그렇게 하려는 거예요?

D: 그래요. 나는 당신에 대해 많이 생각하지만, 제 자신에 대해 맞다고 여겨지는 관계를 가져야 한다고 생각해요. 그리고 지금 이 순간은 옳지 않다고 여겨져요. 이것은 옳고 그름의 문제도, 좋고 나쁨의 문제도 아니에요. 이것이냐 저것이냐 하는 차원이 아니에요. 다만 우린 서로 너무 다른 필요를 가지고 있을 뿐이에요.

회복의 과정에서 "D"가 발견한 것은, 자포자기(self-abandonment)하는 것은 관계를 위한 것으로서는 그 대가가 너무 비싸다는 것이다. "D"가 이 문제를 다룬 방식은, 기본적인 신뢰감(지금은 고통스럽더라도 잘 될 것이라는)을 갖고, 기본적인 자율성(홀로 서야만 할 때 그렇게 하는 것은 괜찮다고 하는)을 가지며, 기본적인 주도성(문제를 해결하고, 힘든 것일지라도 결정을 내리는)을 가지고 분명한 정체성(자포자기 대신 자아의식) 대로 했다는 것이다. 고통스럽고 연약한 슬픔의 감정을 표현하면서 동시에 가장 바람직한 것을 표현했는데, 그것은 바로 존엄성이다.

친밀성을 다루고 있는 뛰어난 책이 많이 있는데, 그 중에 좋아하는 몇 권을 추천한다.

파트너 되기: 결혼과 그 대안(Becoming Partner: Marriage and Its Alternatives(Rogers, 1973)

친밀성을 위한 몸부림(Struggles for Intimacy, Woititz, 1985)

너무 사랑하는 여인(Women Who Love Too Much, Norwood, 1985)

여자를 미워하는 남자와 그들을 사랑하는 여자(Men Who Hate Women And the Women Who Love Them, Forward and Tores, 1986)

부부 되기(Pairing, Bach and Deutsch, 1970)

로저스와 바흐(Rogers, Bach)의 저서는 특히 우리 모두가 가지고 있는 친밀감 갈등(intimate struggles)의 내적 측면에 대하여 탁월하게 표현하고 있는데, 많은 실례와 삽화가 있어서 의미를 파악하는데 큰 도움을 준다.

친밀성을 넘어서(Beyond Intimacy)

회복 과정에는 한 가지 좋은 점이 있다. 우리는 한 가지에 더 이상 완벽할 필요가 없다. 불신이 경고도 없이 다가올 때, 신뢰감을 가지고 편안할 수 있다.

완벽할 필요가 없다는 것이야말로 진정한 기쁨이다. 편집중 때문에 자신을 혹사시키지 않아도 편집중에 걸리게 된다는 것이 얼마나 편하게 들리는지 모르겠다. 자신을 혹사시키기 위해 얼마나 많은 에너지를 쏟는지 생각해 보라. 말로만 "여보세요. 정말 화가 나는군요. 이게 도대체 뭡니까?"라고 한다는 것은 말이 되지 않는다. 종결. 자아에 관한 논의는 끝난다. 죄책감, 비난, 수치심이나 자아파괴도 없다. 신뢰는 기저귀를 갈거나 영수증을 확인하는 뜻하지 않은 때에 해답이 찾아올 것을 신뢰하라.

코미디언 스티븐 라이트(Steven Wright)가 지혜롭게 말했듯이, "당신이 모든 것을 가질 수는 없다. 그것을 다 어디에 맡길 텐가?" 그것은 우아한 생각이며, 뛰어난 해방감이다. 누구도 그 모든 것을 가질 수는 없다. 그것이 사실이라면 이 세상의 50억 인구 가운데 아무도 완벽하지 않기 때문에 이제 나는 자유롭다. 따라서 내가 항상 신뢰하지 못할지라도 나는 괜찮다고 믿을 수 있다.

자율성, 주도성, 근면성 그리고 친밀성도 마찬가지이다. 건물을 짓는 벽돌이 아주 단단해야 하지만 그렇다고 그것이 완벽한 것은 아니다. 자신의 내면에 어린 아이를 지닌 채 친구와 사귀는 것을 배운다면, 자신의 몸 안에서 느끼는 감정에 귀 기울이는 것을 배운다면, 자신이 무서워하는 것을 무서워한다고 인정한다면, 자신이 화나는 것에 화가 난다고 인정한다면, 자신보다 현명한 사람에게 배우는 것에 마음을 연다면, 우리는 이 세상에서 찾아 헤매던 것을 발견하게 될 것이다.

그리고 만일 벽돌이 단단해서 친밀성 단계까지 올라갔다면, 에릭슨(Erikson)은 그 다음의 단계는 아래와 같다고 말한다.

성숙성(생산성) 대 침체감(Generativity vs Self-Absorption)

20대 중반과 30대 중반 사이에 또는 자신이 언제 회복되느냐에 따라 그 이후 언젠가, 우리는 다른 사람의 관계 주변에서 위기를 맞는다. 우리 중의 일부는 자신에게 너무 깊이 초점을 맞추기 위해서 다른 모든 것을 배제한다. 또 다른 일부는 그때까지 우리에게 주어졌던 것을 인류에게 되돌려 주고 싶어 한다. 여기에서 난관은 만일 그렇게 하기 위한 시작에 필요한 것을 많이 가지지 못했다면(만일 우리가 회복 프로그램을 충실히 참여하지 않고 있는 성인 아이라면, 만일 우리가 학대받는 아이지만 그것을 인정하지 않고 치료하지 않고 있다면, 만일 우리가 "거짓 회복상태(pseudo-recovery)"에 있어서 말로 옳다고 하는 것을 실제로는 행하지 않는다면), 되돌려 줄 것도 없게 될 것이라는 점이다.

우리의 성숙성(생산성)에 의해 아이를 낳겠지만, 우리가 학대 당한대로 아이를 무의식적으로 학대하게 될 것이다. 우리의 생산성에 의해 최고의 예술 작품을 만들어 내지만, 그 과정에 너무나 몰두하는 바람에 그렇게 노력하는 동안 자신을 진창에 빠뜨릴 것이다.

우리는 많은 사람이 12번째 단계의 과정(다른 사람이 회복 프로그램을 시작할 수 있도록 돕는)을 도리어 자신의 문제를 회피하는 수단으로 사용하는 것을 본다. 사실 그렇다. 다른 사람을 돕는다는 것이 오히려 자신의 문제와 고통을 회피하게 되는 변명이 될 수 있다. 지금껏 그렇게 해왔기 때문에 잘 안다.

에릭슨의 지혜를 요약하면, 우리가 어렸을 때 필요했던 것을 채우지 못한다면, 아무 것도 인류에게 돌려 줄 준비가 되지 않았다는 것이다. 심리 치료사 가운데 회자되는, "우리는 우리보다 나쁜 상태에 있는 사람만 도울 수 있다"는 말로 이 사실이 증명된다. 정체성, 친밀성 그리고 그 이전의 과정을 마치기 전에 생산성에 초점을 맞추게 되면, 닥치는 대로 일하게 된다.

아마도 이 자리에서 가장 좋은 충고는 이것일 것이다. **"텅 빈 컵이 아니라, 가득 찬 컵에서 돌려주는 것이 낫다."**

자아 통합 대 절망감(Integrity versus Despair)

우리는 삶의 각 단계를 거치면서 과거를 되돌아보는 시간을 갖는다. 처음으로 집을 떠났을 때, 그리고 다시 30대의 위기를 겪으면서, 중년의 위기를 맞을 때 등등 이렇게 한다. 이것을 통해서 우리가 노년기에 하게 될 **삶을 되돌아보는** 모든 준비를 하는 것인데, 노년에 우리는 자신의 전 삶을 되돌아보고, 그것을 이해하려고 노력하게 된다. 만일 우리가 자신의 삶을 돌아보고 완전성(wholeness), 성취감, 그리고 평온함이 남는다면 충만하고 풍성하며 보람 있는 삶을 살았다는 생각으로 편안하게 자신의 죽음을 맞이할 수 있게 된다.

이렇게 자신의 삶을 되돌아보는 과정에는, 과거의 실수와 후회 그리고 그 결과 생긴 손실과 슬픔을 다루며, 사랑하는 사람과 아직 끝맺지 못한 것을 매듭짓는 것이 포함된다. 누군가를 용서해야 할 필요가 있을지 모른다. 아니면, 누군가에게 그들의 행동 때문에 화가 났고 오랫동안 그 화를 짊어져야 했었다고 말할 필요가 있을지 모른다. 삶의 모든 과정을 지나 온 사람에게 있어서, 노년과 죽음을 맞이하는 것이 두렵고 무서울 필요가 없다. 오히려 지혜와 완전함의 기간이 될 수 있다. 플라톤이 약 기원전 370년경에 공화국(The Republic)에서 썼듯이, "노년에는 크나큰 평온함과 자유함의 의식이 존재한다. 열정이 그들의 지배력을 풀어놓을 때, 우리는 하나의 지배자가 아니라 많은 지배자로부터 도망한다."

감정을 지닌 채 삶을 종주해야하는 위험성을 감당하지 않는 사람에게는 노년이 끔찍한 저주가 될 수 있다.

사례 연구를 할 때면 정신 의학 교과서에 있는 어느 여인의 이야기를 종종 기억나게 한다. 그 여인은 심기증(역자 주: 병이 아닌데도 자신은 병이라고 생각하여 여러 가지 정신적, 육체적 증상을 호소하는 것)과 속임에 능한 어머니를 돌보느라 자신의 평생을 보냈다. 다른 두 아이는 성장해서 집을 떠났고, 막내만 엄마의 손에 붙잡혀 살게 된 것이다. 95세의 나이로 엄마가 세상을 떠났을 때, 이 막내딸의 나이는 70세였는데 정신병에 완전히 걸려서 머리를 쥐어뜯고, 손목을 칼로 베며, 머리를 자주 벽에 부딪히면서 절망적인 분노에 빠졌는데, 그 이유는 자신의 청소년 후기에 자신을 자유롭게 해 주었어야 할 사람(역자 주: 그녀의 어머니)에게 자신의 전 생애를 헌신했기 때문이다.

성인 아이는 어릴 때에 회복되지 못한 부모로부터의 피해자일 뿐 아니라, 부모가 늙어서 죽어가는 때까지도 피해자인 경우가 허다하다. 하지만 가장 역기능적인 부모라 할지라도 그들의 인식이 열려 있다면 통전 의식(sense of wholeness)을 가지고 죽을 수 있다. 여기 땅 위에서의 성장은 우리가 죽을 때까지 멈추지 않는다.

우리는 최근 자신의 부모를 잃은 어느 한 친구를 기억한다. 그의 부모는 모두 약물 중독이었고, 주로 의학적인 이유로 노년을 "회복과정(recovering)"으로 보냈다. 그들은 지난 10년에서 15년을 비교적 평화롭게 보냈지만, 51년의 결혼생활을 통해서 엄청난 갈등을 가졌었다. 그의 어머니는 자신의 생애의 마지막 해에야 비로소 우리가 제공한 12단계의 모든 프로그램을 통해 안정감을 얻게 되었다. 그것은 그녀가 해낸 것이다. 어머니의 장례식에서 그 친구가 읽어 내려간 글(긴 송덕문에서 발췌)은 다음과 같다.

"엄마! 당신의 삶은 큰 기쁨과 깊은 슬픔의 혼합물이었습니다. 당신이 경험한 기쁨으로 인해 행복합니다. 당신이 경험한 슬픔에 대해 지금은 슬프지만 그것은 지나갈 것입니다. 슬픔은 치유를 허용합니다. 그리고 삶 가운데 있는 작은 죽음은 우리에게 깊이와 지혜를 더해 준다는 것을 알게 됩니다. 당신 삶의 마지막 해는 결코 잊을 수 없는 평온함으로 가득 차 있었습니다. 저는 지난해 당신이 혼자 지내는 가운데 삶을 정리해 나가면서 보여주신 엄청난 존엄성(dignity)에 대해서, 또 자신의 집에서 죽음을 맞이하기 위해 싸웠던 지혜에 대해 감사하고 싶습니다. 당신은 "편하게 잠자리에 드셨고" 저도 언젠가는 그렇게 할 수 있을 거라는 희망을 가지게 되었습니다."

찰스 디킨스(Charles Dickens)의 글을 인용함으로써 이 장을 마치고자 한다.

아버지 팀(Time)이 늘 엄하셨던 것은 아니었는데, 꼭 누구를 기다린 것은 아니지만 평소 그의 말을 잘 따르던 아이에게 손을 가볍게 얹고는 했다

찰스 디킨스
1840년, Barnaby Rudge에서

에피소드

15. 토끼 이야기

그다지 오래 되지 않은 어느 날, 작은 토끼 한 마리가 숲속 가에 있는 한 작은 굴에서 태어났다. 그 토끼는 어머니와 아버지가 그녀를 부지런히 돌봐주어서, 건강하고 강하게 자라나고 있었다.

그러던 어느 날, 그녀의 부모가 날이 저물어 굴을 향해 돌아가던 중에 여우 한 마리가 나무 뒤에서 뛰어나와 어머니를 쫓아가서 쓰러뜨려 죽이고는 먹어 버렸다. 작은 토끼의 아버지는 할 수 있는 대로 빨리 뛰어서 집으로 돌아와서는 작은 토끼에게 일어난 일을 말해 주었다. 그들은 너무 슬프고 무서워서 며칠 동안 굴 밖으로 나가지 못했다.

하지만 그들에게는 먹을 것이 필요했고, 아버지가 식량을 위해 굴 밖으로 나갔다. 그는 매우 조심스럽고 예민했다. 그가 굴 입구에서 몇 발자국 떨어지지 않은 곳에서 작고 푸른 풀을 뜯어 먹고 있을 때, 사나운 여우가 나무 뒤에서 뛰어나와 그를 쫓아가 쓰러뜨리고는 그 자리에서 먹어버렸다. 작은 토끼는 밖에서 무슨 일이 일어났는지 알기 때문에 굴 안에서 떨고 있었다. 그리고는 될 수 있는 대로 굴 속 깊은 곳으로 기어들어가 흐느끼다가 잠이 들었다.

다음 날 아침, 작은 토끼는 너무 배가 고파서 깨어났지만 무서워서 굴 밖으로 나가지는 못했다. 그 때 갑자기 멀리서부터 두 아이의 목소

리가 들려 왔는데, 그들은 집으로 가는 길에 숲 속을 가로질러 가고 있었다. 그녀는 굴 입구까지 기어가서 코를 내밀어 공기를 들이마셨다. 여우의 조짐이 느껴지지 않자 그 목소리가 들려오는 곳을 보기 위해 굴 밖을 살짝 내다봤다. 두 아이는 바로 굴을 향해 걸어오고 있었는데, 왠지 작은 토끼는 두렵지가 않았다. 그들은 너무 행복하고 상냥해 보였다.

그들이 조금 더 가까이 왔을 때 작은 토끼가 굴속에서 내다보고 있는 것을 알아차리고는, 조금 더 가까이 걸어가 작은 토끼가 나오기를 기다렸다. 마침내 작은 토끼가 밖으로 나왔다.

"안녕! 작은 토끼야!"

"별로야" 작은 토끼가 대답했다. "악마 같은 여우가 부모님을 죽여서 난 혼자 굴속에 있어. 밖에 나와서 먹을 것을 찾는 게 두렵고, 그러다가 굶어 죽을까봐 두려워." "그래" 아이들이 대답했다. "우리랑 같이 가면 어떨까? 우리 집에서 살면 우리가 먹을 것을 줄 것이고 널 안전하게 지켜줄 거야."

작은 토끼는 너무 기뻤다. 그녀는 이 아이들을 신뢰했고, 그들과 함께 살고 싶다고 말했다. 그리고는 굴에서 껑충 뛰어 나와 한 아이의 팔에 안겨 그들의 집으로 갔다. 그들은 작은 토끼를 매우 잘 돌보아 주었고 수년 동안 함께 지냈다.

그러던 어느 날, 작은 토끼는 먹을 것을 찾아 숲 속으로 가보기로 했다. 그리고 숲 속에서 다른 토끼 세 마리를 만났는데 그들은 매우 흥분하며 자신을 소개했다. 그들은 작은 토끼가 아주 예쁘다고 생각했다.

"안녕, 작은 토끼야" 첫 번째 토끼가 말했다.

"너는 아주 예쁜 토끼구나" 두 번째 토끼가 말했다

"우리와 같이 산책하지 않을래?" 세 번째 토끼가 말했다.

작은 토끼는 혼란스러워서 **"나는 토끼가 아니야!"** 라고 불쑥 말해 버렸다.

세 마리 토끼는 놀라서 쳐다보다가 큰 소리로 웃어댔다.

"만일 네가 토끼가 아니라면" 그 중의 한 마리가 물었다. "너는 뭔데?"

"나는 사람이야" 작은 토끼는 화가 나서 대답했다.

"사람이라니!" 두 번째 토끼가 웃자 모두들 땅바닥에 쓰러져 미친 듯이 웃었다.

"사람이 그렇게 큰 귀와 털을 가졌니?" 세 번째 토끼가 물었다.

"어떤 사람은 그래" 작은 토끼가 큰 소리로 말했다. "난 그런 사람을 봤어." 눈물이 작은 개울가에 비친 얼굴 위로 떨어지기 시작했다. "나는 토끼가 아니야" 작은 토끼가 다시 말했다.

이때쯤 세 마리의 토끼는 이 작은 토끼가 심각하다는 사실을 알게 되

었다. 그들은 그가 어디에 살고, 어떻게 식량을 찾느냐고 물어보았고, 작은 토끼는 그곳에서 그리 멀지 않은 곳에서 사람과 함께 살고 있다고 말했다. 그들이 더 이상의 질문을 하기 전에 작은 토끼는 껑충 뛰어서 집으로 돌아갔다.

그날 밤, 작은 토끼는 두 아이에게 그날 있었던 일을 말했다. 그들은 작은 토끼에게 세 마리의 토끼가 옳았다고 말할 수가 없었다. 그래서 작은 토끼는 자신이 토끼가 아닌 사람이라는 편안한 마음을 품고 잠자리에 들었다.

다음 날, 작은 토끼는 다시 숲 속으로 갔다. 왜 그런지 확실치는 않았지만 왠지 가야할 것 같았다. 꽤 오랫동안 숲 속에 있으면서, 어제의 그 세 마리 토끼를 볼 수 있기를 기대했다. 무엇보다도 그들은 자기를 예쁘게 생각했고, 그렇게 웃어 버린 것은 제쳐두고라도 친절했었잖은가! 하지만 그들은 어디에서도 보이지 않았다. 작은 토끼는 신선한 풀을 뜯어 먹고, 근처에 졸졸 흐르는 시냇물을 마시고 나서 집으로 향했다.

몇 야드를 껑충 뛴 다음에 작은 토끼는 멈춰 섰다. 작은 토끼의 가슴은 뛰기 시작했고 속이 꽉 막혀 왔다. 작은 토끼는 숨을 엷게 쉬면서, 아주 조용히 그 자리에 섰다. 불길한 어떤 것을 느꼈다. "여우! 오, 안 돼!" 작은 토끼는 여우를 전혀 본 적도, 무엇인지 알지도 못했지만 여우를 생각했다. 그리고 나서, 내가 어떻게 "그 여우"를 알아볼 수 있었

Episode

을까 스스로 묻기도 했다. 뭔가 이상한 일이 일어나고 있었다. 그리고 나서 여우를 보았다. 그는 15야드 정도 떨어진 숲 속에서 작은 토끼에게 달려와 죽일 준비를 하고 있었다. 작은 토끼는 두려워 얼어붙었다.

여우가 작은 토끼를 향해 달려오는 짧은 순간, 작은 토끼의 눈에 무엇인가가 들어왔다. 거기에 세 마리의 토끼가 이상한 옷을 입고 초승달처럼 굽은 칼을 휘두르고 있었다.

네 번째 토끼가 나무 뒤에서 뛰어나오며 소리쳤다. "이것을 들고 방어해!" 그는 작은 토끼 쪽으로 칼을 던졌고, 작은 토끼는 생각할 틈도 없이 능숙하게 손잡이를 잡고는 단호히 서서 여우와 직면했다.

여우는 침을 흘리고 어금니를 드러내 보이면서 작은 토끼를 향해 몸을 던졌다. 작은 토끼의 가슴은 뛰었다. 자신의 죽은 부모의 모습이 마음을 스쳐 지나갔다. 아드레날린이 정맥을 흘러 지나갔다. 여우는 날듯이 뛰었다. 작은 토끼는 빠르게 옆으로 피해서 여우를 어리둥절하게 만들었다. 그리고 나서 작은 토끼는 모든 힘을 다 동원해 칼을 휘둘렀다. 획! 획! 획! 칼날에 놀라운 힘이 가해져 공기를 앞뒤로 갈라놓았다. 획! 획! 칼날 끝이 여우를 찔러 피가 흘렀지만 죽을 만큼은 아니었다. 너무도 당황하고 놀란 여우는 숲 속으로 도망쳤는데, 그는 아마도 숲 속에 혼자 남아 상처를 핥게 될 것이다.

"만세! 작은 토끼 만세!" 그들은 환호했다. 눈물이 작은 토끼의 눈에

고였다. 그것은 안도의 눈물이었다.

"나는 토끼야" 작은 토끼는 기쁘게 외쳤다.

"만세! 만세! 만세!" 다른 토끼들이 즐거이 외쳤다. 작은 토끼가 그들에게 감사하기 위해 돌아 섰을 때, 무엇을 보고는 깜짝 놀랐다. 40마리의 토끼가 여러 나무 뒤에서 나와서 그녀를 둘러쌌다. 그리고 나서 마흔 한 번째 토끼가 다른 토끼와는 달리 더 멋진 옷을 입고서 나타났다.

"당신은 누구시죠?" 작은 토끼가 물었다.

마흔 한 번째 토끼가 대답했다. "나는 알리 바바(Ali Baba). 이들은 40마리의 도둑 토끼야."

"도둑 토끼?" 그녀가 물었다.

"글쎄, 꼭 그런 것은 아니야. 내 말은, 우리는 훔치지는 않아. 다만 숲 속에 있는 동물이 약탈자로부터 자신을 보호하도록 돕고 있지. 늑대와 여우가 우리를 도둑 토끼라고 부르는데 그 이름이 딱 들어맞아."

"그렇구나!" 용감한 작은 토끼가 말하고 나서 다시, "내 자신의 생명을 구할 수 있도록 도와줘서 고마워. 그러나 무엇보다 사실 내가 토끼라는 것을 볼 수 있도록 도와 주었어. 나는 내가 토끼인 것이 자랑스러워!"

"용감한 작은 토끼 만세!" 알리 바바와 40마리의 도둑 토끼가 외쳤다.

"만세" 용감한 작은 토끼도 외친다. "만세."

제4부 _ 빙산 아래에
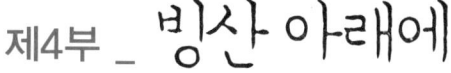

드러내려 하지 않고는 숨긴 것이 없고
나타내려 하지 않고는 감추인 것이 없느니라.

마가복음 4장 22절

Adult Children

빙산 아래에 Beneath The Iceberg

16. 성인 아이와 동반의존(Co-Dependency)의 일반적 모델

우리는 지금까지 몇 번 "동반의존"이라는 용어를 사용했다. 이 책을 읽는 독자 중에 많은 사람이 이 용어에 친숙할 것 같다. 또 많은 사람이 하루에 몇 번씩은 그 단어를 사용한다. 우리는 동반의존 분야에 대한 연구와 임상 작업에서 가장 잘 알려져 있기는 하지만, 그 용어에 대한 많은 혼란이 있기 때문에 지금까지 그에 대한 논의를 연기하는 것이 중요하다고 느꼈다. "동반의존"이라는 용어는 지금까지도 발전하고 있다고 믿는다.

동반의존이란 용어는 원래 약물에 의존하는 배우자, 연인 혹은 누군가 중요한 사람을 의미했다. 이 용어의 발전 초기에는 이해하는 것이 간단했다. 당신 자신이 어떤 증상을 가지고 있든 관계없이 약물에 의존하고 있는 사람과 연관되어 있다면, 당신은 동반의존자이다.

그러나 초창기의 단순함을 벗어나, "동반의존"은 그 자체의 모습과 정체성을 가지게 되었다. 이제 많은 전문가가 동반의존이 일련의 특이한 감정적이고 행동적인 증상과 관련된 특별한 진단적 용어라고 생각한다.

로버트 서비와 존 프리엘(Robert Subby and John Friel)은 그것을 가족 체계 안에 있는 일련의 규칙에 의해서 학습된 역기능적 삶의 형태라고 정의한다(Subby & Friel, 1985). 서비(Subby)는 자신의 최근의 저서, 혼란 가운데 빠짐: 동반의존의 실체(Subby, Lost in the Shuffle: The Co-Dependent Reality(Subby, 1987))에서, 이와 유사한 정의를 내렸다.

유명한 정신과 의사이며 어린이 알코올 전국 협회 회장인 티멘 써막 박사(Dr. Timmen Cermak)는 그의 저서인 동반의존에 대한 진단과 치료(Cermak, Diagnosing and Treating Co-Dependence, 1986)에서, 동반의존을 분명한 정신 질환으로 정의한다.

동반의존 증상(Co-dependency Symptoms)

동반의존의 증상을 목록을 정리하다보면, 다른 사람을 "돌보고" "지나치게 책임감"을 가지지만, 자기 자신을 적절하게 돌보지 못하고, 감정을 표현하는데 어려움이 있으며, "너무 친절하다가" 화를 내고 학대하게 되며, 자신을 등한시 하는 다른 사람을 지나치게 의식하고, 정체성의 문제를 가지며 학대와 같은 혼란스런 관계에 빠지는 문제 등을 많이 보게 된다.

동반의존에 있어서, "정신적 고착(Stuck-ness)"과 같은 고통스러운 감정에 대한 선택권이 우리에게 있다고 생각하지 않는다. 이러한 증상에는 또한 수많은 강박증세가 따라온다. 세미나 중에 우리는 이런 말을 자주 한다. "동반의존에 있어서, 우리는 어떻게 시작하고 어떻게 끝내야 할지 알지 못한다."

이 영역에 대해 1982년에 출간한 저서에서, 우리는 동반의존을 "역설적 의존(paradoxical dependency, Friel, 1982)에 비유했었는데 이 역설적 의존이란 밖으로는 강하고 유능하며 감정적으로 건강해 보이지만, 안으로는 혼란스럽고 방황하며 외롭고, 의존적으로 느끼는 것을 의미한다.

물론 이 동반의존은 이제, 자신이 성장했던 가정에서 담당했던 역할과 현재 겪고 있는 동반의존의 단계에 따라서 장애가 일어날 수 있는 여러 형태 가운데 하나로 여겨진다. 강하고 모든 것을 뭉쳐 놓은 것과 같은 동반의존의 형태는, 특정한 상황 아래에서 학대하고, 화를 내며, 예측할 수 없으며 무책임한 형태로 나타난다.

약물 중독이 치료되지 않은 동반의존의 일반적 증상 중의 하나이기 때문에 개념에 대한 혼란을 가져올 수 있다. 실제 우리의 임상 경험이나 많은 전문가의 경험에 따르면, 약물에 의존적이며 다른 것에 중독된 사람의 대부분은 그 중독의 이면에 동반의존적이기도 하다.

1984년에 우리는 동반의존의 모델을 제시하기 시작했는데, 그것을 통해서 우리는 임상 상담을 매우 잘 할 수 있었고, 많은 전문가와 내담자로부터 호평을 받게 되었다. 내담자는 우리의 정의와 "빙산 모델(iceberg model)"을 좋아하는데, 이는 그들이 "직관적으로 알아차리고" 쉽게 이해할 수 있었기 때문이다. 우리의 모델 학습을 배운 정신건강 분야, 약물의존 분야, 의학계 그리고 법조계 사람은 그것을 통해서 약물 중독, 관계 중독, 기타 중독과 동반의존 사이의 복잡하고 혼란스러운 관계가 명확해지고 쉽게 이해되어 진다고 말한다.

우리의 정의와 개념적 모델은 다음과 같다:

동반의존은 문화뿐 아니라 원가족(family of origin)**으로부터 생기는 삶의 역기능적 형태인데, 그것으로 인해 정체성 발달이 차단되고, 외부에 대해 지나치게 반응하면서 내면에 있는 것에 대해서는 대수롭지 않게 여긴다. 치료하지 않으면 중독으로 악화될 수 있다.**

삶의 역기능적 형태는 우리가 동반의존과 동일시한 증상인데, 그 가운데는 우울증, 부적절한 행동을 허용하는 것, 둔하거나 부적절한 감정, 자멸적인 대처전략(self-defeating coping strategies), 자신과 타인을 향한 통제에 대한 강한 욕구, 스트레스 관련 신체 증상, 자기 학대, 자기 무시, 친밀성과 성관계의 어려움, 유기에 대한 두려움, 수치심, 부적절한 죄책감, 결국 일어나게 되는 중독, 분노 등등이 포함된다. 달리 말하면, 성인 아이의 모든 증상은 3장에 요약되어 있다.

동반의존은 어디에서 오는가?

동반의존은 원가족으로부터 나타난다고 말할 때, 우리가 중독자와 함께 살아왔다고 해서 동반의존적이 된다고는 믿지 않는다는 것을 분명하게 정의하고 출발하고자 한다. 오히려 동반의존적이기 때문에 중독자와 관계를 맺게 된다고 말하고 싶다. "하지만 그녀와 결혼할 당시에 그녀가 중독인 것을 몰랐어요."라고 말하는 내담자가 후에는 자신의 회복 과정을 통해서, 실제로는 자신이 성장한 원가정에 어울리는 사람을 선택했다는 것을 나중에 깨닫게 된다. 달리 말하자면, 물은 흐르기 마련이다(water seeks its own level).

우리가 동반의존에 대한 정의 중 **"문화뿐 아니라"**라는 그 다음 부분은, 우리의 문화에는 동반의존적인 행동 형태를 촉진하고 유지하는 많은 요소가 있다는 것이다. 이것은 엄격하고 독단적이며 권위적인 종교적 해석을 포함할 수 있는데, 다른 사람의 필요를 생각하기 전에 자신의 필요를 먼저 생각하는 것은 나쁘다는 것을 믿도록 유도한다.

문화적 영향은 학교를 통해서 받게 되는데, 그 안에서 아이들은 "좋은 학생"이 되도록, 그리고 자신의 개성과 삶에 대해 질문하는 능력을 잃어버린 채 서로서로 닮아가도록 교육된다. 미국인이 모든 면에 있어서 기술적으로 "치료하고 고치는 것"을 강조함으로 인해 동반의존이 촉진될 수 있는데, 왜냐하면 그것은 우리 자신과 서로 간의 소외를 불러일으키고, 유기에 대한 두려움을 고조시킬 수 있기 때문이다.

우리의 정의에 대한 기본 개념은 저지된 정체성 발달이라는 생각이다. 에릭 에릭슨의 이론에 따르면, 우리에게 동반의존의 패턴이 나타난다는 것은 우리가 성인으로서의 모습 아래에 실제로는 사춘기 이전의 정체성 형성 단계에 묶여 있다는 것을 의미한다.

동반의존과 정체성 연구: 역설적 위기(Co-dependency and the Search for Identity: A Paradoxical Crisis (Friel, Subby and Friel, 1985))라는 소책자에서, 우리는 에릭슨(Erikson)에 의해 최초로 제안된 정체성이 차단된 상태에 동반의존을 비유하였다. 그래서 우리는 성인의 모습을 띄고 있는 상처 입은 아이와 같은데, 어떤 사람은 그런 자신의 진정한 모습인 "자신을 발견"하거나 노출하는 것을 두려워한다. 티멘 써막(Timmen Cermak) 박사는 그의 최근의 저서인 동반의존에 대한 진단과 치료(Cermak, Diagnosing and Treating Co-Dependence)에서, 우리의 정체성 모델을 동반의존을 이해하는 여러 가지 중요한 이론적 틀 가운데 하나로 간주한다.

외부에 대해 지나치게 반응하는 것은 중독적이며, 동반의존의 부정

부분(denial part)이다. 우리는 위기에 처한 사람을 도울 수 있다. 우리는 알코올 중독자나 지나치게 책임을 지려는 사람이 될 수도 있다. 우리는 알코올 혹은 중독에 걸린 배우자나 친구가 우리에게 행하는 부정적이고 고통스러운 것에 집중할 수 있다. 그리고 우리는 자신의 비참함에 대해 다른 사람을 비난함으로써 내적인 실제(internal reality)와 고통을 회피할 수 있는데, 이것이 우리가 동반의존에 대해 정의한 내면에 있는 것에 대해서는 대수롭지 않게 여기는 것(an underaction to things inside of us)에 해당하는 부분이다. 우리 안에 있는 이러한 것이 바로 우리 자신이다. 그래서 동반의존은 자신을 위험스럽게 부정하는 것이다.

동반의존과 중독의 통합 모델
(A Unifying Model of Co-dependency and Addictions)

그림 16.1은 1984년부터 우리가 사용하고 있는 "빙산 모델(iceberg model)"을 보여준다.

표면에 있는 것(우리의 모델에서는 중독, 우울증, 스트레스 장애 등 보다 드러난 증상)은 우리가 원가정에서 학습된 죄책감, 수치심 그리고 유기에 대한 두려움과 같은 훨씬 더 깊은 내적 실체와 연결되어 있다는 사실은 심리역동적 개념(psychodynamic notion)으로부터 인용한 것이다. 여기에서 표면적 증상과 더 깊은 실체의 중간에 위치한 것을 우리는 "동반의존(Co-Dependency)"이라고 부른다.

그래서 알코올 중독, 성 중독, 섭식 장애, 편두통 등을 치료하기 시작할 때 드러나게 되는 것이 "동반의존"이다. 또, 재발의 위험성을 막기 위해서는 동반의존을 반드시 처리해야 한다. 우리의 모델은 여러 유형의 중독과, "가해자", "피해자" 및 "보호자(rescuer)"의 역할을 포함한 여러 가지 역할에 대한 설명을 가능하게 한다. 그러므로 특정한 중독에서의 피해자, 가해자 그리고 보호자의 관계는 그 이면에 동반의존 관계를 이루고 있다.

어떤 사람은 매우 무책임한 알코올 중독자로서, 어떤 사람은 계속적인 보호자로서 또 어떤 사람은 계속 피해를 받으며 살지만, 대부분의 알코올 중독자는 그 이면에 동반의존적이라고 믿는다.

동반의존의 뿌리(Co-Dependency Roots)

중독에 대한 생화학적 유전적 이론을 보건대, 알코올 중독, 우울증 그리고 비만 등은 유전적 원인을 가지고 있다는 것을 부정하지 않는다. 그러나 이 말을 바꿔 말하면 누군가 원가정으로부터 학습된 동반의존의 깊은 뿌리를 가지고 있다면, 그 사람은 유전적으로 알코올 중독이 될 소지가 있다고 말할 수 있다. 마찬가지로 이러한 중독자는 잠재된 동반의존이 치료되지 않는 한, 맑고 건전한 정신을 갖기 어렵다고 본다.

그림16.1에서 더 깊이 내려가 보면, 동반의존의 뿌리가 죄책감, 수치심 및 유기에 대한 두려움(신뢰하지 못함)인 것을 볼 수 있는데, 이는 에릭슨(Erikson)의 초기 세 가지 심리적 위기와 일치한다.

죄책감이란 결정을 내리지 못하거나, 선명한 태도를 보이지 못하며 자신의 필요를 표현하지 못하는 것을 의미한다. 이 죄책감으로 인하여 우리는 가장 피상적인 수준에서 자신의 원가정을 계속해서 지키려 하지만 정작 자신은 지키지 못한다.

수치심은 가족과 떨어지는 것을 두려워 하며, 혼자 있는 것을 싫어하

그림 16.1 동반의존과 중독의 통합 모델

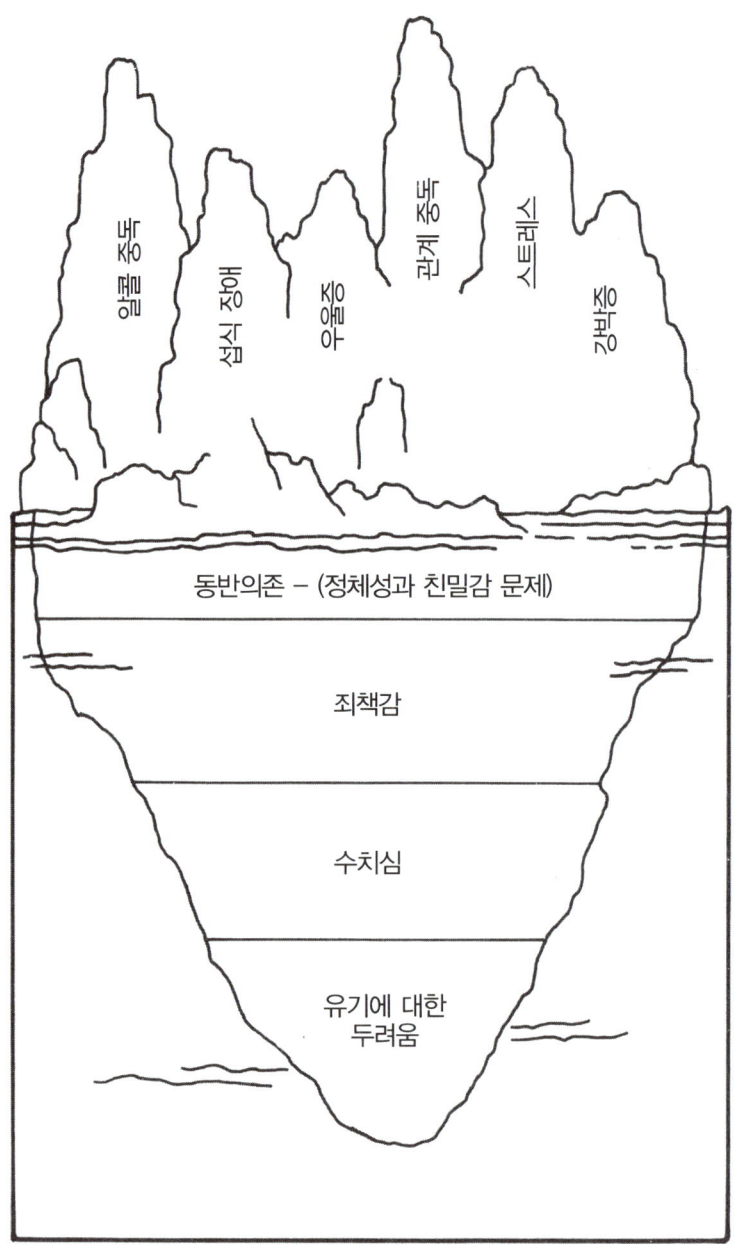

고, 다른 이들과 상호의존적 관계를 잘 맺지도 못하고, 자신에 대해서도 좋게 여기지 못하는 현상으로 나타난다. 또한 수치심은 상심을 느끼게 하거나, 자신의 존재를 하찮게 여긴다는 것을 나타낸다. 유기에 대한 두려움(the fear of abandonment)은 우리 존재의 가장 핵심이다. 만일 우리가 동반의존적이라면, 그것은 깊고 무의식적인 차원에서 우리는 존재하고 생존할 권리가 없는 것으로 믿는다는 것을 의미한다. 실제적이고 분명하게 또는 은유적이고 드러나지 않게 우리가 어린 시절에 반복해서 유기당하고 무시당했기 때문에, 우리의 신뢰가 너무도 망가져 누구도 신뢰할 수 없게 된 것이다.

동반의존은 보편적인가(Is Co-Dependency Universal)?

우리가 정의한 바에 따르면, 대부분의 사람이 동반의존적이지 않은가? 거의 모든 사람이 동반의존의 증상을 보이게 되는 역기능의 유형을 어린 시절에 경험한다는 것은 사실이 아닌가? 만일 모든 사람이 역기능적 유형을 경험한다면, 개념적이고 진단적인 의미는 상실된 것인가? 모든 사람이 그런 경험이 있음에도 불구하고 "우울증"이 그 의미를 상실했다고는 생각하지 않는다. 미국 정신의학회의 정신질환 분류표(The Diagnostic and Statistical Manual of the American Psychiatric Association, DSM-III-R)에 따르면, 분명한 진단을 하기 전에 증상의 전체적인 수뿐만 아니라 그 기간과 심각성을 확인할 것을 요구한다. 동반의존에 대해서도 마찬가지이다. 모든 사람이 약간씩은 동반의존적 행동을 보인다고 해서 그 개념이 무의미한 것은 아니다.

최소한 미네소타에서 "동반의존"의 주요 비평 중의 하나는 그것이 여성에 대해 차별적이라는 것인데, 그 이유는 동반의존적 행동이 여성으로서 갖춰야 할 역할의 일부인 것처럼 장려되는 문화 때문이다. 동반의존에 대한 우리의 정의와 모델은 "남과 여"의 차이와 상관이 없으며, 타인에 대한 지나친 집중이나 그 반대의 경우 모두 건강치 못하다고 믿는다. 그것은 뚜렷한 남성과 여성의 정체성을 허용하면서, 최근의 심리적 양성성(psychological androgyny)의 모델과 마찬가지로 가장 건강한 사람은 적절한 때와 장소에 맞게 남성과 여성의 특성을 적용할 수 있다고 생각된다. 또한 가해자나 보호자의 경우와 마찬가지로, 피해자의 행동은 남과 여의 구별 없이 건강하지 않다는 것을 의미한다. 그러므로 우리는 "학대하고-가해자인-남자 중독자가-동반의존적이고-피해자이며-보호자인-지나치게-책임감 넘치는-성인(saint)인-엄마와-결혼했다"라는 위험하고 그릇된 이원론과 정형화에 빠지는 것을 막을 수 있다.

달리 말하자면, 동반의존은 어린 시절의 학대와 무시의 결과라는 것을 알게 된다. 일부 동반의존적인 사람은 뒤늦게 알코올 중독자나 마약 중독자가 됨으로써 동반의존의 고통을 해결해 보려고 한다. 또 어떤 사람은 성자(saint)나 순교자가 되는 것으로 그 고통을 다룬다. 또 어떤 사람은 일중독, 강박적 청결주의자가 되며, 자녀와 TV 그리고 관계 등에 중독된다. 대부분의 사람이 반복적으로 교묘히 조작하고, 조작당하면서 산다.

치료에 대한 암시(Treatment Implications)

우리의 모델은 치료에 대한 선명한 암시를 제공한다. 우리는 일반적으로 눈에 띄는 중독 현상을 먼저 치료해야 한다는 것에 동의하는데, 이는 중독이 우리로 하여금 잠재된 동반의존에 대해 느끼고 인정하는 것을 가로 막기 때문이다.

만일 관계 중독이라면, 약물 중독자가 약물 사용을 중지해야 하는 것처럼 그 맺고 있는 관계를 중지시켜야 한다. 그래서 중요한 표면적 증상에 대한 초기 치료가 선행되어져야 하는 것이다.

회복의 다음 단계는, 잠재된 동반의존의 문제를 정의하는 것이다. 이것은 정체성과 정체성 형성의 초기 주제가 될 것인데, 그것은 결국 한 사람이 자신의 내면과 과거 그리고 원가정 속으로 깊이 들어가 죄책감, 수치심 그리고 유기에 대한 두려움을 다루는 것이다. 이것은 가족 체계의 과제뿐 아니라 정신내적(intrapsychic)인 것인데, 동반의존을 위한 30일 치료 프로그램 같은 곳에서 밤새워 치료하는 성격의 것이 아니다. 그런 프로그램에서 시작할 수는 있지만, AA, 알코올 중독자 구제회, 알코올 중독 성인 아이 및 익명의 동반의존 모임과 같은 곳에서 지원하는 12단계 회복 과정이 필요하다. 개인 심리 치료와 함께 수치심을 줄이기 위한 집중 그룹 심리치료도 필요하다.

회복 과정에서 얼마나 진행되고 있는지 확인할 수 있는 방법은, "이 고통에서 회복되는데 얼마나 시간이 걸립니까?"라는 질문을 언제 멈추는지 보는 것이다. 덜 말할수록 더 많이 회복되고 있는 것이다. 왜냐하면 건강한 삶이란 고통, 기쁨, 슬픔, 분노, 혼란, 행복, 외로움, 따스함 그리고 친근함 등등을 느끼는 것이기 때문이다. 회복이란, 그 내면을 치료하기 시작할 수 있도록 상처 입은 아이에게까지 깊이 내려가 닿는 것을 의미한다. 그리고 그것은 보통 수년이 걸리지만, 한 순간 순간이 가치가 있다.

동반의존 평가(Assessing Co-Dependency)

지금까지 논의된 성인 아이와 동반의존의 주제를 보다 쉽게 정리하기 위해 연구와 임상 분야에서 지난 5년간 사용해 온 일람표를 만들었는데, 이는 자신의 문제를 정리해 보고자 하는 사람에게 유용한 도구이기도 하다.

프리엘의 성인 아이/동반의존 일람표(Friel, 1985)는 발달에 대한 체계에 기반을 두고 있으며, 동반의존의 핵심적 증상의 대부분을 포함한다. 만일 당신이 일람표의 질문에 대답하기로 결정했다면, 우리는 (1) 이 순간만이라도 가능한 한 부정(denial)을 무시하고 정직하게 대답하고, (2)다른 누구와 결과를 나누어야 한다는 부담감 없이 자신만을 위한 답변을 하기를 요청한다. 다른 어떤 사람이 "당신의 속을 알게 되거나" 수치심을 줄 것이라고 염려하지 말고 자신에게 집중해서 시작하는 것이 매우 중요하다.

채점하는 방식은, 짝수 항목에 "네"일 때 1점을, 홀수 항목에는 "아니요"일 때 1점을 준다. 전체 점수는 최대 60점 나오게 될 것이다.

지금까지의 연구에 따르면, 10점에서 20점 사이는 미약한 동반의존/성인 아이, 21점에서 30점 사이는 약간 어느 정도, 31점에서 45점 사이는 약간 심한 정도, 그리고 45점 이상은 심한 정도인 것을 볼 수 있었다. 다시 말하지만, 단순히 채점하기 보다는 자기 자신을 들여다보는 유용한 도구로 사용해 보기 바란다. 다음 장에서 다루겠지만, 만일 당신에게 행복과 평안을 방해하는 어떤 문제가 있다면 시간을 내어 전문가와 일정 기간 상담하기를 권하는 바이다.

프리엘의 성인 아이/동반의존 평가 일람표

아래의 질문은 당신 자신과 자신의 삶 그리고 주변에 대해 느끼는 것에 대한 것입니다. 각 질문에 대답할 때 반드시 정직하게 답을 하지만, 한 가지 질문에 너무 많은 시간을 쏟지는 마십시오. 옳은 대답도 틀린 대답도 없습니다. 각 질문을 보면서 평상시에 느끼는 대로 대답하십시오.

1. 나는 매주 혼자만의 시간을 충분히 갖는다.
2. 나는 누군가와 대화하고 나면 내 자신을 평가하는데 많은 시간을 사용한다.
3. 나는 다른 사람이 나에 대해 무엇인가를 알게 되어도 당황하지 않는다.
4. 나는 때때로 아무 것도 하지 않으며 많은 시간을 허송하고 있다고 느낀다.
5. 나는 내 자신을 잘 돌본다.
6. 누군가가 나를 괴롭히더라도 보통은 말하지 않는다. 말해봐야 싸우게 되거나 기분만 나빠질 뿐이다.
7. 나는 어렸을 때 집에서 서로 대화하며 나누었던 방식에 만족한다.
8. 가끔은 내가 정말 어떻게 느끼고 있는지 모를 때가 있다.
9. 나는 나의 친밀하게 나누었던 시간들에 만족한다.
10. 나는 최근에 피곤을 느낀다.
11. 내가 자랄 때, 우리 가족은 문제에 대해 터놓고 말하곤 했다.
12. 나는 슬프거나 화났을 때에도 자주 행복해 보인다.
13. 나는 지금까지 사귄 사람이나 그 관계에 만족한다.
14. 돈과 시간이 있어도 혼자 휴가를 가는 것이 편하지 않다.
15. 나는 매일 해야 할 것들에 대해 충분한 도움을 받고 있다.
16. 나는 지금보다 더 많은 것을 성취하고 싶다.

17. 내가 자라날 때, 가족은 내 감정과 애정을 마음껏 드러내도록 가르쳤다.
18. 권위적인 사람(상사, 선생님 등) 앞에서 말을 하는 것이 쉽지 않다.
19. 누군가와의 관계가 혼란스럽거나 복잡해질 때, 거기에서 빠져 나오는데 어려움을 느끼지 않는다.
20. 가끔 내가 누구이며, 어떻게 살아야 할 지 약간씩 혼란스럽다.
21. 나는 내게 필요한 것을 채우는 방식에 대해 만족한다.
22. 나는 내 직업에 만족하지 않는다.
23. 나는 보통 내 문제를 조용하고 직접적으로 해결한다.
24. 나는 다른 사람에게 상처를 주거나 또는 관심을 덜 받게 될까봐 종종 내 감정을 숨긴다.
25. 나는 내 자신이 종종 "틀에 박혀" 지낸다고 생각하지 않는다.
26. 나는 친구들과의 관계에 만족하지 않는다.
27. 누군가 내 기분을 상하게 하거나, 내가 싫어하는 것을 할 때, 그것을 말하는데 어려움이 거의 없다.
28. 친한 친구나 친척이 내 생각 이상의 도움을 요청할 때, 보통 "네"라고 대답한다.
29. 나는 문제에 직면하는 것이 즐겁고, 그 문제의 해결책을 찾는데 익숙하다.
30. 내 어린 시절에 대한 기분이 별로 좋지 않다.
31. 나는 내 건강에 대해 많이 염려하지 않는다.
32. 나는 가끔 나를 정말로 아는 사람도 아무도 없다고 느낀다.
33. 나는 대부분의 시간에 잔잔하고 평화로움을 느낀다.
34. 내가 원하는 것을 요청할 때 어려움을 느낀다.
35. 나는 내가 원하는 것 이상으로 다른 사람이 나를 이용하지 못하도록 한다.

36. 나는 절친한 관계 중 최소한 하나에 불만을 가지고 있다.
37. 나는 중요한 결정을 아주 쉽게 내린다.
38. 나는 새로운 상황에서 내가 원하는 만큼 내 자신을 신뢰하지 않는다.
39. 나는 언제 말을 하고, 언제 다른 사람의 말에 맞장구 쳐야 하는지 잘 안다.
40. 나는 일에서 벗어나 더 많은 시간을 갖기 원한다.
41. 나는 내가 원하는 것을 즉흥적으로 한다.
42. 나는 혼자 있는 다는 것이 쉽지 않다.
43. 사랑하는 사람이 나를 괴롭힐 때, 그것에 대해 말하는 것에 어려움이 없다.
44. 나는 너무 많은 것을 동시에 해야 해서, 어느 것도 제대로 하지 못하는 일이 종종 있다.
45. 나는 다른 사람이 내 삶 속에 들어오고, 그들에게 "진정한 나"를 드러내는 것이 매우 편하다.
46. 나는 내가 한 행동이나 말한 것 때문에 다른 사람에게 사과할 때가 너무 많다.
47. 나는 누군가 나를 화나게 할 때에, 그들에게 말하는데 어려움이 없다.
48. 할 일은 많고 시간은 없다. 가끔은 다 뒤로 미루어 놓고 싶다.
49. 나는 내 삶에서 후회할 것이 별로 없다.
50. 나는 내 자신보다 다른 사람에 대해 더 많이 생각하는 경향이 있다.
51. 자주 나의 삶은 내가 원하는 대로 이루어졌다.
52. 누군가가 나를 성가시게 할 때조차도 내가 그들을 잘 이해하기 때문에, 나를 칭찬한다.
53. 나는 나의 성(性)에 대해 만족한다.
54. 나는 때때로 가까운 사람의 행동 때문에 당황한다.
55. 내게 중요한 사람들은 "진정한 나"를 알고 있으며, 전혀 문제라고

생각하지 않는다.
56. 일을 나누어 할 때, 나는 종종 훨씬 더 많은 일을 한다.
57. 나는 공든 탑은 쉽사리 무너져 내리지 않는다고 생각한다.
58. 나는 다른 사람을 위해 너무 많은 것을 하고는, 나중에 왜 그랬는지 의아해 하곤 한다.
59. 나는 어렸을 때 우리 가족이 어려움을 대처한 방식에 대해 만족한다.
60. 나는 나와 같이 할 수 있는 사람이 더 많이 있었으면 좋겠다.

제5부 _ 회복: 이제 나는 무엇을 할 것인가?

진정 위대한 사람은 어릴 때의 마음을 결코 잃지 않는다.

맹자, 기원전 약 300년

Adult Children

회복: 이제 나는 무엇을 할 것인가?

17. 드러내기와 인정하기(Uncovering and Admitting)

우리는 케네스 쿠퍼(Kenneth Cooper)가 조깅과 수영을 위해 에어로빅 운동을 얼마나 해야 하는지 알아보기 위해 지금은 잘 알려진 점수 체계(point system)를 개발하기 전의 시대를 기억한다. 그 시대는 위대했다. 우리는 가을 어느 차가운 주일 오후에 밖으로 나가, 땀이 나고 숨이 찰 때까지 동네를 몇 바퀴나 돌고나서 다시 보금자리같이 편안한 집에 돌아와서는 우리 몸이 피나는 노력을 했다고 확신했다. 다음 날 회사에서 일하면서 그것에 대해 자랑하기 조차 했었다.

"이봐, 기분이 상쾌하다네. 어제는 수 마일이나 뛰었다고!" 동료들은 놀라서 고개를 젓고, 그것을 제 2의 아동기 또는 갱년기의 시작이라고 기록하곤 했다.

그러나 케네스 쿠퍼는 진지하고 잘 의도된 방법으로 그 모든 것을 변화시켰다. 조깅이 심장 혈관에 얼마나 좋은지 이해하기 쉽고 간단하게 측정하는 방법이 갑자기 생긴 것이다. 1마일을 8분 안에 달리기 위해서는 몇 점을, 그리고 심장혈관의 건강을 위해서는 몇 점을 얻어야 하는지를 나타내는데, 거기에는 만약에, 그리고, 그러나 라는 것이 있을 수 없다.

우리는 몰래 자동차를 타고 얼마나 멀리 달리는지 측정했다. 놀라웠다! "10분의 9 마일?" 믿기지 않아 소리쳤다. "제길, 이 주행계에 문제가 있나보네. 다른 자동차로 측정해 봐야겠어." 그리고는 10분의 1 마일이 나왔다. "오케이, 해보자. 정확하게 1마일을 잰 다음 내 스스로 시간을 측정해야겠다. 내 건강 상태가 괜찮은걸!"

다음 날, 힘을 다해서 1마일을 뛰었다. 지치고 심장이 쥐어짜듯 아픈 상태에서 상대를 처다보며 손에 든 스톱워치를 보았다.

"어땠어?" 우리가 물었다.

"중년치고는 나쁘지 않은데요, 8분 30초."

8분 30초? 심장을 위해 일주일에 며칠이나 이렇게 뛰어야 하는 거지? 바보같이! 쿠퍼는 측정표에 문제가 있다는 것을 알았을 것이다.

케네스 쿠퍼는 그 측정표에 문제가 있다고 여기지 않았다. 사실 그는 수년에 걸쳐 조정하고 다듬었지만 기본적인 체계는 변함이 없었을 뿐 아니라, 미국 내에서 진실로 건강한 혁명을 시작하고 유지해 오고 있다. 자신이 실제로 얼마나 운동을 하고 있는가에 대한 부정 체계(denial system)를 깨뜨리고 정기적인 에어로빅 운동을 건강하고 점진적이며 건전하게 할 수 있는 방법을 소개함으로써, 케네스 쿠퍼는 축 늘어져 숨이 가쁜 수백만의 미국인을 암흑의 시대에서 빠져나와 신체적으로 건강한 상태로 인도했다.

하지만, 그것은 오히려 많은 미국인을 조기 심장병과 죽음으로 이끌기도 했으며 달리기 중독에 빠진 사람, 정강이 외골증, 변형된 발 그리고 결혼 생활의 파탄 등을 낳기도 했다. 여기에서 우리가 쿠퍼의 체계를 예로 사용하고 있기 때문에 달리기 중독의 문제를 회피하고자 하는 것은 아니다. 모든 새로운 기술, 체계 그리고 과학적 발견은 인간에 의해 남용될 소지가 있다. 다른 정보나 기계와 마찬가지로 우리가 제공하는 정보 또한 그럴 수 있다. **사실, 새로운 정보나 기술을 건강한 방식으로 사용하지 못하는 것이 우리 안에 있는 역기능의 핵심 증상이다.** 요점은, 만일 우리가 성인 아이로서 회복을 시작해야 한다면, 취해야 하는 가장 우선적인 단계가 있다는 것이다. 우리는 그 단계를 드러내기와 인정하기(Uncovering and Admitting)라고 부른다.

드러내기와 인정하기(Uncovering and Admitting)

드러내기와 인정하기는 인간으로서 할 수 있는 가장 위험하고, 고통스러울 정도로 정직하며 고도의 성장으로 이끄는 행동 중의 두 가지이다. 무엇보다도 먼저, 드러내기와 인정하기는 힘, 분명한 생각과 목적, 자기 자신과 다른 사람에 대한 신뢰 그리고 세상은 기본적으로 살만한 곳이라는 믿음을 요구한다. 그렇기 때문에 드러내기와 인정하기는 우리의 매일 행하는 "편하고" 일상적인 것과는 멀리 떨어져 있다. 사실, 우리 자신 안팎의 매우 복잡한 일련의 사건들이 드러내기와 인정하기보다 선행되어 진다.

케네스 쿠퍼가 에어로빅 운동에 기여한 것은, 우리의 실제 운동량에 대한 **부정 체계를 서서히 무너뜨리는** 수단을 제공했다는 것이다. "서서히 무너뜨리다"라는 표현을 사용한 것은 바로 그렇게 되어야 하기 때문이다. 실제로 대부분의 경우에 부정 체계는 처음 세워질 당시에 수많은 감정이 연합되어 이루어지기 때문에, **오랜 시간에 걸쳐 천천히 그리고 조심스럽게** 무너지게 된다. 부정 체계는 논리적이고 지각할 수 있는 목적으로 생성된다. 그렇지 않다면 우리는 심리적으로 많은 어려움을 겪게 될 것이다. 실제의 문제는 우리가 한 때 자신을 보호하려는 좋은 목적으로 세운 방어 체계가 방해를 받기 시작할 때 일어난다.

예를 들어, 만일 알코올 중독 가정에서 태어났다면 가족으로부터 받는 감정이 미칠 것 같기 때문에 자신의 실제 감정을 부정하는 것을 무의식적으로 배우게 되는 것이 일반적인 방어적 조치이다. 감정에 대한 부정은 극도로 복잡한 가정의 무력한 어린 아이로서 취할 수 있는 절대적인 생존적 반응이 된다.

문제는 우리가 성인이 되어 자신의 가정을 가지려 하거나, 행복하고 자발적인 삶을 살려고 할 때 일어나게 된다. 그리고는 수년간 발전되어 온 부정 체계가 방해를 받게 된다. 아마 어느 한 "정신없는" 관계에서 다음 관계로 계속 이어질 것이다. 일방적으로 당신에게만 의존하는 친구들 사이에 자신이 서 있다는 것을 발견하게 될 것이다. 게다가 당신마저 그들에게 의존하게 된다면 이전보다 훨씬 더 뒤죽박죽이 될 것이다.

당신이 결혼하고 아이를 낳으면 어렸을 때 있었던 모든 잘못된 것을 바르게 할 수 있을 것이라고 생각한다. 하지만 자신도 엄마와 아빠와 똑같이 아이에게 소리 지르고, 지나치게 비판적이며 완벽주의를 요구하는 미친 짓을 행하고 있다는 것을 발견하게 되고는, 자신은 결코 그렇게 하지 않겠다고 맹세한 일이 벌어지고 있다는 것에 놀라게 될 것이다.

그러나 그럼에도 불구하고 당신은 곧 우울해지고, 지치고, 염려하고,

걱정하고 절망스러워 지지만 여전히 이해를 하지 못한다. 알코올 중독 가정에서 성장한 결과 이제 경험하게 되는 것은, 여전히 자신을 아이처럼 보호하려는 부정 체계가 무너져 내리는 것이다. 여기에서의 초점은, 자신의 생존을 위해서 수년간 무의식적으로 세워 놓은 것이 한 순간의 통찰력에 의해 나팔소리와 천사가 둘러 싼 가운데 하룻밤 사이에 무너져 내리지는 않는다는 것이다. 누군가가 마침내 극복하는 것처럼 보이지만 실제로는 수년간의 내적 갈등이 이제 겨우 외부로 드러나기 시작한 것에 불과 한다.

아주 다행스럽게도 이미 이런 문제로 인해 도움을 받고 있는 사람은 이제 우리가 말하고자 하는 것에 매우 익숙할 것이다. 그러나 아직 그렇지 못한 사람은 일상의 분주한 일에서 잠시 벗어나 자신에 대해 생각할 시간을 가지면서 도움을 얻게 되기 바란다.

1. 드러내기와 인정하기의 **첫 번째 단계**는, 아주 건강했던 시절로 되돌아가 자신을 마치 다른 사람인 것처럼 그저 바라보는 것이다. 이것은 보통 일상생활을 하는 중에는 할 수 없는 것이기 때문에 해보라고 권하지 않는다. 우리는 "**내 자신의 의미에서의 삶: 스트레스 중독 회복 가이드**(Life On My Own Terms: Stress Addiction Recovery Guide, Friel & Friel, 1986)"이라는 책을 통해 자신의 삶을 들여다 볼 수 있는 탁월한 체계를 제공하고 있다.

   만일 이것을 위한 시간을 낼 수 없다면, 그것이야 말로 이미 이 분야의 실제 문제를 가지고 있다는 좋은 기회가 될 수 있다.

   자신의 삶에서 한 발자국 뒤로 물러나, 당신의 삶이 어떤 모습으로 보이며 어떻게 느껴지는지 마음에 그려보라. 괜찮은 삶인가?

완전하다고 느껴지는가? 충만한가? 따스한가? 칭찬을 받을 만하다고 생각되는가? 매력적인가? 지루한가? 너무 흥분되어서 편안히 지낼 수 없는가? 답답한가? 두려운가? 그 안에 누가 있나? 그 안에 사람이 충분히 있는가? 너무 많은가? 그들은 정말로 그 안에 두고 싶었던 사람인가? 무엇보다도 그것은 다른 누구의 것이 아닌 바로 당신의 삶이다. 그들은 좋아하는가? 그들은 당신을 좋아하는가? 당신은 이것을 다른 누구를 위한 것이 아니라 바로 당신을 위해서 하고 있다는 것을 기억하라. 또 우리의 감정이 곧 우리가 누구인지 나타낸다는 것을 기억하라.

2. **두 번째 단계**는 다른 사람에게 자기 자신에 대해 말하기 시작하는 것이다. 배우자 또는 친구로부터 피드백을 받아서, 그들이 보는 시각과 당신의 시각이 일치하는지 보시오. 모든 면에 대한 시각이 같을 필요는 없지만 우리가 많은 사람에게 둘러 싸여있든 아니면 혼자이든 관계없이 감정적 고립은 성인 아이의 고통스러운 라이프스타일의 중요한 특징 중 하나이다.

당신의 배우자는 당신이 일 중독자라고 느끼지 않는가? 그렇다면 당신의 상사는 어떤가? 그리고 당신의 친구는 어떤가? 솔직히 말해서, 당신에게 "개인적인 일"에 대해 대화할 사람이 배우자 외에 또 있는가? 그렇지 않다면, 거의 100% 당신에게 문제가 있다고 확신 할 수 있다. 증상과 역기능은 "드러나는 것"에 대한 두려움과 수치심에서 생기고, 건강한 사람은 자신의 비밀을 털어 놓을 수 있는 사람이 있다는 것을 기억하라.

3. 드러내기와 인정하기의 **세 번째 단계**는 정보를 얻는 것이다. 처음에 이것은 바로 지금 당신이 하는 것처럼 책을 통해서 얻게 된다. 그리고 그 지역의 성인 아이, 동반의존 또는 중독에 관한 세미나나 워크샵에 참여하면서 얻을 수도 있다. 그것이 자신에 대해 노출시키기 전에 "탐색"해 볼 수 있는 안전한 방식이다. 또 성인 아이/동반의존 일람표를 본다거나, 대중 잡지나 치료 센터에서 제공하는 약물 의존, 섭식 장애, 성 중독, 우울증 등과 같은 것에 대한 간략한 질문지를 찾아 볼 수도 있다. 만일 자신이 중독에 걸렸다고 생각된다면 4장으로 돌아가서 자신에게 얼마나 많은 특징이 있는지 확인하기 바란다.
단 두세 가지의 경고 징조만 있어도 당신은 전문가의 평가를 받은 셈이 된다.

4. 이 과정의 **네 번째 단계**는, 자신의 현재의 라이프스타일과 과거에 대해 결정을 내리게 될 것이다. 이 결정은 단번에 내려지는 것이 아니다. 당신은 계속해서 자신이 역기능 가정의 성인 아이인 것에 대해 인정과 부정을 반복할 것이다. 사실 우리는 많은 사람이 중독, 동반의존 또는 다른 증상에 대한 공식적인 치료 프로그램에 참여했다가 몇 개월 후에 다시 부정하는 모습을 보아 왔다. 익명의 단주모임(A.A)에서는 "하루에 단 한번"이라는 지혜있는 충고를 해주는데, 이것은 회복이라는 것이 일련의 과정이며 자신이 성인 아이라는 것을 매일 스스로 인정하는 것이 회복의 일부이기 때문이다.

회복에 관한 이 초기의 중요한 단계를 요약하면, **드러내기와 인정하기**는 그 자체가 하나의 과정이라는 것이다. "회복"의 초기 단계에 돌입하는 사람은 보통 자신의 방어벽이 무너지고 너무 고통스러운 가운데 이렇게 말하게 된다. "그래요. 나는 알코올 중독자입니다," 또는 "그래요. 우리 집은 역기능 가정이었습니다." 이렇게 내면적으로부터 터져 나오는 사람은 종종 긍정적인 태도로 12단계 프로그램 그룹에 참여하거나, 치료를 받기 시작하거나 심지어는 입원 치료를 받는다. 그러나 회복은 반드시 서서히 진행되어야 하고, 당신의 과거와 가족 체계가 당기는 힘은 강하다. 만일 실제로 알코올 중독, 성 중독, 이상 식욕 또는 만성적 우울증(가족 체계로 인한)에 걸려 있다면, 과거의 라이프스타일로 돌아가게 하려는 엄청난 압력이 우리 자신의 안팎에 작용할 것이다.

고조된 감정은 점차 사라질 수 있다. 알코올 중독자를 위한 입원 치료를 받는 동안에 술을 마시지 않는 것은 매우 쉽다. 치료 과정을 마친 후에 술을 마시지 않는 것이 회복의 일부이다. 또한 많은 사람에게 있어서 새로운 체계의 "한계를 시험해 보는 것"도 회복의 일부가 된다.

우리는 "나는 실제로는 알코올 중독자가 아니야."라고 스스로에게 말한다. "치료를 통해서 많은 것을 얻었다. 내가 얼마나 역기능적인 삶을 살고 그런 가정에서 살았는지 깨닫도록 도와주었어. 그러나 나는 실제로는 일 중독자가 아니야. 단지 스트레스 때문에 마신 것뿐이라고."

이 사례들은 사실이다. 대부분의 경우에 이것은 우리가 여전히 부정(denial)에 매여 있다는 것을 나타낸다. 이러한 현상은 보통 회복 프로그램에 "참여하는 것"을 중지할 때 일어난다.

"너무 바빠서" 모임에 참여하는 것을 중지한다. 또는 매일 "감정을 확인하는 것"을 중지한다. 또는 원가정 역기능 가족 체계(original dysfunctional family system)를 재연하는 또 다른 중독 관계에 빠진다. 그리고 단지 며칠 또는 몇 주후에, 고립, 절망, 중독, 우울증, 부정적 생각과 수치심의 처음 상태로 곧 다시 돌아간다.

우리는 단지 주의를 기울여 듣기만 한다면, 우리 자신에 대해 알아야 할 것은 삶을 통하여 알 수 있다고 믿는다. 또 무엇이든지 이 세상에서 해야 할 것은, 우리의 마음이 열려 있다면 언제나 하게 된다고 믿는다. 그래서 심지어는 우리가 부정(denial)으로 다시 미끄러져 중요한 모든 것(배우자, 가족, 친구, 직업, 가치, 의미)을 잃는다 해도, 우리가 다시 자신이 악에 대해 무력한 존재인 것을 인정하고 도움을 요청한다면 그 모든 것을 다시 얻을 수 있다(아마도 다른 형태로). **만일 우리가 이 첫 번째 단계를 취한다면, 도움은 항상 거기에 존재한다.**

18. 프로그램에 참여하기(Working A Program)

12단계 모임에서 "프로그램에 참여하기"는 매일 회복 프로그램에 빠지지 않고 참여하는 것을 의미한다. 12단계 프로그램에 익숙하지 않은 사람을 위해 우리는 익명의 알코올 중독자를 위한 12단계를 참고하고 있는데, 이는 거의 대부분의 익명의 단주모임에서 사용하고 있는 모델이다. 회복에 관하여 직접적으로 들어가기 전에, 전형적인 회복의 예를 나누고자 한다.

잭의 회복 과정(Jack's Recovery Process)

잭(Jack)은 콜로라도 덴버 외곽 도심 근교의 중산층 가정에서 세 아이의 장남으로 성장했다. 1969년에 비즈니스와 경영 분야의 학사 학위를 받고, 그 지역에 있는 어느 제조 회사에서 근무했다. 졸업하고 3년 후에 벳시(Betsy)와 결혼하고 곧 가정을 이루었다.

결혼 생활 7년째에 들어서면서 잭은 "진부함"을 느끼기 시작했다. 어느 날 회사의 동료가 함께 조깅을 하자고 권했고, 답답함에서 벗어날 수 있기를 희망하면서 응했다. 그랬다. 몇 개월 후에 잭은 매일 10마일을 달릴 수 있게 되었고, 그 첫 해가 끝나기 전에 마라톤에 참여했다. 직장에서의 생산성은 10배 향상되었고, 삶에 대한 정력과 열정이 새로워졌다. 집 밖의 모든 사람에게 불같은 사나이로 보였다. 그는 열정적이고, 직장에서 능력을 발휘했으며, 관대하고 매력적으로 되었다. 이 모든 것은 집에서 멀리 떨어진 곳에서 진행되고 있었고, 집 안의 일은 악화되기 시작했다. 벳시와 잭은 서로에게서 멀어져 가고 있었다. 벳시는 잭이 마라톤 훈련을 하는 동안 아이와 자신으로부터 오랫동안 떨어져 지낸다고 불평하기 시작했다. 몇 시간동안 싸우고는 냉전인 채로 며칠간 떨어져 지냈다.

아이들은 이 숨겨진 긴장을 아주 빨리 알아챘고, 긴 침묵의 기간 동안 집 주변을 "살얼음판을 걷듯이" 지내기 시작했다. 잭과 벳시의 성생활은 완전히 사라졌다. 그의 열정적인 외부 생활 저편의 내부에서는 깊은 마비 증세가 나타났다. 벳시와 아이들과 단순히 함께 앉아서 식사하는 것이 그 모든 것으로부터 탈출하고 싶은 구실이 되었다. 식사 시간에 나누는 한가한 잡담에 싫증이 났다. 날마다 나누는 하찮은 대화가 귀찮았다. 그는 아이들과 아내에게 흥미를 잃었다.

그런 생활이 2년간 지속된 후에, 잭은 도박을 하기 시작했다. 처음에는 단지 복권 몇 장을 샀지만 곧 흥분의 도가니에 빠져 들었다. 일 년에 수차례에 걸쳐 Reno(미국 네바다 주 서부의 도시)까지 가게 되었는데, 그곳에서 많은 돈을 잃기 시작했다. 끝날 무렵에는 주식 시장에서 엄청난 위험을 감수하고 있었다.

벳시는 처음에 그것이 재미있다고 생각했다. 스스로는 결코 자신들이 저지르고 있는 작은 위험을 감수하지 않았을 것이다. 심지어는 자신이 복권을 사기도 했다. 하지만 그 재미는 오래가지 않았다. "많이 잃었을 때" 파산하게 될까봐 걱정하느라 며칠 동안 뜬 눈으로 지새기도 했다. 잭이 도박하러 밖에 나가지 않았을 때조차도 언제나 도박에 대한 생각으로 가득 차 있었기 때문에 벳시는 철저하게 혼자였다. 결국 그녀는 아무 것도 하지 못할 정도로 무기력해 졌다. 잭 역시 깨닫지도 못한 채 무기력하게 되었다. 그는 가족, 친구 그리고 자신으로부터 철저하게 고립되었다. 세 가지의 중독이 완전히 그를 사로잡았다.

잭의 회복은 쉽게 진행되지 않았다. 벳시가 찾아 간 가정 치료사는 벳시에게 그녀의 아버지가 알코올 중독자였기 때문에 알코올 중독자 12단계 그룹의 성인 아이 프로그램에 참여하도록 권유했다. 그리고 잭에게는 도박 중독에 대한 입원 치료를 권했다. 잭은 거절했다.

"별거 아닙니다. 저 혼자 해결할 수 있어요." 잭은 큰소리 쳤다.

그러나 벳시는 양보하지 않았다. 그에게 치료 그룹에 참여하거나 아니면 자신을 떠나가라고 말했다.

잭의 전략은 자신의 방식에 따라주는 치료사를 찾는 것이었다. 처음의 두 치료사는 치료를 권했다. 세 번째 치료사는 그에게 남성 치료 그룹에 참여하라고 하면서, 어쩌면 도박 중독이 아닐지 모른다고 말했다. 그래서 그 그룹에 참여했다.

잭은 그 그룹에 몇 개월 참여했지만 변한 것은 아무 것도 없었다. 그러나 벳시는 변하고 있었다.

치료받은 지 4개월째에, 벳시는 성인 아이/동반의존의 단기 집중 치료 프로그램에 참여했고, 자신의 원가정(family of origin), 학대 그리고 무시의 문제에 대해 엄청나게 고통스러운 과정을 겪었다. 그녀는 프로그램을 통해 생애 처음으로 "생소"하지만 깊게 자신 내부의 어린 아이와 연관되어 있다는 것을 깨닫게 되었다.

마침내 벳시의 전 삶에 대한 선명한 그림이 그려졌다. 그리고 이제는 중독에서 회복되지 않은 사람의 아내로 사는 것에 만족할 수 없게 되었다. 단기 집중 훈련을 받은 두 달 후에 벳시는 조용히 그러나 과단성 있게 잭에게 접근했다.

"잭, 당신이 염려 돼요. 우리는 서로 많은 삶을 나누었어요. 당신을 사랑하기 때문에 더 이상 당신이 자멸하는 것을 지켜보며 그 일부가 되어 살 수 없어요. 당신이 도박 중독에 대한 입원 치료를 받기로 한다면 우리의 결혼을 유지할 것이라고 결정했어요. 분명한 것은 이대로는 더 이상 살 수 없다는 것이에요." 그리고는 정직하고 부끄럽지 않은 눈물을 흘렸다.

잭은 치료 과정에 들어갔다. 그것은 자신이 역기능 가정 체계에서 성장하면서 겪었던 고통을 드러내는 것이기 때문에 지금껏 살아오면서 가장 힘든 일이었다. 하지만 그는 새로워졌고 힘을 얻었다. 어떤 새로운 희망을 갖게 되었다. 그리고 곧 그 치료는 회복의 시작에 불과하다는 것을 배웠다. 오히려 회복된 것이 아니라, 항상 회복되고 있다는 것을 배웠다. 그는 하루하루가 새롭다는 것과, 매일 회복과 중독 재연의 선택의 기로에 놓여 있다는 것을 배웠다. 그는 자신이 일과 달리기 중독에 빠졌다는 것을 깨달았고, 시간이 지나 자신의 영이 치료되면서 더 많은 것을 다룰 필요가 있다는 것을 깨달았다. 첫해에 몇 번의 "실수"가 있었지만 계속해서 갱생지도(aftercare) 치료 그룹에 참여하면서 성실하게 그 프로그램에 따랐고, 연이어 도박 중독자를 위한 12단계 익명 모임에 참석했다.

처음 2년 동안은 그들에게 힘든 시간이었다. 이전에는 서로에게 정말 친밀해 본적이 없었기 때문에, 이제 그렇게 하기 위해서 많은 것을 배웠다. 두 사람은 서로의 감정을 나누고, 돌이킬 수 없는 상처를 주지 않고도 갈등을 해결하는 법을 배우며, 비중독적이고 비지배적인 방법으로 서로의 필요를 채워주는 것을 배우기 위해, 얼마 동안 부부 치료를 받게 되었다.

5년 후에 잭과 벳시는 원만한 결혼생활을 누린다. 여전히 싸우기는 하지만, 해결된다. 여전히 개인적 고립에 빠지지만, 더 심각해지기 전에 빠져 나오기 위해 무엇인가를 행한다. 여전히 가끔 실제 감정을 부정하기도 하지만, 회복 공동체와의 연결이 잘 되어 있어서 내면의 어린 아이에게 돌아가는 것이 훨씬 수월하다. 그들에게는 자신의 투쟁을 함께 나눌 수 있는 친구들이 있다. 그들은 서로의 감정에 빠지지 않고 함께 웃으며 울 수 있다. 그들 모두 식사 시간에 아이들과 나누는 한가한 이야기를 멋지게 즐긴다.

회복의 과정(The Process of Recovering)

우리는 사람마다 자신의 회복을 위한 원하는 시간과 방식이 있다는 것을 이해하면서, 성인 아이 문제로부터 회복하기 위한 몇 가지 기본

원리를 요약하고자 한다. 그러나 그것이 우리 혼자 회복될 수 있다는 것을 의미하는 것은 아니다. 예를 들어, 혼자 술을 끊는 것과 같이 혼자 "회복"하는 사람은 회복되는 것이 아니다. 회복은 단순히 마시지 않거나, 지나친 과식을 하지 않는 것 이상의 큰 의미를 지니고 있다. 많은 알코올 중독자에게는 술을 마시지 않는 것이 균형 잡히고 건강한 삶을 사는 것보다 상대적으로 쉽다. 회복은 잠재된 동반의존성, 죄책감, 수치심 그리고 유기에 대한 두려움의 문제보다 더 큰 의미를 가지고 있다. 그것은 어느 중독을 다른 중독으로 대체하지 않는 것을 의미한다. 그것은 주변의 것을 제어하려는 것이 아니다. 회복은 자신의 감정에 대한 신뢰를 가지고 건강한 방법으로 정서적 필요를 채우게 되는 것이다. 그것은 우리가 소속되어 있고, 다른 사람보다 더 낫거나 못하지 않다는 것이다. 그것은 세상은 기본적으로 살기에 안전한 곳이며, 세상이 괜찮다고 느끼는 것이다. 아래의 회복의 원리를 읽어 가는 동안 이 점들을 기억하시오.

1. 회복은 과정이다.

이것은 너무 간단해서 평범해 보이지만, 잊어버리기 쉽기 때문에 가끔 이 법칙을 스스로 상기시켜야 한다. 과정이 잘 진행될 때 대단하게 느끼기 쉽다. 하지만 그렇지 않을 때 여전히 기복이 심한 것을 포함한 회복의 여정 가운데 있음을 기억하는 것은 혹독한 일이다. 이상 식욕자이건 그렇지 않건 상관없이 삶은 스트레스와 비극으로 나타난다. 강박적 탐식자이건 아니건 상관없이 인생은 앞을 예측할 수 없다. 우리가 성인 아이이건 아니건 상관없이 삶이란 때때로 힘든 것이다.

2. 회복은 혼자 이룰 수 없다.

이미 여러 차례 언급했듯이, 혼자서 회복하려고 하는 것이야말로 역기능의 주요 증상 중의 하나이다. 어린 시절에 겪었던 핵심적인 수치심에는 처리해야 할 것이 많이 있다. 다른 사람이 우리 내면에 일어나고 있는 것을 알게 되면 충격을 받고, 우리를 거절하거나 떠나가거나 심지어는 부끄럽게 여기게 될까봐 두려워한다. 또한 건강하지 않은 방식으로 처리하고 싶은마음을 버려야 한다. 그리고 동반의존의 강력한 부분이 되는 교만과 도덕적 우월성을 버려야 한다.

"그녀는 중독자야." 우리는 거침없이 말한다. "그녀가 회복되기 시작하면, 내가 좀 나아질 거야." 이것을 번역하면 다음과 같이 된다. "나는 그녀보다 낫다." 불행하게도 "보다 낫다"는 감정은 "보다 못하다"는 감정을 가질 많은 소지를 남기는데, 이것이 사회적 정서적 고립으로 발전하게 된다.

회복은, 우리가 일생동안 안전하게 다른 사람과 자신의 내면에 대해 나누어 본 경험이 없기 때문에 혼자서는 불가능하다. 사실 우리에게는 밤늦도록 문제를 나눌 수 있는 사람이 많이 있기는 하지만, 그들은 이미 우리와 함께 곤란에 빠져있지 않은가? 그들이야말로 우리가 처리하고자 하는 고통을 심어준 사람이 아니며, 자신이 우리보다 낫다는 비밀스러운 만족을 가진 사람은 아닌가? 자신을 필요로 하기 원하며, 우리를 "고치려는" 노력 없이 그저 언제나 해결책만 제시하며 옆에 있을 뿐인 사람은 아닌가?

우리는 혼자 회복할 수도 없지만, 회복되지 않은 사람과 삶을 함께 한다면 회복될 수 없다.

3. 회복은 고통스럽다.

이것이 많은 사람이 회복을 기피하려는 이유이다. "나아지기 전에 더 나빠진다"는 말은 치료의 핵심 원리 중의 하나이다. 학대당하고 무시당하던 어린 시절로 되돌아가는 것은 쉽지도 재미있지도 않은 일이다. 방어벽을 내리고 상처로 문을 걸어 닫았던 어린 아이(Little Child)의 내면에 있는 깊은 고통을 느껴야 한다. 외과용 메스로 감염된 곳을 도려내는 것은 감염보다 더 심한 고통을 주지만, 흔히 단 한 번에 완전히 치료하는 유일한 방법이 되기도 한다. 우리가 계속되는 고통이나 순교를 주장하는 것은 아니지만, 이러한 회복의 고통이 있어야 한다는 것은 알고 있다. 그리고 나면 마침내 고통은 가라앉는다.

4. 회복은 우리가 어떻게 느끼고, 어떻게 행동하며 무엇을 믿는가에 대한 변화를 의미한다.

"자신의 방식대로 생각하고, 느끼며 행동하라"는 의미가 아니다. 일부 사람은 회복에 대하여 읽고 생각하는데 탁월할 수 있는데, 오히려 그것 때문에 이 부분에 발이 묶이는 경향이 있다. 또 어떤 사람은 특정한 감정을 표현하는데 탁월하기 때문에, 그 부분에 발이 묶인다. 심지어 어떤 이는 다른 사람의 기대에 맞도록 자신의 행동을 바꾸는데 매우 익숙하기도 하다. 회복은 이 세 가지의 영역에서 변화하며, 영역 간에 건전한 일치에 도달하는 것을 의미한다. 즉, 우리가 행하는 것은 우리가 느끼는 것과 일관되고, 그것은 우리의 자신과 세계에 대한 믿음과 일관되는 것이다.

5. 회복은 우리의 역할로부터 벗어나는 것이다.

6장에서 우리는, 가정에서 자라면서 가지게 된 몇 가지 역기능적 역할에 대해 논의한 바 있다. 그리고 그 역할이란 사실은 건강한 필요에 대한 왜곡된 변형체라고 지적했었다. 회복이란 마스코트, 영웅, 왕자, 해결사 등의 역할을 포기하고, 건강한 방법으로 그런 필요를 채우는 것을 의미한다.

예를 들어, 가정을 돌보는 사람은 엄마의 감정이나 아빠의 알코올 중독을 더 이상 신경 쓰지 않기로 선택할 때 엄청난 죄책감을 갖게 된다. 그러나 더 많이 포기할수록 더 큰 능력으로 모든 관계에서 건강한 상호성을 가질 수 있게 된다. 마찬가지로, 가해자, 피해자 그리고 보호자라는 세 가지 역할이 반복되는 악한 순환 고리를 깨기 위해서는 그 역할을 반드시 포기해야 한다.

6. 회복할 때, 우리의 선택권을 회복시킨다.

이것은 처음에는 의미를 파악하기 매우 어렵다. 몇 번이나, 내담자는 자신에게 선택권이 없다고 말한다. 이것은 동반의존의 중요한 증상인 갇혀 있다는 강한 느낌이 있을 때 경험된다. 우리가 동반의존의 덫에 걸려 있을 때, 자신이 선택하고 행동할 수 있다는 것을 깨닫지 못한 채 주변의 사람과 사건에 반응하게 된다. 우리 자신의 역기능적 신념 체계 때문에, 비참하지만 탈출구를 찾을 수 없는 외진 곳으로 우리 자신을 몰아간다. 그와 같이 왜곡된 신념 체계로 인해 자신을 외진 곳으로 몰아갔기 때문에, 회복에 있어서 가정의 치유가 반드시 필요하다고 믿는다.

"만일 그에게 그가 코카인 중독이라고 생각한다고 말하면 그는 곧 떠나 버릴 거야. 그가 나를 떠나면 나는 혼자일 것이야. 혼자 남게 되면, 살아갈 수 없을 거야. 그리고 죽게 될 거야. 그리고 좋은 아내라면 무슨 일이 있다할지라도 남편 곁에 있어줘야 해. 혼인 서약할 때도 그렇게 말했잖아. 만일 내가 그의 코카인 중독에 맞서게 되면 결혼 생활이 끝장나기 때문에 내가 못된 아내가 되는 것이야." 이것이 서로를 옭아매기 위해 사용하는 논리의 일종이다.

회복 과정의 어느 순간에, 우리는 이렇게 말할 수 있게 될 것이다. "나는 내 선택권을 회복했다!"

7. 회복은 초월적인 역설을 요구한다.

역설이란, 모순된 것처럼 보이지만 실제로는 진실인 것을 말한다. 회복에 있어서 흑백 논리로부터 벗어나는 것이 반드시 필요한데, 이 흑백 논리는 역설의 뿌리에 있으면서 우리를 덫에 걸리게 한다.

예를 들어, 누군가가 "착하면서 나쁘다"고 말할 수 있는가? 같은 사람을 사랑하면서 미워할 수 있는가? "포기하면서" 강한 사람일 수 있는가? 이 모든 질문에 대한 답은 "네"이다. 하지만 회복되기 전에는 이 질문과 치열하게 싸우게 된다. 우리는 그가 "좋고", 그녀는 "편하다"라고 분류하기 원하지만, 사실 어떤 사람이 항상 "좋거나", "편한" 것은 인간적으로 불가능하다. 마찬가지로, 사랑과 미움이 서로 반대 개념은 아니라고 생각한다. 사랑의 반대는 무관심이다.

수백 년 전에 공자는 이렇게 말했다. "진정 친절한 사람만이 사랑하고 미워할 줄 안다."

요약

대부분의 회복 프로그램의 기본 요소는 일반적으로 아래 사항 중의 하나 또는 그 이상의 것을 포함한다.

1. 12단계에 정기적으로 참여, 자조 모임(self-help group)은 필수. 이것은 항상 요구하는 사항이다.(12단계 그룹의 목록은 부록 참조.)
2. 개별적 심리 치료
3. 그룹 심리 치료
4. 가족 치료
5. 입원 혹은 통원 치료

만일 어린 시절에 경험한 역기능이 심하지 않다면, 12단계 그룹에 참여하는 것으로도 충분할 것이다. 실질적인 것은 항상 우리가 경험하고 있는 삶의 질이다(재정적 질을 의미하지 않는다).

대개 회복의 처음 2년간은 치료에 많은 시간과 에너지를 쏟게 될 것이다. 그리고 나서 새로 발견한 안정감의 순간에 이르고, 그 후에 자조 모임 그룹과 함께 자신의 회복을 유지한다. 그 다음 삶이 진전되고 더 풍요로워질 때, 아직 언급되지 않은 주제 속으로 더 깊이 들어가 볼 필요가 있을지 모른다.

예를 들어, 약물 의존 때문에 입원 치료를 받는 여성의 대부분은 근친상간이나 성적 학대를 당한 사람이다. 처음 2년 동안은 약물 사용을 중단하고 회복 과정에 있는 사람과의 관계를 통해 친구 관계를 변화시키는 등의 단순한 약물 중독으로부터의 회복 과정이다. 그리고 난 다음에, 물론 본인이 준비가 되었을 때에 성적 학대의 문제를 다룰 필요가 있다.

그림 18.1은 회복 과정을 요약한 순서도이다.

회복은 평생에 걸쳐 진행되고, 진전될 때 고통은 점차 약해진다. 5년 전에 우리를 깊은 우울증에 빠지게 했던 스트레스는 이제 직접적으로 강하고 지혜롭게 다루어진다. 지금의 스트레스 때문에 당장 증상이 나타날 수는 있겠지만, 5년 후에는 그렇게 되지 않을 것이다. 변하는 것은 삶이 아니라 바로 **우리 자신**이다.

회복은 재학습 과정이며, 그 안에서 우리는 서서히 자신 내면에 있는 어린 아이(Little Child)를 보고 느끼며 알게 된다.

회복을 통해서 진리를 경험하게 된다. 처음에 그것은 무척이나 고통스럽다. 결국 그 고통을 통해서 내면의 아이가 안전하고, 따스하며, 사랑스럽고, 온전하며, 자랑스럽고, 정직하며, 평화롭고 진실하게 느끼도록 한다.

그림 18.1 회복 과정 순서도

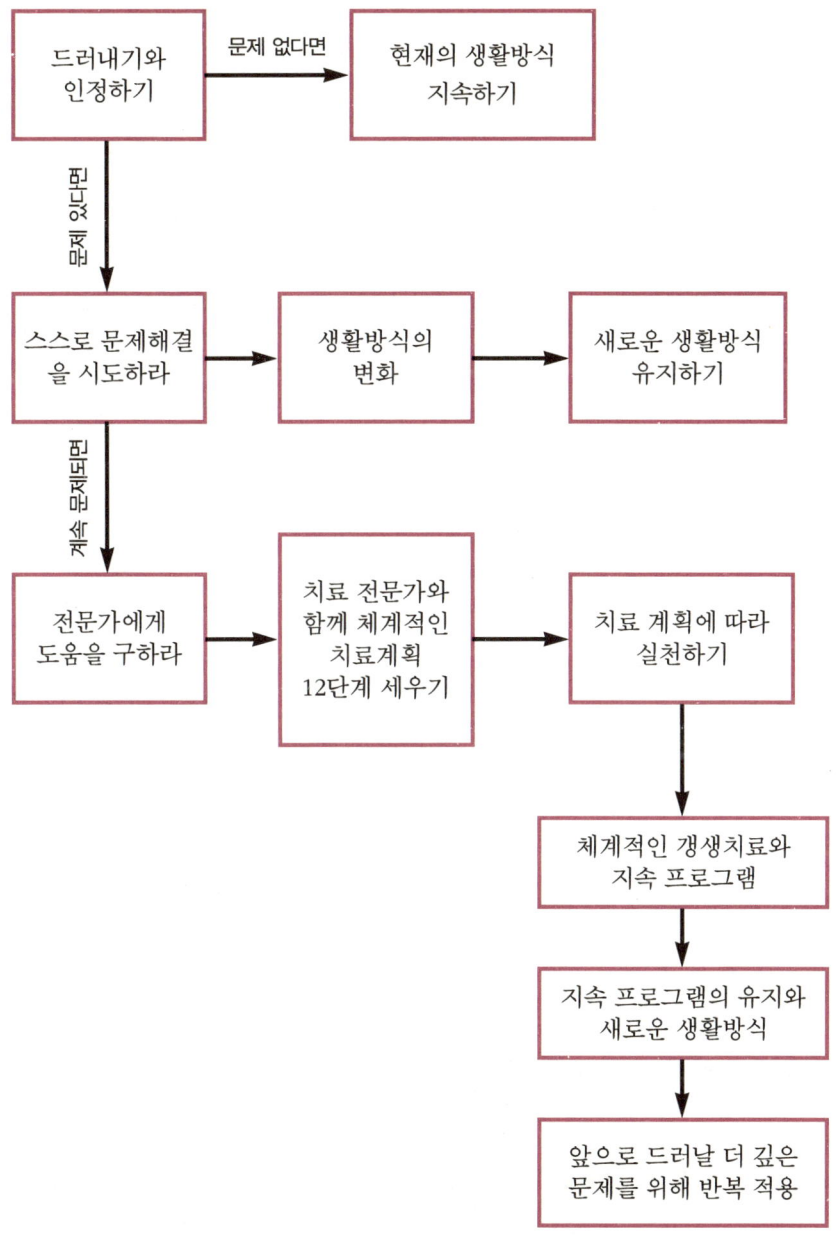

제5부 회복: 이제 나는 무엇을 할 것인가?

19. 치유와 영성(Healing and Spirituality)에 대하여

모든 성인 아이와 동반의존자는 학대와 태만의 피해자이다. 우리 내면의 중심부가 상처를 입었다. 우리는 이러한 내면의 중심부를 어린 아이(Little Child)라고 불렀다. 치유가 필요한 것은 우리가 어린 시절에 경험한 **죄책감, 수치심 그리고 유기에 대한 두려움**이다. 궁극적으로, 치유는 내면에서부터 일어나야 한다.

3장에서 감정 그리고 친밀감과 관련된 증상에 대하여 언급했었다. 달리 말하면, 우리의 증상 때문에 관계가 차단된다. 자신과의 그리고 다른 사람과의 관계를 차단한다. 그리고 그것은 일반적으로 세상에 대한 관계를 차단하고 또한 영적인 관계를 차단한다. 그러므로 참된 치료의 유일한 방법은 관계를 맺기 위한 능력을 회복시키는 것이다. 바로 이 이유 때문에 회복은 결코 혼자서 이루어낼 수 없다. 그것은 용어상 모순이다.

수많은 사람에게 있어서 "영성" 자체는 많은 논쟁과 내적 전투의 원인이다. '더 큰 능력(Higher Power)' 이라는 개념은 12단계 프로그램의 필수 요소인데, 이로 인해 많은 사람이 오랫동안 익명의 단주모임 그룹으로부터 멀어져 갔다.

"나는 이제 '하나님에 대한 것' 은 아무 것도 필요 없어. 이젠 지긋지긋하다고." 라고 우리는 소리친다.

저자들은 영성이란 것이 오해되었기 때문에 그 말이 맞다고 생각한다. 많은 사람이 영성과 형식적인 종교를 혼돈 하고 있다고 생각한다. 이렇게 된 것은 사람은 반드시 가톨릭, 개신교, 유대교, 불교, 이슬람교 또는 무교 중에 반드시 하나에는 해당이 되어야 한다는 흑백 논리에

근거하는 부분도 없지는 않다. 그것이 우리의 어린 아이(Little Child)로 하여금 문제를 회피하고 싶게 만드는 이중 구속(double bind)으로 몰아간다. 따라서 여기에서 분명히 하고 싶은 것은, 우리가 나누고자 하는 것은 **종교가 아니라 영성**이라는 점이다. 종교를 선택하건 하지 않건 그것은 자신의 문제일 뿐이다.

위에서 살펴보았듯이, **영성이란 설명할 수 없는** 우주의 광대함과 능력에 대한 **자신의 관계이다.** 어떤 사람은 이런 실체를 하나님(God)이라고 부르고, 어떤 사람은 그렇게 부르지 않기도 한다. 영성은, 사람과 그들의 감정, 사랑과 사랑의 결핍, 사고, 비극 그리고 죽음 자체와 같이 제어할 수 없는 것들을 포기하도록 한다. 영성은, 우리가 열심히 찾으려고 싸우는 것을 중단할 때, 삶에 의미가 있고 발견할 목적이 있다는 것을 알게 해 준다.

만일 누군가가 산 정상이나 바다 끝에 서서 엄청난 힘의 느낌과 우주와 연결됨을 경험하고, 동시에 말할 수 없이 작고 초라한 자신을 경험했다면, 그것은 영성을 맛 본 것이다. 영성은 동시에 두려움과 대단한 활력을 가져다준다.

그러나 영성은 우리가 자연과 교류할 때 단지 순간적으로 경험하는 것 이상이다. 그것은 전 인류 즉, 우리 이전에 세상을 떠난 사람과 우리 이후에 세상에 올 사람이 연결되어 있다는 느낌이다. 더 나아가, 가장 높은 형태의 영성은 바로 모든 피조물과의 궁극적인 관계이다.

누군가가 학대와 무시의 피해자일 때, 그가 자신보다 더 강하고 대단하다고 여기는 것과의 관계가 어떨지 상상해 보자. 우리의 인생에서 가장 처음으로 "더 큰 능력(higher power)"(은유적으로 표현해서)을 경험하는 것은 키워주는 부모님일 것이다. 만일 부모님이 우리를 학대하고 무시하면, 우리로 하여금 자신보다 더 강한 존재를 신뢰하지 못하도록 가르치는 것이 된다. 권위적인 사람에게 언제나 두려움을 가지게 될 것이다. 말로 설명할 수 없는 그 무엇인가에 대해 계속 방어적이 될 것이다. 다시는 상처를 받지 않기 위해서 주변의 모든 것을 제어하려고 할 것이다. 그리고 우리 자신이 신이 아니며, 주변의 모든 것을 결코 마음대로 제어할 수 없다는 실패에 도달하게 될 것이다.

두렵고 상처를 받아도 그렇게 할 것이다. 다른 말로하면, 우리는 스스로의 신이 되려고 노력할 것이다. 그래서 많은 사람이 약물 중독에 빠지게 되는데, 약물은 자신이 모든 것을 제어할 수 있다는 환상을 주고, 최소한 약 기운이 떨어지기까지는 잠시나마 우리가 우주와 연결되어 있다고 느끼도록 해 주기 때문이다. 아마 영성이 회복의 여러 단계 가운데 가장 마지막으로 개선되는 부분일 것이다. 그리고 그것은 각 단계마다 드러나게 된다.

우리가 자신의 중독, 증상 또는 가족 체계에 대해 무력하다고 진심으로 말 할 수 있을 때, 우리의 영성은 회복되기 시작한다. 여기에서 역설은, 우리가 항복하는 바로 그 순간에 진정한 힘을 다시 얻게 된다는 점이다. 이러한 항복을 통해서 더 약해지고 방어적이 되는 것이 아니라 덜 약해지는데, 왜냐하면 이제는 자신이 제어할 수 없는 것을 지배하려고 애쓰고 모든 에너지를 고갈시키는 자기 파멸적이며 파괴적인 논리를 따르지 않게 되기 때문이다. 부정(denial)과 방어(defensiveness)가 아닌 진리와 실체 안에 살기 때문에 덜 연약하다. 부정하지 않는 대신 그 에너지를 우리가 선택한 영역 안에서 사용함으로써 삶에 대해 긍정적인 결정을 내릴 수 있게 된다.

이렇게 항복한 후에, 겨우 다른 사람을 조금 신뢰하면서 관계를 회복하기 시작한다. 많은 사람에게 있어서, 그들의 "더 큰 능력"은 처음에는 그 회복 그룹의 멤버들이다.

안전한 환경 가운데 자신의 어린 아이(Little Child)에 관하여 다른 사람과 나누는 경험을 할 때, 우리는 죄책감, 수치심 그리고 유기에 대한 두려움이 반드시 일어날 필요는 없다는 것을 깨닫는다. 세상에는 비판받거나 학대당하지 않고도 같은 일을 하는 사람도 있다. 우리가 이러한 전적인 수용의 선물을 경험할 때, 우리가 전에 경험해 보지 못한 어떤 능력이 방 안에 있는 것을 느낀다. 그것은 우리 자신보다 더 큰 능력이다. 12단계 그룹의 많은 사람이 그것을 오랫동안 자신의 더 큰 능력으로 단순하게 받아들인다.

그리고 더 많은 사람에게 있어서, 다른 그룹의 사람과 관계를 맺을 수 있는 능력은 이제 그 신뢰의 문을 열게 되어 자신의 그룹보다 더 능력이 큰 어떤 대상과 관계를 맺는 일에도 어려움이 없게 된다. 많은 사람이 이러한 실재를 하나님(God)이라고 부른다. 그러나 단어와 명칭은 그다지 중요하지 않다. 중요한 것은 그 관계인데, 다른 사람이 이해하고 있는 하나님이 아니라 우리 자신이 이해하는 하나님이기 때문이다.

회복 중에 일어나는 영적인 치유를 통해, 우리는 삶의 가장 처음 단계, 신뢰 대 불신(trust vs mistrust)의 단계로 되돌아간다. 삶이란 나쁜 것이 아니고, 지금 당장은 아닐지라도 언젠가는 행복해진다는 것을 신뢰할 수 있는 능력으로 우리는 지혜로워 진다. 우리에게는 소속감이 존재한다. 우리에게는 목적과 의미가 있으며, 선택권이 있다.

그리고 우리의 내면이 점점 더 깊이 치유될 때, 우리의 삶은 더욱 커지고 외부의 삶과 더 많이 연결된다. 따라서 회복은 창조물 안에서 함께 겸손과 감사를 나누는 동시에 자아가 우주 속으로 확장하는 것이다.

마치는 글
Epilogue

Adult Children

마치는 글

20. 괴물의 코에 키스하기 (Kiss Your Monster on the Nose)

옛날에 큰 도시에서 멀리 떨어진 어느 마을에 어린 소녀가 살고 있었다. 그 마을은 거대하고 눈 덮인 산맥에 둘러싸인 아름답고 햇빛이 내리쬐는 골짜기에 자리잡고 있었다.

어린 소녀가 자라면서 산기슭의 구릉지대를 하이킹하기 시작했다. 그리고 십대가 되었을 때, 산 너머 마을에 사시는 할아버지 댁에 가도 괜찮은지 부모님께 여쭈었다. 처음에 부모님은 당황하고 걱정되어서 가지 못하게 했다. 그러나 소녀는 때론 부탁하고 때론 구걸하며 또 때로는 따졌고 그런 몇 개월이 지난 후에 마침내 부모님은 갈 수 있도록 허락해 주셨다.

부모님은 하이킹, 캠핑과 숲에서 혼자 살아남는 방법에 대해 알고 있는 모든 것을 가르쳐 주었다. 그리고 질긴 천으로 배낭을 만들어 주고, 짐 싸는 것을 도와주고 나서 안전한 여행을 위해 다 함께 무릎을 꿇고

기도했다. 다음 날 그녀는 산맥을 향한 길고 고된 여행을 시작했다.

첫 날밤에는 혼자서 무서웠지만 불을 잘 피웠고 아버지가 싸 주신 소시지와 치즈를 먹었으며, 엄마가 만들어 주신 포근한 이불을 덮고 깊이 잠들었다. 여우의 울음소리에 놀라 깨어서는 밤새도록 불을 환하게 지피고 편안히 다시 잠에 들었다. 다음 날, 태양이 떠오르자 일어나서, 큰 화강암 바위에 앉아 햇볕을 쬐면서 비스킷과 잼을 먹었다. 저녁이 되어 산마루 뒤편으로 해가 저물 즈음에 갈림길에 이르렀다. 어디로 가야할 지 알지 못해서 당황했지만, 앉아서 지혜를 구하며 기도했다.

잠시 후에 갈라진 양쪽 길에서 끔찍하게 무서운 소리가 들려 왔다. 그녀의 가슴은 뛰었고 손바닥에는 땀이 고였다. 그러더니 갑자기 양쪽 길에서 두 마리 괴물이 나타났다. 그 놈들은 으르렁거리면서 이상한 소리를 내더니 불평하고는 코를 골았다. 소녀는 배낭을 움켜쥐고 언덕 아래 마을을 향해 내 달리기 시작했다. 그런데, 그녀의 내면에 있는 무엇인가가 그녀에게 멈추라고 말했다.

"다른 사람은 이 산맥을 넘고 난 다음에 와서는 이야기들을 하던데," 그녀는 스스로 생각했다. "돌아가서 무슨 일인지 확인해 보는 게 낫겠다."

어린 소녀는 멈춰 서서 뒤로 돌아 섰다. 괴물들은 갈림길에 서 있었고, 그 괴물들이 자신과 대화하고 싶어 하는 것 같아 보였다. 천천히 그리고 조심스럽게 괴물들을 향해 걸어갔다.

그녀가 가까이 이르자, 왼편 길을 지키고 있던 괴물이 말했다. "이쪽 길을 택하라. 이쪽이 훨씬 안전하고 빠른 길이다. 이 길을 택하면 너는 내일 밤에 할아버지와 할머니를 만나게 될 것이다."

바로 그 순간, 오른편 길을 지키고 있던 괴물이 날카로운 소리를 지르면서 간담을 서늘케 하는 무서운 외침을 했다. 입에서 불이 뿜어 나오고, 코에서는 연기가 나왔다. 그녀는 너무 두려웠다!

그녀는 왼쪽 괴물 쪽으로 달아났다. 가까이 가서보니 그 괴물은 오른 쪽에 있는 괴물처럼 흉측하게 생기지 않았고 그렇게 무섭지도 않았다. 그 왼쪽의 괴물에 더 가까이 갈수록 오른쪽의 괴물은 더 크게 부르짖었다. 그녀는 어떻게 해야 할지 모른 채 혼란스러웠다.

왼쪽의 괴물이 부드럽게 말했다. "나를 믿거라. 나는 저 놈처럼 흉측하지도 않고 역겨운 소리도 내지 않는단다." 그러자, 오른 쪽에 있는 괴물이 더욱 소리 지르고, 껄떡거리며, 콧김을 뿜으면서 숨을 헐떡거렸다. 그녀는 서두르지 않으면 그 오른쪽의 괴물이 쫓아와 갈기갈기 찢어 놓을 것 같아서 왼편 길로 가기 시작했다.

수백 야드를 왼편 길로 뛰어 간 다음에 그 괴물이 아직도 쫓아오고 있는지 보려고 뒤돌아봤다. 그 괴물은 여전히 그 자리에 서서 더욱 더 비명을 지르고 부르짖었지만, 그녀를 쫓아오지는 않았다. 그녀가 멈추자 왼편에 있던 괴물이 그녀 쪽으로 몇 걸음 오더니, 웃으며 다소 겸손하게 "바보처럼 행동하지 마라"라고 말하는 것 같았다.

바로 그 때, 그녀 안의 무엇인가가 되돌아가 오른쪽 길로 가라고 말했다. 갈림길에 가까워오자 더욱 빨리 달려, 순식간에 오른쪽 길에 들어서서는 산등성으로 오르기 시작했다. 왜 그런 결정을 했는지는 몰랐지만 계속 달렸다. 마지막 땅거미가 밤의 어둠 속으로 들어갈 즈음에 자신이 출발했던 지점을 바라보았다. 거기에 아까의 갈림길이 보였고, 그녀가 거의 택할뻔했던 길 뿐 아니라 택했던 길도 볼 수 있었다.

그리고 나서 산의 왼쪽에서 고함소리, 우르릉거리는 소리, 부수는 소리, 깨지는 소리가 들려 왔다. 짙게 깔린 어둠 속에서, 그녀는 산의 한

부분이 무너지면서 아래 왼쪽 길을 향해 던져지는 것을 보았다. 그녀가 그 길로 갔었다면, 거기에 있었을 바로 그 시간에 수많은 암석과 흙더미가 왼쪽 길의 자취를 없애 버렸다. 그녀는 바닥에 앉아서 울었고 지난 두 시간 동안의 모든 불안과 긴장이 해소되었다.

그런 후에, 불과 몇 피트 앞에 아까 오른쪽 길을 지키고 있던 흉측한 괴물이 나타났다. 그녀는 얼굴을 들어 그 눈을 주시했다. 그 녀석은 전혀 으르렁거리거나 우글거리지 않았고 그 눈은 평화롭고 깊어 보였다. 그리고 부드러운 표정과 동정의 눈빛으로 쳐다보고 있었다. 이유를 모른 채, 어린 소녀는 뛰어 오르며 그 괴물의 코에 키스했다. 그 괴물은 얼굴을 붉히며 미소를 지었다.

"내 이름은 두려움(Fear)야," 그 괴물이 말했다. "그리고 다른 녀석의 이름은 파괴(Destruction)이야. 만일 내가 하는 말을 듣지 않고 도망가면 너는 중요한 것을 회피하는 것이 될 거야. 하지만 바로 지금 내 이야기를 듣고 나와 친구가 되면 지혜를 얻게 될 거야. 왼쪽 길을 지키던 괴물처럼 겉으로 보기엔 매력적으로 보여도 파괴(destruction)에서는 좋은 것이 나올 수 없단다."

그 소녀는 할아버지와 할머니를 방문 하고 여행을 마쳤다. 자기 동네에 안전하게 도착했을 때, 부모님은 그녀에게 큰 변화가 있었음을 알 수 있었다. 그녀는 이제 두려움 때문에 무력해지거나 파멸되는 것이 아니라, 두려움과 사귀는 법을 잘 아는 젊은 여인이 되었다.

참고문헌/ 도서목록

Adult Children

Adams, K.M. (1987). "Sexual Addiction and Covert Incest." *Focus on Chemically Dependent Families*, May/June 1987. Pompano Beach, Fl.: Health Communications, Inc.

Alcoholics Anonymous World Services (1985). **Fifty Years With Gratitude.** New York: Alcoholics Anonymous World Service, Inc.

Bach, G.R. & Deutsch, R.M. (1970). **Pairing.** New York: Peter H. Wyden, Inc.

Black, C. (1981). **It Will Never Happen To Me!** Denver: M.A.C. Publishers.

Bowen, M. (1978). **Family Therapy In Clinical Practice.** New York: Jason Aronsen.

Carnes, P. (1987) **Out Of The Shadows.** Minneapolis: Compcare.

Cermak, T.L. (1986). **Diagnosing and Treating Co-Dependence.** Minneapolis: Johnson Institute Books.

Cooper, K.H. (1970). **The New Aerobics.** New York: M. Evans and Co.

DeMause, L. (1974). **The History of Childhood.** New York: Psychohistory Press.

Erikson, E.H. (1963). **Childhood and Society.** New York: W.W. Norton and Co.

Erikson, E.H. (1986). **Identity Youth and Crisis.** New York: W.W. Norton and Co., Inc.

Forward, S. & Tores, J. (1986). **Men Who Hate Women And The Women Who Love Them.** New York: Bantam Books.

Fossum, M.A., & Mason, M.J. (1986). **Facing Shame: Families In Recovery.** New York, W.W. Norton & Company, Inc.

Friel, J.C. (1982). **Paradoxical Dependency.** St. Paul, Minnesota: Unpublished manuscript.

Friel, J.C. (1985). "Co-Dependency Assessment Inventory: A Preliminary Research Tool." *Focus on Family and Chemical Dependency*, May/June 1985. Pompano Beach, Florida: Health Communications, Inc.

Friel, J.C., Subby, R.C., & Friel, L.D. (1985). **Co-Dependency And The Search For Identity: A Paradoxical Crisis.** Pompano Beach, Florida: Health Communications, Inc.

Friel, J.C. & Friel, L.D. (1986). **Life On My Own Terms: Stress Addiction Recovery Guide.** Pompano Beach, Florida: Health Communications, Inc.

Fry, R. (1987). Personal communication.

Gould, R.L. (1978). **Transformations: Growth and Change In Adult Life.** New York: Simon & Schuster, Inc.

Kaufman, G. (1980). **Shame: The Power Of Caring.** Cambridge: Schenkman Publishing Company.

Kellogg, T. (1986). **Return To Intimacy: Part One.** Excelsior, Minnesota: Audio Cassette series by Terry Kellogg.

Kohn, A. (1987). "Shattered Innocence." *Psychology Today*, February 1987: American Psychological Association.

Levinson, D.J. (1978). **The Seasons Of a Man's Life.** New York: Alfred A Knopf, Inc.

McGoldrick, M. & Gersen, R. (1985). **Genograms In Family Assessment.** New York: W.W. Norton & Company.

Miller, A. (1983). **For Your Own Good: Hidden Cruelty In Child-Rearing And The Roots Of Violence.** New York: Farrar Strauss Giroux.

Miller, A. (1984). **Thou Shalt Not Be Aware: Society's Betrayal Of The Child.** New York, Farrar Strauss Giroux.

Minuchin, S. (1974). **Families and Family Therapy.** Cambridge; Harvard University Press.

Norwood, R. (1985). **Women Who Love Too Much: When You Keep Wishing and Hoping He'll Change.** Los Angeles: Jeremy P. Tarcher.

Peck, M.S. (1978). **The Road Less Traveled: A New Psychology Of Love, Traditional Values and Spiritual Growth.** New York: Simon & Schuster.

Rogers, C. (1973). **Becoming Partners: Marriage and Its Alternatives.** New York: Delta Books.

Satir, V. (1967). **Conjoint Family Therapy.** Palo Alto, Ca.: Science and Behavior Books.

Sheehy, G. (1974). **Passages: Predictable Crises of Adult Life.** New York, E.P. Dutton.

Subby, R.C., & Friel, J.C. (1984). **Co-Dependency and Family Rules: A Paradoxical Dependency.** Pompano Beach, Florida: Health Communications, Inc.

Subby, R.C. (1987). **Lost in the Shuffle: The Co-Dependent Reality.** Pompano Beach, Florida: Health Communications, Inc.

Turner, J.S. & Helms, D.D. (1987). **Lifespan Development** (Third Edition). New York: Holt, Rinehart, Winston.

Wegscheider, S. (1981). **Another Chance: Hope and Help For The Alcoholic Family.** Palo Alto, Ca.; Science and Behavior Books.

Wholey, D. (1984). **The Courage To Change.** Boston: Houghton Mifflin.

Woititz, J.G. (1983). **Adult Children of Alcoholics.** Pompano Beach, Fl.: Health Communications, Inc.

Woititz, J.G. (1985). **Struggle For Intimacy.** Pompano Beach, Florida: Health Communications, Inc.

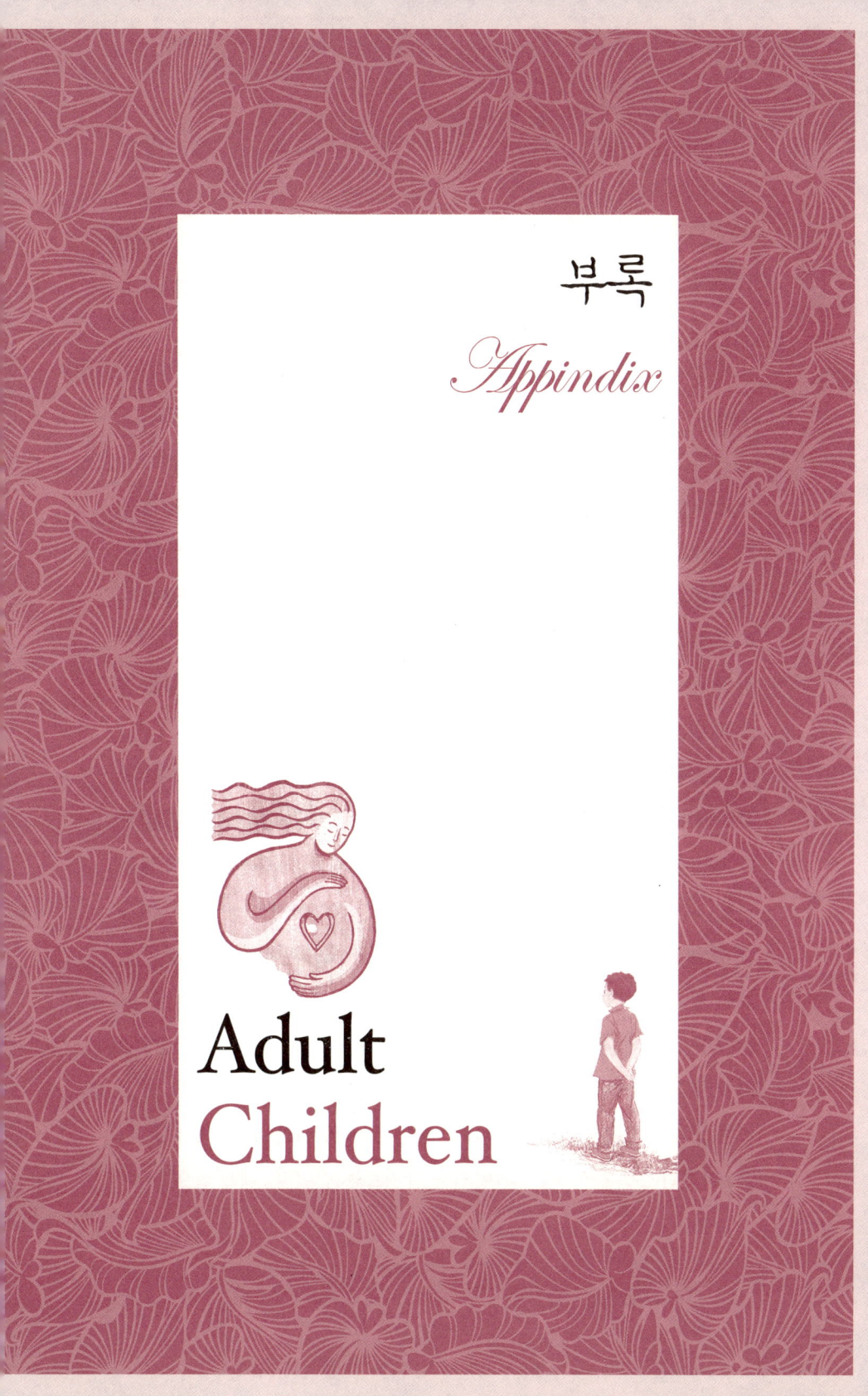

12단계 및 기타 익명의 그룹

　12단계 또는 익명의 그룹은 전국적으로 매달 빠짐없이 시작되고 있다. 아래의 목록은 이런 그룹의 일부에 대한 예이다. 당신의 지역에 어떤 다른 그룹이 있는지 확인해 볼 필요가 있다. 한번 익명의 모임에 참여하게 되면, 자신의 회복을 위해 노력하고 있는 수백만 명으로 이루어진 네트워크의 일부가 되게 되고, 그들은 또 당신에게 그 지역에 있는 익명의 그룹에 대해 이야기해 줄 수 있을 것이다.

　이 그룹들은 자유로운 자조 모임이다. 그 중의 대부분은 익명의 단주모임(Alcoholics Anonymous)의 원래의 12단계에 근거한 프로그램을 따른다. 당신은 처음에 자신의 이름을 말하는 것 외에는, 당신이 원치 않는다면, 그룹에 참여하는 동안 아무 말도 하지 않아도 된다. 이러한 그룹에 참여했던 많은 사람이 3~6개월이 지난 후에야 편하게 말하는 것을 보아 왔다. 그 자리에 있는 것이 참여하는 것이다. 대부분의 사람이 그렇듯이 처음에 혼자 가는 것이 두려울 경우에 그룹에 전화하면, 누군가 기쁘게 당신과 동행해 줄 것이다.

　자신의 지역에서 특정한 그룹을 찾기 위해서 가장 먼저 해야 할 일은, 전화번호부 책의 흰색 페이지를 살펴보는 것이다. 예를 들어, 미국의 대부분의 도시에는 익명의 알코올 중독자를 위한 소모임이나 서비스 센터의 목록이 있다. 그곳에 전화하면 모임 시간과 장소에 대해 알려 줄 것이고, 직접적인 도움도 받을 수 있을 것이다. 그것은 알코올 중독자 구제회(Al-Anon)이나 과식자 회복모임(Overeaters Anonymous) 그리고 기타의 경우도 마찬가지이다. 최근의 그룹에 대해서는 그 지역의 정신 건강 센터나 또는 가족 체계, 중독, 동반의존, 성인 아이의 전문적인 병원을 찾아볼 수도 있다. 최근 대부분의 병원에는 약물 의존 치료 프로그램이 있기 때문에 병원도 좋은 방편이 될 수 있다.

Alcoholics Anonymous
Al-Anon
Alateen
Al-Atot
Narcotics Anonymous
Cocaine Anonymous
Overeaters Anonymous
Bulimics/Anorexics
　　Anonymous
Sexaholics Anonymous
Sex Addicts Anonymous
Sex and Love Addicts
　　Anonymous
Co-dependents of Sex Addicts

Adult Children Anonymous
Adult Children of Alcoholics
Gamblers Anonymous
Spenders Anonymous
Smokers Anonymous
Debtors Anonymous
Fundamentalists Anonymous
Parents Anonymous
Child Abusers Anonymous
Workaholics Anonymous
Shoplifters Anonymous
Pills Anonymous
Emotions Anonymous

주(Note)

성 중독은 너무 새롭고, 사회는 아직 그 문제에 대해 강력한 금기 조항을 가지고 있기 때문에 익명의 성 중독자와 같은 모임은 이미 구성원의 보호를 위해 익명성 검토 절차(anonymous screening procedures)를 진행하고 있다. 이러한 절차에 대해 인내하기 바란다. 일단 그 그룹에 참여하게 되면 그러한 특별한 장치에 대해 매우 감사하게 될 것이다.

린다 프리엘(Linda D. Friel)은 약물 중독 카운슬링 자격을 보유하고 있으며, 성인 아이, 동반의존 문제 그리고 신체적, 성적, 정서적 학대의 생존자를 위한 치료를 전문으로 하고 있다. 그녀는 미국 최초로 병원을 기반으로 하는 상호 의존 치료 프로그램을 고안하고 실행한 사람 중의 하나이기도 하며, 역기능 가정, 동반의존, 성인 아이 문제 그리고 중독에 대하여 전국적인 인정을 받고 있는 저자, 훈련가 그리고 카운슬러이다.

존 C. 프리엘(John C. Friel)박사는 심리학자로서 미네소타의 세인트폴에서 개인 상담소를 운영하고 있으며, 세인트폴/미네아폴리스 생애발달 클리닉(St. Paul/Minneapolis Lifeworks Clinic)의 책임자로서 성인 아이, 동반의존, 중독 그리고 강박적 문제에 대한 단기 집중 치료 프로그램을 운영하고 있다.